A Coabitação Política em Portugal na Vigência da Constituição de 1976

A Coabitação Política em Portugal na Vigência da Constituição de 1976

2016

António Manuel Lopes Tavares

A COABITAÇÃO POLÍTICA EM PORTUGAL
NA VIGÊNCIA DA CONSTITUIÇÃO DE 1976
AUTOR
António Manuel Lopes Tavares
EDITOR
EDIÇÕES ALMEDINA, S.A.
Rua Fernandes Tomás, nºs 76-80
3000-167 Coimbra
Tel.: 239 851 904 · Fax: 239 851 901
www.almedina.net · editora@almedina.net
DESIGN DE CAPA
FBA.
PRÉ-IMPRESSÃO
EDIÇÕES ALMEDINA, S.A.
IMPRESSÃO E ACABAMENTO
PAPELMUNDE

Janeiro, 2016
DEPÓSITO LEGAL
403304/16

Toda a reprodução desta obra, por fotocópia ou outro qualquer processo, sem prévia autorização escrita do Editor, é ilícita e passível de procedimento judicial contra o infrator.

BIBLIOTECA NACIONAL DE PORTUGAL – CATALOGAÇÃO NA PUBLICAÇÃO

TAVARES, António Manuel Lopes

A coabitação política em Portugal na
vigência da Constituição de 1976
ISBN 978-972-40-6377-5

CDU   321

*" [...] conduzo-me como um dialético
e não como um juiz, como um crítico
e não como um dogmático, pronto a
receber de quem quer que seja uma
doutrina mais exata [...]".*

Erasmo (1524), *De Libero Arbitrio*, Basileia.

Aos meus pais, Manuel e Armanda, pelo meu passado.
À minha mulher, Margarida, pelo meu presente.
Ao João, Luís e Catarina, pelo meu futuro.

ÍNDICE GERAL

PREFÁCIO	13
AGRADECIMENTOS	17
NOTA PRÉVIA	19
ABREVIATURAS	21
INTRODUÇÃO	23

PARTE I
A COABITAÇÃO POLÍTICA NO QUADRO DA CONSTITUIÇÃO
DE 1976: A RAZÃO HISTÓRICA NO MOMENTO CONSTITUINTE — 31

CAPÍTULO I
As razões históricas para esta opção – O exemplo da I República
e do Estado Novo — 35

CAPÍTULO II
A análise do enquadramento político condicionante da escolha
do modelo constitucional da III República — 47

CAPÍTULO III
A experiência e o papel da Assembleia Constituinte de 1976 — 61

CAPÍTULO IV
A aprovação da Constituição de 1976 e a sua importância para a formação
do código genético do sistema político — 71

PARTE II
A NORMALIDADE INSTITUCIONAL, A PRÁTICA MILITAR
E CIVIL DO EXERCÍCIO DA FUNÇÃO PRESIDENCIAL — 79

A COABITAÇÃO POLÍTICA EM PORTUGAL NA VIGÊNCIA DA CONSTITUIÇÃO DE 1976

CAPÍTULO I
A doutrina internacional comparada e a sua influência na escolha
da opção nacional 83

CAPÍTULO II
O papel constitucional do Presidente da República: um estatuto jurídico
com autoridade política 99

CAPÍTULO III
A eleição direta do Presidente como fonte de uma legitimação
para justificar a sua intervenção no jogo político 109

PARTE III
OS PRESIDENTES: A IMPORTÂNCIA DO ÁRBITRO E O SEU "PODER MODERADOR" NA ESPECIFICIDADE DO PERFIL PRESIDENCIAL 117

CAPÍTULO I
O Presidenceanismo
O Presidente António dos Santos Ramalho Eanes (1976-1986) 121
1. O I Governo Constitucional – Soares I 128
2. O II Governo Constitucional – Soares II 129
3. O III Governo Constitucional – Nobre da Costa e o começo
   da iniciativa presidencial 131
4. O IV Governo Constitucional – Mota Pinto no fim da iniciativa presidencial 132
5. O V Governo Constitucional – Maria de Lurdes Pintassilgo
   para preparar eleições 133
6. O VI Governo Constitucional – Francisco Sá Carneiro e as eleições
   presidenciais de 1980 135
7. O VII e o VIII Governo Constitucional – Francisco Pinto Balsemão
   e a Revisão Constitucional de 1982 139
8. O IX Governo Constitucional – Soares III com o Bloco Central 144
9. O X Governo Constitucional – Cavaco I e a passagem
   de testemunho presidencial 148

CAPÍTULO II
História de uma certa forma de monarquia republicana
O Presidente Mário Alberto Nobre Lopes Soares (1986-1996) 151
1. X Governo Constitucional – Cavaco I na I Coabitação 152
2. XI Governo Constitucional – Cavaco II na I Coabitação 155
3. XII Governo Constitucional – Cavaco III na II Coabitação 159

ÍNDICE

4. XIII Governo Constitucional – António Guterres I no fim
do soarismo presidencial 162

CAPÍTULO III
No vértice do triângulo constitucional
O Presidente Jorge Fernando Branco Sampaio (1996-2006) 163
1. XIV Governo Constitucional – António Guterres II
e uma nova crise política 167
2. XV Governo Constitucional – Durão Barroso em coabitação 169
3. XVI Governo Constitucional – Santana Lopes no fim da coabitação 170
4. XVII Governo Constitucional – Sócrates absoluto 177

CAPÍTULO IV
A cooperação estratégica
O Presidente Aníbal António Cavaco Silva (2006-2011) 179
1. XVIII Governo – Sócrates minoritário 182

PARTE IV
O PRESIDENTE, O GOVERNO E A ASSEMBLEIA DA REPÚBLICA
NO SISTEMA POLÍTICO 185

CAPÍTULO I
O Consenso e o Conflito na Origem do Impasse do Sistema Político 189

PARTE V
A IDEIA DE ESTABILIDADE POLÍTICA FACE À IDEIA
DE CRISE INSTITUCIONAL 219

CAPÍTULO I
Os motivos justificativos para o país real compreender 223

CAPÍTULO II
As explicações justificativas para o país político compreender 233

CAPÍTULO III
A regra não escrita que permite decidir a vida dos Governos 243

CONCLUSÕES 259
ANEXOS 265
BIBLIOGRAFIA 287

PREFÁCIO

Dificilmente uma investigação na área da ciência política poderia ser mais oportuna do que esta obra de António Tavares: "A coabitação política em Portugal na vigência da constituição de 1976". As eleições de 4 de Outubro de 2015, com os seus resultados ambíguos e profícuos e com os seus sucessivos desenlaces, fizeram renascer o apetite do público em geral, mas também de jornalistas e comentadores, de cientistas e analistas, pelos temas do sistema de governo. De há muito tempo a esta parte que a questão dos poderes presidenciais e que a questão da natureza do regime não concitavam tanta atenção. Apesar da tensão entre o Presidente e o Governo no final do segundo mandato presidencial de Soares, do aquecimento político vivido aquando do início e da cessação de funções do Governo Santana Lopes ou da escalada conflitual do estertor do segundo Governo Sócrates, só talvez na pendência dos mandatos de Eanes a equação da relação entre o Presidente, o Parlamento e o Governo tenha sido tão aberta e participadamente discutida como está a ser agora. É bem caso para dizer que, nestes dias, nestes meses, o sistema de governo anda nas "bocas do povo". E é justamente esta contingência que revela uma das virtudes da indagação de António Tavares: a capacidade de intuir (e de antecipar) a essencialidade deste tema para a compreensão do processo político português. Quando muitos davam este assunto por adormecido ou até gasto, António Tavares apercebeu-se de que se tratava de um vulcão, susceptível de despertar do letargo – e de o fazer de modo ostensivo e violento – a qualquer momento.

Esta "intuição" – que é decerto muito mais do que isso: é uma capacidade de compreensão, de previsão, de pré-compreensão – explica outrossim muito do interesse do livro que temos diante de nós. Ele percorre de um modo sistemático, mas não pedestremente cronológico, a história política e constitucional dos últimos quarenta anos. Ele revisita a sucessão de acontecimentos e desenvolvimentos políticos da revolução de 25 de Abril até aos nossos dias, passando a pente fino os oito mandatos dos quatro presidentes. Importa, de resto, notar, que, em especial nas páginas iniciais, o autor não se exime em descer às raízes mais fundas ou à pré-história do sistema, designadamente, às experiências da monarquia constitucional, da I República e do Estado Novo. E fá-lo a cada passo, sempre que isso se afigura pertinente para melhor interpretar algumas das soluções plasmadas no magma político-constitucional vigente nas últimas quatro décadas. Mas, como se disse, não o faz de um modo puramente narrativo ou sequencial. Bem ao invés, usa e abusa das prolepses e analepses, obrigando o leitor a uma constante viagem no tempo. E usa essa metodologia, essencialmente com uma preocupação comparativa, as mais das vezes com um fito comprovativo e ilustrativo. A comparação de uma dada situação político-constitucional com vivências anteriores e ulteriores tem um óbvio desiderato: permitir extrair "lições", "leis" e "conclusões" ou, se se preferir, padrões de "comportamento" ou de "resposta" do sistema que nos elucidem sobre a sua natureza e nos habilitem a formular "juízos de prognose" ou "previsões". No seu estudo, António Tavares tem presente a ideia de que a ciência política – apesar de ser ciência – não nos faculta a experiência laboratorial nem o seu grau de previsibilidade e de certeza (revisível, claro está). E, por isso, assume sem complexos que o laboratório da ciência da política é a história, a história recente. Sempre sem qualquer intuito ou pretensão de fazer ou produzir história, ainda que história política. Mas socorrendo-se invariavelmente – e com uma destreza notável – do método comparativo, do isolamento das situações e das relações pertinentes, ainda que devidamente contextualizadas. Ao recorrer sistematicamente à comparação, cria as condições de compreensão e de interpretação do funcionamento do sistema e, mais do que isso, lança bases para podermos, com razoável grau de confiança, fazer alguns exercícios de previsão e de predição.

PREFÁCIO

Tudo isto é feito num quadro de domínio seguro da dogmática jurídico-constitucional e dos seus principais autores e, bem assim, das grandes referências da politologia portuguesa e estrangeira. Não se trata, por isso, de um estudo simplesmente empírico, baseado na experiência histórica, mas despido de alçado teórico e teorético. Não. António Tavares abalançou-se na leitura e digestão dos clássicos e mergulhou na assimilação do grande debate da ciência política e da filosofia política anglo-saxónica entre pró-parlamentaristas e pró-presidencialistas (muito a propósito das vicissitudes da vida política latino-americana). Desce amiúde ao sistema de governo francês como matriz do semipresidencialismo, afinando e refinando, com particular acuidade, o próprio conceito de coabitação. E não deixa de fazer uso de outras experiências homólogas, como a finlandesa ou a islandesa, quando isso se mostra cabido e conveniente. Demais, enriquece e recheia todo este saber doutrinal e dogmático com a assimilação cuidada da informação carreada pelas biografias e autobiografias políticas relevantes e com a inscrição oportuna de excertos da imprensa coeva de cada contingência política. Esta capacidade de seleccionar artigos, manchetes, entrevistas, análises e comentários no meio do caleidoscópio de quarenta anos de noticiário político revela também o enormíssimo trabalho que está por detrás deste texto tão pedagógico e enxuto.

O produto final desta aturada investigação oferece-se essencialmente como um produto aberto. Na verdade, as conclusões produzidas e extraíveis da obra de António Tavares são muito mais auxiliares de interpretação, de leitura e de compreensão das traves mestras do sistema de governo do que propriamente asserções ou axiomas fechados. Depois de se ler e interiorizar este trabalho, o semipresidencialismo português torna-se muito mais inteligível e acessível ao leitor. Passa a ter ferramentas de "intelecção" e de "descoberta" dos mistérios do sistema, dos seus paradoxos, das suas potencialidades. O autor não quis fazer aqui uma tese definitiva e encerrada sobre o sistema de governo português e, em especial, sobre o lugar político do Presidente da República. Quis, isso sim, pôr em relevo o dinamismo próprio – a inércia política – do sistema; quis captar o movimento e o ruído do seu "borbulhar" interno; quis pôr a nu a anatomia do poder. E, por isto mesmo, a grande virtude deste estudo vem a ser a sua enorme valia heurística. A sua aptidão para ensinar o leitor a compreender o sistema, a perceber o seu modo de funcionamento, a ser capaz de por si construir uma análise e uma predição próprios. Como no ditado chinês, é caso para dizer que António Tavares, com esta obra, atingiu um estádio de saber académico que não se circunscreve a dar de comer, mas que ensina verdadeiramente a pescar. Termino, pois, desejando uma boa pescaria – prenhe de aprendizagens e de compreensão do nosso "ser" e do nosso "estar" políticos – a todos quantos se abalançarem na leitura deste texto simultaneamente agradável, profundo e fecundo.

AGRADECIMENTOS

Este livro é o resultado da minha tese de doutoramento em ciência política, cidadania e relações internacionais, cujas provas tive oportunidade de prestar, em abril de 2014, na Universidade Lusófona do Porto, sob a orientação do Professor Doutor António José Fernandes, que conheci, no já longínquo ano de 1982, quando ambos participámos numa visita às instituições comunitárias na sequência de termos vencido um prémio da Rádio Comercial.

Na Assembleia da República e na vida académica, mais tarde, habituei-me a conhecer o transmontano de convicções e, o que é raro, nos dias de hoje, um homem de pensamento próprio.

Devo a alguns cidadãos o meu interesse pela coisa pública no momento da minha formação cívica. Gostava de eleger, para não ser injusto para com outros, só dois: Francisco Sá Carneiro pela coragem das ideias e José Vieira de Carvalho por uma conceção moderna da *polis*.

Ao meu júri de doutoramento, aos Professores Doutores João Almeida Santos, Manuel Meirinho Martins, Adelino Torres, José Oliveira Rocha e José Pedro Teixeira Fernandes uma palavra de reconhecimento pela proximidade sempre viva no debate e na troca das ideias a propósito da problemática da gestão do governo dos homens, pelos homens e para os homens.

Ao Professor Oliveira Rocha uma palavra especial pela sua grande capacidade de contra-argumentação que ajudou, em muito, ao meu trabalho final.

Ao José Pacheco Pereira um agradecimento pela autorização de alguns dos elementos do espólio de Francisco Sá Carneiro à sua guarda.

Ao Paulo Rangel uma palavra amiga pela disponibilidade para fazer o prefácio com a responsabilidade de ser um cientista e um político afirmado.

À Susana Freitas pela paciência de me ajudar a formatar o texto final do trabalho de doutoramento, bem como à minha família pela sua compreensão.

A insuficiência dos argumentos ou o pouco contributo para o debate político em Portugal sobre a relação entre Presidente e Primeiro-Ministro são da minha inteira responsabilidade.

Ao leitor cabe julgar.

ANTÓNIO TAVARES

NOTA PRÉVIA

No momento em que se apresenta este livro, Portugal vive um ciclo completamente inovador no modelo de funcionamento do nosso sistema político. Com efeito, na sequência das eleições de 4 de outubro, quem venceu não vai ser governo.

Quando escolhemos esta problemática estávamos longe de pensar ser possível uma reinvenção do sistema após 40 anos de consecutiva atividade. No discurso de tomada de posse do XXI constitucional, presidido por António Costa, o Presidente da República deixou claro que, no período desta coabitação, não deixará de usar os seus poderes mesmo que não disponha do poder de dissolver o Parlamento.

A elasticidade do sistema de governo provou, na crise do XX Governo constitucional, duas evidências. A morte anunciada dos governos de iniciativa presidencial e o acentuar da vertente parlamentarista do sistema quando o Presidente não dispõe da "bomba atómica" para provocar estragos.

Com este tema procuramos analisar e estudar a história do regime democrático em Portugal e o modo como funciona o sistema político de governo, desde 1976, nas suas mais variadas situações de coabitação política.

A partir de um método comparado avaliamos o modo como o sistema político tem contribuído ou não para a instabilidade governativa quando o Presidente da República tem a possibilidade de usar o poder de dissolução, sempre que está em causa o normal funcionamento das instituições, máxime a Assembleia da República.

A definição do perfil político do Presidente e do Primeiro-Ministro, aliada à dificuldade, muitas vezes, do sistema eleitoral na formação de maiorias parlamentares, evidencia a possibilidade de uma conflitualidade latente nessa relação institucional.

O papel do poder moderador e os instrumentos a que o Presidente recorre advêm de uma legitimidade eleitoral própria e o seu uso deve obedecer a critérios de equilíbrio.

A leitura presidencial da Constituição da República varia de presidente para presidente, o que implica uma geometria variável num sistema que anseia por estabilidade e durabilidade política.

A existência deste poder moderador do presidente, auxiliado, por vezes, pelo papel do Tribunal Constitucional, cada vez mais chamado a ter um papel de mediador, nas zonas cinzentas das opções políticas e legislativas, quase como uma segunda câmara, parece continuar a merecer a concordância e o assentimento da comunidade em geral.

O sistema português tem, contudo, uma capacidade política sempre surpreendente que o processo resultante das eleições de 4 de outubro de 2015 veio evidenciar no modo dos poderes presidenciais. Como é que um presidente sem a arma atómica, o poder de dissolver a Assembleia da República, pode ser tentado a condicionar o quadro político perante um vencedor de eleições contra uma maioria parlamentar?

A coabitação à portuguesa ganha particular sentido numa altura de redefinição do papel do Parlamento. Sem o poder de dissolver a Assembleia da República, o Presidente fica condicionado no jogo político.

Em seu favor resta o fator tempo, afinal são só seis meses sem essa arma, mas quando este tempo coincide com o final de mandato este problema já será do seu sucessor.

ABREVIATURAS

ANP – Ação Nacional Popular
BE – Bloco de Esquerda
CDS/PP – Centro Democrático Social / Partido Popular
COPCON – Comando Operacional do Continente
CR – Conselho de Revolução
FSP – Frente Socialista Popular
MFA – Movimento das Forças Armadas
PAIGC – Partido Africano para a Independência da Guiné e Cabo Verde
PAOD – Período antes das Ordens do Dia
PCP – Partido Comunista Português
PIDE/DGS – Polícia Internacional e de Defesa do Estado / Direção Geral
de Segurança
PM – Primeiro-Ministro
PPD/PSD – Partido Popular Democrático / Partido Social Democrático
PR – Presidente da República
PREC – Processo Revolucionário em Curso
PS – Partido Socialista
RTP – Rádio Televisão Portuguesa
UDP – União Democrática Popular
UN – União Nacional

INTRODUÇÃO

Escolhemos para tema da nossa tese de doutoramento a *A coabitação política em Portugal na vigência da Constituição de 1976*. Quando falamos em coabitação queremos referir-nos à relação institucional/política entre o Presidente da República e o Governo. Ora, a coabitação só faz sentido quando exista um Presidente da República com uma legitimidade política diferenciada na sua origem da do governo. Todavia, os contornos desta coabitação não dependem apenas das normas constitucionais, sendo certo que estas são decisivas na sua fundamentação. Resulta também da personalidade do presidente, bem como da relação de poder entre esse mesmo presidente e o governo. Assim, parece ressaltar que em governos minoritários o presidente terá um papel muito mais interveniente, enquanto em governos de maioria parlamentar, o papel do mesmo presidente será o de simples moderador do sistema de poderes.

Mas será que o presidente é uma entidade política necessária? Em abstrato não é. Os autores da teoria da separação de poderes não previram este "quarto" poder. E atualmente há países em que o presidente é eleito pelo parlamento e tem poderes meramente simbólicos, como na Alemanha. Noutros, o presidente é o chefe do Executivo, como nos Estados Unidos.

Nestes dois casos não se põe o problema da coabitação política, porque não existe um "quarto" poder.

Mas não é o caso português, onde o sistema constitucional prevê um quarto poder, legitimado pelo voto popular e cujos poderes lhe permitem intervir na ação governativa e ainda nas decisões parlamentares, moderando a sua atuação.

Esta questão remete-nos para o sistema semipresidencialista e a sua caracterização estrutural irá permitir um melhor enquadramento da nossa temática e a definição rigorosa das hipóteses a testar.

São várias as explicações para o semipresidencialismo português previsto na Constituição de 1976. Para Braga da Cruz (1994), o semi-presidencialismo nascido com a Constituição de 1976 é uma herança castrense, como forma de afastar os erros do parlamentarismo da I República e a degenerescência ditatorial do modelo presidencialista do Estado Novo. Eanes enquadra determinadamente este perfil, na medida em que se assume como a tutela do primeiro-ministro que, na sua opinião, está diretamente dependente da expressão de confiança política que em relação a ele lhe manifesta o Presidente da República.

A revisão constitucional de 1982 veio reformular os poderes do presidente, cortando a sua referência ao MFA e ao seu papel de entidade tutelar do governo. Mantêm-se porém o seu poder moderador e de arbitragem.

Lucena (1996) considera que o semipresidencialismo português tem a marca de Maurice Duverger em "Xeque-Mate". Segundo este autor, o semipresidencialismo é um modelo híbrido entre um presidencialismo de tipo americano, onde o presidente tem consideráveis poderes executivos, e o parlamentarismo, em que os primeiros-ministros são responsáveis perante o parlamento. Mas, como híbrido, o seu conteúdo não é igual em todos os casos e isso porque o sistema semipresidencialista resultou das fraquezas do sistema parlamentar. Mas sempre que o sistema eleitoral produz uma maioria, os poderes do presidente perdem importância. Só assim não será quando, como acontece em França, o presidente seja o chefe da maioria parlamentar.

Em termos conceptuais, e ainda segundo Duverger (1980), caracteriza-se um sistema político como semipresidencialista quando o presidente é eleito diretamente pelo povo, tem poderes próprios, entre os quais o de dissolver o Parlamento, demitir e nomear o governo, sendo certo que há que distinguir os poderes constitucionais dos poderes políticos, cuja origem carismática defende Bayerlein (1996) ao salientar a tese da origem bonapartista do regime saído da Revolução de Abril. Este termo é usado para sublinhar a fragilidade do sistema político, a

INTRODUÇÃO

deficiente implementação dos partidos políticos e a confusão de fronteiras entre os poderes legislativo e executivo.

O termo tem a sua origem em Karl Marx, que usou este conceito para explicar que foi a criatividade política do regime burguês que originou o bonapartismo. Atualmente o conceito aplica-se a regimes de cariz populista.

Percebe-se perfeitamente que o semipresidencialismo português sofreu uma forte influência das teses de Maurice Duverger e traduz a transição da Revolução do 25 de abril liderada pelo MFA. Todavia, estes contornos remontam ao princípio do período liberal. Nessa altura falava-se em poder moderador, cujo conceito se deve a Benjamin Constant, o qual entendia que a estrutura da separação dos três poderes tradicionais não gerava, por si só, estabilidade política. Era ainda necessária a existência de um quarto poder.

Esta conceção influenciou de forma determinante a Constituição Brasileira de 1824 e a Carta Constitucional Portuguesa de 1826. Enquanto na Constituição de 1822 o poder legislativo era constituído por uma única câmara e o poder executivo residia no rei, na Carta Constitucional o poder legislativo estava repartido por duas câmaras, enquanto o poder executivo pertencia ao governo, nomeado pelo rei, que detinha o poder moderador.

Este quarto poder abrangia amplos poderes (artigo 74º): nomeação dos pares (Câmara Alta); convocação extraordinária das Cortes (Câmara dos Deputados), "quando assim o pede o Bem do Reino", bem como a sua prorrogação, adiamento ou dissolução; a sanção dos decretos das cortes, para que tenham força de lei; a livre nomeação e demissão dos ministros; perdão de penas e amnistia;

A Câmara dos Deputados era constituída por membros eleitos, enquanto a Câmara dos Pares era originariamente constituída por pares vitalícios e hereditários, nomeados pelo rei. E como refere um autor da época, era um auxiliar do rei, para que as ondas democráticas não abalassem constantemente o trono. Era uma espécie institucional semelhante ao atual Conselho de Estado.

A Carta esteve em vigor durante 84 anos, até ao fim da monarquia, pese embora algumas alterações, fundamentalmente em consequência da Revolução de setembro de 1838 (Hespanha, 2004). Tratava-se de encontrar um meio-termo entre a ordem liberal e o absolutismo, com influência das ideias de Benjamin Constant e a Carta francesa de 1814.

Neste momento o rei assumia sempre um papel de visível influência na escolha dos presidentes do conselho (chefes do governo). Como chefe de Estado e mantendo-se fiel à Constituição, o monarca poderia subverter o funcionamento do sistema político e adequar o respetivo exercício à sua própria vontade (Fernandes, 2005).

O Rei D. Luís e, sobretudo, D. Carlos seguiram uma política de intromissão naquilo que era considerado o normal funcionamento do quadro político, convertendo-se em força de bloqueio e daí que a monarquia constitucional tenha caído por pressão dos republicanos.

A República rompeu com a intromissão política da monarquia. Assim: abandonou-se o modelo de poder moderador; adotou-se a existência de uma só Câmara em representação do povo (Congresso); o executivo nascia do parlamento; e o presidente, eleito no parlamento, tinha poderes meramente simbólicos. Tratava-se de puro parlamentarismo, sendo lícito sustentar-se que de acordo com a Constituição de 1911 o executivo acabava por formar, em última análise, um Governo de Assembleia (Catroga, 2011).

Seguindo o mesmo autor, a ausência de mecanismos de regulação e concentração de quase todo o poder no Parlamento, constituído por partidos fracos, assentes em redes de influentes, geraram uma instabilidade constante. E apesar de algumas tentativas de cariz presidencialista, como a de Sidónio Pais, o regime caiu exausto em 1926.

Jorge Miranda (2003/2004) clarifica o governo do Estado Novo, nascido da Constituição de 1933, como sistema de governo simples de chanceler não parlamentar (o Presidente da República e o Governo não estão sujeitos à votação na Assembleia Nacional), mas também não presidencial (pois este modelo de governo implica separação e equilíbrio entre o Presidente da República e o Parlamento, o que não se verifica). Trata-se de um sistema representativo simples em que o Chefe de Estado concentra todo o poder, mas não governa, porque o governo é liderado pelo Presidente do Conselho de Ministros.

A estes órgãos acrescenta-se o Conselho de Estado (auxiliar do Presidente) e uma Câmara Corporativa (representativa dos grupos de interesse nacionais).

INTRODUÇÃO

Em suma, o modelo do Estado Novo repudia a própria teoria de separação de poderes, já que a Assembleia é um órgão meramente simbólico. Assim sendo, não apenas se rejeita o parlamentarismo da I República, como se acha desnecessário qualquer poder moderador, já que não havia nada que moderar ou estabilizar. O regime era estável e pensado para durar eternamente.

Não foi assim de facto e a Constituição, em 1976, veio retomar a separação de poderes, tão cara ao liberalismo, mas temperada pela existência de um poder moderador detido pelo Presidente da República, o qual tem a função de fazer funcionar o sistema de forma equilibrada. Mas como a legitimidade do presidente e do Governo se baseia em atos eleitorais distintos, não dependem um do outro, coloca-se, então, o problema de coabitação política.

Este problema torna-se muito mais importante porquanto a leitura da Constituição pode ser diferente de presidente para presidente. O presidente pode ser eleito com o apoio de um partido e o governo derivar de uma coligação diferente; de existirem governos minoritários ou maioritários afetos ou não ao partido do Presidente.

Morais (2008), referindo-se ao sistema português, traça os quatro traços fundamentais:

a) Eleição do presidente por sufrágio universal;
b) Diarquia constitucional que inclui o Presidente e o Primeiro-Ministro, em que se acentua que o Presidente não chefia direta e formalmente o poder executivo, como acontece em França;
c) Dupla responsabilidade do governo perante o Presidente da República e perante a Assembleia da República;
d) Livre dissolução do Parlamento pelo Presidente da República.

Conforme já referimos, o tipo da coabitação depende da maioria absoluta ou relativa que sustenta o Governo no Parlamento. Essa relação poderá ser de confluência, como atualmente, já que existe uma identidade política entre as duas maiorias.

O semipresidencialismo português é pois um modelo de geometria variável, dependendo a coabitação de diversos factos, pelo que a resposta à pergunta como funciona a coabitação política pode ser testada enunciando as seguintes variáveis, que constam do trabalho de Carlos B. Morais (2008) e a nossa investigação procurará dar resposta:

1ª As maiorias parlamentares absolutas diferentes da maioria presidencial apagam o papel do parlamento e reduzem a iniciativa do presidente, cujas funções se restringem ao controlo (veto e fiscalização);

2ª Num governo minoritário em regime de coabitação, acentua-se o peso do parlamento e a capacidade de intervenção do presidente;

3ª Se houver identidade partidária entre a maioria e o presidente, pode reforçar-se o pendor presidencialista, tudo dependendo da liderança do presidente. Este pode assumir-se quase como chefe do governo ou como discreto moderador.

Como já referimos, o semipresidencialismo não é uma estrutura política rígida que pode evoluir do quase-presidencialismo de tipo francês em que, na verdade, embora haja primeiro-ministro, o Presidente é o chefe do executivo, até vários tipos de parlamentarismo racionalizado, em que o Presidente tem o papel de mero moderador.

O caso português ocupa sensivelmente o meio deste modelo estrutural. É este o caso que queremos estudar, num horizonte de quase quarenta anos, em que intervieram quatro presidentes com composições parlamentares diferentes e estados de personalidade variáveis.

Parece-nos que nesta situação o método mais adequado é o estudo de caso (Robert Yin, 2009), já que se trata de um tema complexo, contemporâneo, ao qual não é aplicável a análise quantitativa. A análise implica um estudo do contexto em que a coabitação política ocorre, usando elementos como artigos de jornais, as atas do Parlamento, as entrevistas dos principais atores e a reflexão de cientistas políticos.

Sendo certo que vamos analisar o comportamento de quatro atores (presidentes Eanes, Mário Soares, Jorge Sampaio e Cavaco Silva) que podem ter atuado de uma forma diferente em circunstâncias semelhantes, teremos de recorrer subsidiariamente ao método comparativo (Ragin, 1987). Este método permite estudar as semelhanças e diferenças.

O tema será desenvolvido ao longo de cinco partes.

Na primeira será desenvolvido o tema do semipresidencialismo português, que já abordámos na introdução de forma a enquadrar a nossa investigação.

Na segunda parte far-se-á uma incursão pelo modelo do presidencialismo no mundo para, deste modo, caracterizar melhor o semipresidencialismo português.

Na terceira parte, fazemos uma análise dos quatro Presidentes da República quando colocados perante situações análogas e qual o resultado em termos de coabitação política.

Na quarta parte, faz-se uma síntese da investigação anterior, para na quinta parte discutir o modelo semipresidencialista, o qual não é um sistema fechado, tendo evoluído, mesmo em Portugal, depois da alteração constitucional de 1982, a qual, segundo alguns autores, converteu o sistema de quase-presidencialista num parlamentarismo racionalizado.

Finalmente, nas conclusões, dá-se resposta às questões levantadas, discutindo-se a veracidade das hipóteses enunciadas na Introdução. E como em muitos quadrantes políticos se discute a relevância do semipresidencialismo e da coabitação política ao mesmo associada, dá-se relevo ainda a outros atores, cuja intervenção nos permite concluir uma correção a este sistema de *checks and balances* cujo pêndulo permite manter o equilíbrio nesta distribuição de poder entre o presidente e o governo.

Parte I
A Coabitação Política no Quadro da Constituição de 1976: A Razão Histórica no Momento Constituinte

*"Não se diga que o princípio da dissolução é atentatório
da soberania parlamentar. Não é.
O que é necessário é cercar de todas as precauções o uso de tal faculdade".*

ALEXANDRE BRAGA

Atas da Assembleia Nacional Constituinte (1986)
Sessão de 6 de julho de 1911
Assembleia da República, Lisboa, p. 45

Capítulo I
As Razões Históricas para esta Opção
– O Exemplo da I República e do Estado Novo
(II Repùblica)

Nas vésperas do golpe militar do 28 de maio de 1926, o Parlamento ainda discutia os poderes presidenciais e pretendia fazer uma revisão constitucional cujo objetivo era dar ao Presidente a possibilidade de dissolver o Congresso e com isso introduzir mais estabilidade no sistema político.[1]

Brito Camacho chegou, vencido, a escrever que

> "estamos convencidos de que não se teria produzido a revolução do 28 de maio se o Presidente da República, mais Chefe de Estado e menos chefe de partido, tivesse na devida altura dissolvido as Câmaras fosse qual fosse o parecer do famoso Conselho. Perante o miserando espetáculo que oferecia S. Bento, o Chefe de Estado tinha obrigação de intervir, no sentido de conciliar as partes desavindas e, no caso provável de o não conseguir, tinha obrigação de dissolver as Câmaras, fosse qual fosse o voto do celebérrimo Conselho Parlamentar."[2]

---

[1] O Congresso da República em resolução, de 9 de fevereiro de 1926, tinha decidido antecipar em cinco anos a revisão constitucional. O arrastamento da questão do regime de exploração dos tabacos acabou por impedir essa discussão.

[2] 22 de dezembro de 1927, in *Diário de Noticias*.

A questão da capacidade de dissolver a Câmara dos Deputados era a mais importante prerrogativa da Coroa, como um recurso extremo e sempre que o aconselhem os interesses do Estado e, por isso, na Carta Constitucional (1826) o monarca tinha um quarto poder – o moderador – e vê-se pelo seu texto que o Rei, como Chefe de Estado, concentrava na sua pessoa dois poderes – moderador e executivo. Era o poder governamental, como lhe chamava o Professor de Direito José Tavares (Tavares, 1909). O que era, então, o poder moderador? Nos termos do artigo 71º da Carta era "a chave de toda a organização política e compete privativamente ao Rei, como Chefe Supremo da Nação, para que incessantemente vele sobre a manutenção da independência, equilíbrio e harmonia dos mais Poderes Políticos". O Rei, na esteira de Benjamin Constant no modelo brasileiro de 1824, tinha, através da Carta Constitucional de 1826, o poder de moderar enquanto fator corretivo, podendo dissolver a Câmara dos Deputados e demitir livremente os ministros. Este "poder" teria estado na suspeita republicana perante a Carta Constitucional e o exemplo que a entrada do Rei no jogo político com a ditadura administrativa de João Franco acabou por originar.

Aquando da discussão do projeto constitucional, em 1911, logo ficou evidente, para o deputado constituinte Alexandre Braga, a necessidade de que a

> "função da presidência corresponde à existência de um elemento coordenador e moderador que, superior a todas as lutas e paixões políticas, possa estabelecer unidade dentro da Pátria e dar coesão e seguimento às diversas obras governativas (...)". Eu não posso aceitar, em meu espírito, a compreensão de um presidente inerte, porque essa inércia corresponderia, exatamente, à negação de todas as faculdades que ele requer (...) uma lúcida compreensão dos lances em que a vida política e social se pode encontrar".[3] No seu entender, o projeto da Constituição em discussão "não

---

[3] Atas da Assembleia Nacional Constituinte de 1911, Assembleia da República, Lisboa, 1986, p. 45.

Sobre o processo de elaboração da Constituição de 1911 existe muita bibliografia, da qual se salienta: Alves, J. F. (2006). A lei das leis – Notas sobre o contexto de produção da Constituição de 1911, *Revista História* (III Série, volume 7), Porto: Faculdade de Letras, pp. 169-180; Catroga, F. (2011). O Republicanismo português (cultura, história e política), *Revista História* (III Série, volume 11), Porto: Faculdade de Letras, pp. 95-119; Wheeler, D.

AS RAZÕES HISTÓRICAS PARA ESTA OPÇÃO

dá ao Presidente da República o poder de dissolver, quando a salvação do país assim o reclame, nem a Câmara dos Deputados nem o Senado (...)

concluindo que é "absolutamente indispensável que tal faculdade e tal poder fiquem consignados na Constituição".[4]

Um outro parlamentar constituinte, João José de Freitas, propõe mesmo que o direito de dissolução fosse previsto para ambas as Câmaras quando houvesse necessidade de restabelecer o equilíbrio entre os poderes legislativo e executivo (Bigotte Chorão, 293: 2009) porque "não reconhecer o direito de dissolução é tornar impossível, em certos casos, a vida do poder executivo e expor o país aos perigos dos golpes de Estado ou das guerras civis (...)".[5]

Teófilo Braga procurou ainda chamar à razão para a necessidade de o Presidente ter o direito de dissolução senão ficaria reduzido a uma "ação de conciliação permanente."[6] Outro deputado, José Maria Vilhena Barbosa de Magalhães, era perentório ao recusar qualquer capacidade ao Presidente. "Não quero a dissolução nem vejo argumentos que possam justificar"[7]. A conclusão a retirar pode-se aferir pelo número imenso de governos e revoluções que a República viveu em constante turbulência política entre 1911 e 1926. Como refere Luís Bigotte Chorão, "é de admitir que se o texto tivesse consagrado o princípio da dissolução, a legalidade republicana pudesse ter ficado mais bem garantida contra o golpismo patológico que acabou por se gerar e caracterizou toda a vida da I República" (Bigotte Chorão, 297: 2009).

O Presidente não era eleito por sufrágio direto, antes pelo Congresso por um período de quatro anos, sem possibilidade de reeleição. Sem o

---

(1978). A Primeira República Portuguesa e a história, *Análise Social*, (volume XIV, nº 56), Lisboa: Instituto de Ciências Sociais da Universidade de Lisboa, pp. 865-872.

[4] Atas da Assembleia Nacional Constituinte de 1911, Assembleia da República, Lisboa, 1986, p. 45.

[5] Atas da Assembleia Nacional Constituinte de 1911, Assembleia da República, Lisboa, 1986, p. 143.

[6] Atas da Assembleia Nacional Constituinte de 1911, Assembleia da República, Lisboa, 1986, p. 162.

[7] Atas da Assembleia Nacional Constituinte de 1911, Assembleia da República, Lisboa, 1986, p. 97.

poder da dissolução, o Presidente pouco adiantava como solução para ultrapassar situações de bloqueio ao sistema político.

Em 5 de dezembro de 1917, Sidónio Pais é o chefe de um golpe militar contra a República Velha e, graças a uma nova lei, é eleito direta e uninominalmente Presidente da República.[8] Discursando nos Paços do Concelho de Beja, justifica a necessidade de mudança afirmando que "em pleno século XX não é possível o regime absoluto, tendo-se, portanto, que optar pelo regime republicano; mas para isso é necessário que o País se pronuncie sobre a forma de regime que deve adotar: se parlamentar ou presidencialista. O primeiro faliu; o segundo é a Ideia Nova". (Freire Antunes, 1981). Era a ideia de Presidente-Rei, como a história lhe chamou (Ribeiro de Meneses, 227-256: 2011).

O Parlamento ainda voltaria ao assunto da possibilidade de o Presidente poder dissolver as Câmaras, no âmbito da revisão constitucional de 1919, através do deputado Mesquita de Carvalho, que mereceu de António Maria da Silva o empenho para dar "garantias à República e contribuir para o seu sossego" (Bigotte Chorão, 303: 2009). A discussão, para permitir o equilíbrio da República, seria feita em volta da possibilidade de dissolver as Câmaras ouvido o Conselho da Nação, presidido pelo Presidente da República, e de um projeto que previa a autodissolução do Congresso da República, o que queria dizer, no entendimento de António Macieira, "um suicídio parlamentar" (R.L Pinto, 53: 2010).

A 22 de setembro de 1919, pela Lei nº 891, era alterado o artigo 47º da Constituição Política de 1911, tendo passado a permitir ao Presidente da República "dissolver as Câmaras Legislativas, quando assim o exigirem os superiores interesses da Pátria e da República, mediante prévia consulta do Conselho Parlamentar". O mecanismo constitucional, como era muito complicado, acabou por não ter qualquer efeito prático[9].

O Presidente da República não conseguia ter a prerrogativa de estar acima do Parlamento e do Governo. Não podia ambicionar vir a arbitrar os conflitos entre os poderes executivos e legislativos, pois não usu-

---

[8] A lei eleitoral sidonista é de 30 de março de 1918 e a eleição presidencial foi a 28 de abril. Sidónio Pais obteve 513 928 votos.

[9] Sobre o modo como decorreu esta revisão constitucional ver Bigotte Chorão, L. (298--317: 2009)

AS RAZÕES HISTÓRICAS PARA ESTA OPÇÃO

fruía do poder de dissolver as Câmaras. Estamos perante um verdadeiro "regime de Assembleia", como lhe chamou Jorge Campinos (24: 1975), ou um sistema parlamentar atípico, o que justificaria, em quase quinze anos, para além de uma quase permanente instabilidade parlamentar, terem exercido funções oito Presidentes da República e quarenta e quatro governos (Caetano, 99: 1978).

Num opúsculo que publicou, *A Crise*, Bernardino Machado escrevia:

> "vejam a inconsistência em que se encontra o regime. Com uma pirâmide assente sobre o vértice, não há conspiração, aventura e revolta, que o não desequilibre. Para alcançar a dissolução, que é a chave do poder, todas as tramas se urdem, todas as armas servem. E assim se ilaqueia e estrangula a ação governativa, paralisando e ferindo profundamente o desenvolvimento da nação." (Machado, 236: 1923)

Estado de espírito que em abril de 1926, pouco antes do golpe militar, o número inaugural de "A Reconquista", da Cruzada Nuno Álvares, reforçava quando "preconizava o reforço dos poderes presidenciais para que o Chefe do Estado fosse «realmente» um Chefe e não uma simples chancela às ordens dos partidos e quanto ao Governo desejava-o da livre escolha do Presidente" (Bigotte Chorão, 284: 2009)

Manuel Teixeira Gomes, um Presidente da República que também não conseguiu concluir o mandato, referia-se ao seu papel nos seguintes termos: "Um presidente constitucional no nosso país que se conserve fiel aos juramentos prestados era um misto de boneco de palha e de senhor da Cana Verde: o primeiro para ser mandado e o segundo para ser insultado" (Norberto, 134: 1942). A observância dos poderes constitucionais implicava, por ironia do destino, que os chefes de Estado da República estavam em situação similar àquele que viviam os monarcas constitucionais: um rotativismo de eleições e com muitos governos. A alternativa à dissolução era só a revolução, como Barbosa Magalhães tinha defendido na Assembleia Constituinte.

A 29 de maio de 1926, perante o impasse da vida parlamentar e em face de um levantamento militar que começou, na véspera, em Braga, o Presidente Bernardino Machado nomeia Presidente do Conselho o comandante Mendes Cabeçadas e a 31 o Congresso é encerrado. Bernardino Machado demite-se das suas funções decretando que, "em conformidade com a Constituição, o Ministério no seu conjunto assumirá a plenitude do poder executivo"[10].

Vai começar um período de ditadura militar que irá, até ao dia 11 de abril de 1933, demorar sete anos[11], período no qual se fez publicar o Decreto nº 15 063, de 25 de fevereiro de 1928, mandando proceder à eleição do Presidente da República por sufrágio universal e fixando o seu mandato em cinco anos.

Eleito em 25 de março de 1928, o general António Óscar Fragoso Carmona exonera, a 18 de abril, o Ministério e nomeia o coronel José Vicente de Freitas presidente do Ministério, entrando para o Governo, como Ministro das Finanças, o Professor de Coimbra, Oliveira Salazar[12].

António de Oliveira Salazar vai apresentar um projeto de Constituição política que será colocado, na imprensa diária, simbolicamente a 28 de Maio de 1932, para discussão pública[13].

No relatório explicativo que acompanha a discussão pode ler-se a propósito do papel institucional reservado ao Presidente da República:

"O Chefe do Estado é o Presidente da República eleito por sufrágio direto dos chefes de família. É o primeiro órgão da soberania. A sua magistratura e o exercício das suas funções são independentes das votações da Assembleia Nacional. Nomeia e demite os governos. Responde direta e exclusivamente perante a Nação e a sua personalidade política é inviolável. A independência e a solenidade das atribuições dão-lhe uma posição singular entre todos os órgãos de soberania. A Constituição confere-lhe as verdadeiras funções da Chefia do Estado e não simplesmente a

---

[10] Diário do Governo de 12 de junho de 1926.

[11] O texto foi publicado no Diário do Governo de 22 de fevereiro de 1933, nos termos do Decreto nº 22 241, dessa data. Submetido a plebiscito em 19 de março de 1933 e em vigor a 11 de abril do mesmo ano com a publicação conjunta da ata da assembleia-geral do apuramento dos resultados do referido plebiscito.
O poeta Fernando Pessoa publicou um opúsculo (1928), *O Interregno – Defesa e justificação da ditadura militar em Portugal*, Lisboa: Núcleo de Ação Nacional.

[12] Sobre Vicente de Freitas ver Fernandes, F. (2010). *General José Vicente de Freitas – a liberdade de pensar*, Lisboa: Edições Colibri.

[13] Através do Decreto com força de lei nº 20 643 foi criado um Conselho Político Nacional, presidido pelo Presidente da República, a quem competia dar parecer sobre os projetos em análise de Constituição.

AS RAZÕES HISTÓRICAS PARA ESTA OPÇÃO

do poder executivo. É o elemento por excelência da harmonia do Estado. Ao Presidente da República assiste um Conselho de Estado de superior prestígio que emitirá o seu parecer em todas as emergências graves da vida da Nação"(Araújo, 143: 2007)[14].

Em relação à Constituição de 1911, o Presidente da República ganha legitimidade com a eleição direta e tem mandato para sete anos, podendo ser reeleito e "dissolver a Assembleia Nacional quando assim o exigirem os interesses superiores da Nação" (artigo 81º) e era, nas palavras de Jorge Campinos, "a pedra angular do sistema político desenhado na Constituição" (Campinos, 33: 1978). Na proposta inicial de 1932 a possibilidade de o Presidente da República ser reeleito não estava prevista. Esta pretensão não agradava ao Presidente Carmona, cujo mandato terminava em 1935. O texto definitivo prevê já a reeleição. Foi a moeda de troca na sequência da exposição elaborada por Vicente de Freitas e na qual o antigo Presidente do Ministério considera representar uma das duas correntes em presença: a republicana, liberal e democrática contra a nacionalista e onde "preconiza as bases nas quais deveria assentar a futura Constituição da República e o modo como funcionariam os poderes do Estado" (Fernandes, 240-258: 2010)[15].

Pese embora a Constituição prever, no mesmo artigo 81º nº 1, que competia ao Presidente da República "nomear o Presidente do Conselho e os Ministros de entre os cidadãos portugueses e demiti-los", nenhum se atreveu a exercer essa prerrogativa durante os 41 anos da sua

---

[14] O autor descreve, com muito pormenor, o processo de elaboração do projeto constitucional ressalvando o papel destacado e os contributos de Domingos Fezas Vital, Quirino de Jesus e Pedro Theotónio Pereira.

[15] O jornal *O Século*, 12 de fevereiro de 1933, publicou a exposição precedida do seguinte texto: *"Não tendo o Sr. General José Vicente de Freitas podido entregar ao Sr. Presidente da República, em consequência do estado de saúde de S. Exª, uma exposição em que concretizam o seu pensamento em matéria constitucional, fez dela entrega ao Sr. Presidente do Ministério, a fim de que o Governo pudesse considerá-la como entendesse."* No dia seguinte à da sua publicação foi demitido das funções de Presidente da Comissão Administrativa da Câmara Municipal de Lisboa. A causa próxima da demissão, segundo nota oficiosa do Governo, devia-se ao facto de o General ter recusado a eliminação do texto referente à União Nacional, conforme lhe tinha sido sugerido. A este propósito Matos, H. (2003). *Salazar volume I – a construção do mito*, Lisboa: Círculo de Leitores, pp. 310-314.

vigência contudo era, como Jorge Campinos o considerava, "titular de poderes exorbitantes" pois, tal como nos sistemas parlamentares, podia dissolver a Câmara e, como nos sistemas presidencialistas, disponha de direito de veto que o autoriza a recusar a promulgação dos decretos aprovados pela Assembleia Nacional, em segunda apreciação, por uma maioria inferior a dois terços dos membros em efetividade de funções. (Campinos, 96: 1978) Ao mesmo tempo, o *presidencialismo do Primeiro-Ministro* como escrevia o delfim Marcello Caetano (Marcelo, 116: 1978) conduzia a um "presidencialismo bicéfalo" onde todos os atos do chefe de Estado careciam de referenda do presidente do Conselho para serem válidos. A única exceção era a demissão deste (Rosas e Brito, 794: 1996).

Esta ideia de um "presidencialismo bicéfalo" como que se adivinhou numa outra fórmula e com uma outra estrutura, logo no artigo 172º da primeira versão da proposta constitucional, quando se previa a existência de um vice-presidente. Salazar deve ter eliminado a hipótese porque se confessava traumatizado com uma experiência semelhante. Em carta a Joaquim Dinis da Fonseca admitia: "com dois – Cabeçadas e Gomes da Costa – já estive e fiquei sem vontade de repetir a experiência" (Caetano, 31-33: 1977)[16].

Jorge Campinos mostra admiração pelo facto de que Marcello Caetano,

> "partindo da análise jurídica da Constituição de 1933, viesse afirmar que o constituinte estabelecera um "presidencialismo bicéfalo" ou, melhor, "Presidencialismo do Primeiro-Ministro" (...) as regras jurídicas relativas à nomeação e à exoneração do Presidente do Conselho traduziam a inequívoca vontade do constituinte de 1933 de institucionalizar em Portugal um regime presidencialista em benefício exclusivo do Chefe do Estado ou, melhor, um "presidencialismo puro do Presidente da República" (Campinos, 78-79: 1978).

Entre 1933 e 1974 a Assembleia Nacional só foi dissolvida uma única vez, em 6 de outubro de 1945[17], por razões de oportunidade política.

---

[16] Carta de Salazar a Joaquim Dinis da Fonseca, 30 de julho de 1927.
[17] Pelo decreto nº 34972. Era o final da II Guerra Mundial e Salazar "queria" eleições livres como na livre Inglaterra como resposta aos anseios das oposições.

AS RAZÕES HISTÓRICAS PARA ESTA OPÇÃO

Este presidencialismo puro conduziria então a uma distorção constitucional, ainda no dizer de Jorge Campinos, pese embora Salazar, logo em 1934, ter a preocupação de deixar claro que o Governo

> "é hoje órgão da soberania considerado à parte do Presidente da República, sem que daqui nasça risco de dualidade na direção suprema do Estado. A subordinação constitucional e prática dos Ministros ao Chefe do Governo e a faculdade de livre escolha e de livre demissão que tem quanto ao Presidente do Conselho o Presidente da República fazem que, pela impossibilidade de conflitos entre os dois, a orientação governativa seja sempre efetivamente una – a que tem a concordância do Chefe de Estado" (Campinos, 135-136: 1978).

A evolução em Portugal foi no sentido da concentração de poderes na figura carismática de Salazar e daí que, ao suprimir a única operação eleitoral com significado político, a revisão constitucional de 1959 reforçou o "presidencialismo funcional do Presidente do Conselho" (Campinos, 137: 1978). Onde a legitimidade *de jure* do Presidente da República diminuía enquanto aumentava a legitimidade *de facto* do Presidente do Conselho o que nos permite concluir, com Carlos Blanco de Morais, que "a Constituição corporativa e autoritária de 1933 institui em Portugal um sistema de governo de Chanceler" (Blanco de Morais, 148: 1998).

Na sequência das eleições presidenciais de 1958, disputadas entre o Almirante Américo Tomás e o General Humberto Delgado, e com a dúvida em volta dos seus resultados, a Assembleia Nacional deliberou rever a Constituição de 1933, embora votasse, por equívoco, "a antecipação de revisão" (Caetano, 111: 1978). A modificação mais importante foi a propósito da eleição do Presidente da República, que deixou de ser por sufrágio universal para passar a ser realizada por um colégio restrito. Como Francisco Sá Carneiro escreveu, "a eleição por sufrágio direto foi aceite como boa enquanto, pela ausência de candidatos de oposição, servia para invocar uma consagração plebiscitária do regime".

Sobre o enquadramento e o papel da Assembleia Nacional ver Castilho, J. (2007). *A Assembleia Nacional*, Tese de doutoramento em História Moderna e Contemporânea, especialidade em História Política e Institucional no Período Contemporâneo, Instituto Superior de Ciências do Trabalho e da Empresa – ISCTE, Lisboa.

(Sá Carneiro, 85: 1971) Em 1971, os deputados da chamada Ala Liberal na sua proposta de revisão constitucional voltavam a propor, ainda que sem sucesso, a eleição por sufrágio direto do Presidente da República (Sá Carneiro, 265: 1971)[18].

Durante o Estado Novo a estabilidade do sistema residiu sempre em volta do Presidente do Conselho, António de Oliveira Salazar, o qual tinha um papel central e decisivo na escolha do Presidente da República. Acabou por ser sempre assim com a recandidatura do Marechal Carmona, com a única candidatura do Marechal Craveiro Lopes e com o Almirante Américo Tomás.

O Presidente da República, ao não se afirmar como central à função, não deixou, no quadro do Estado Novo, de ser o poder que legitimava o poder periférico/real do chefe do Governo. Aliás, concordamos com Vital Moreira quanto ao exercício real dos poderes presidenciais uma vez que estes se mantinham "virtualmente em estado potencial, nada impedindo que mudando as circunstâncias e os protagonistas, a «constituição real» pudesse vir a pôr-se de acordo com a «constituição formal»" (Moreira, 481: 1998).

A inamovibilidade do Presidente do Conselho acarretou aquilo que Jorge Campinos denominou com ironia "a cooptação" do Presidente da República pelo Presidente do Conselho de Ministros, com a consequente usurpação por este das principais funções presidenciais (Campinos, 147: 1978). Acresce que Salazar, através da União Nacional, designou sempre o candidato à Presidência com respeito pelo equilíbrio institucional dentro das Forças Armadas: Exército, Força Aérea e Marinha.

Salazar "coabitou" com três Presidentes da República. Com Óscar Carmona, até 1951, cujo mandato cessou por óbito. Com Craveiro Lopes, até 1958, tendo o mandato concluído em profunda discordância. Em carta de 2 de maio, Salazar informava, sem justificações, Craveiro Lopes que tinha sido deliberado apresentar como candidato da União Nacional o Almirante Américo Tomás e manifestava-lhe a "grande satisfação de não ouvir senão encómios aos serviços prestados por Vossa Excelência e palavras de justiça para as suas qualidades. Foi altamente consoladora

---

[18] Miranda, J. (1997) analisa o processo de revisão constitucional e a questão da sua inconstitucionalidade.

AS RAZÕES HISTÓRICAS PARA ESTA OPÇÃO

sob este aspeto a sessão. A deliberação final nasceu apenas do reconhecimento das circunstâncias políticas a que pareceu conveniente atender" (Homem de Mello, 1990).

Com o Almirante Américo Tomás conviveu até à sua exoneração, em 26 de setembro de 1968, quando este se viu obrigado a usar da faculdade do nº 1 do artigo 81º da Constituição, após evidenciar que o estado de saúde de Salazar não lhe permitia continuar o exercício da função e saber ser sua vontade não querer morrer no cargo.

A 9 de novembro de 1961 e com o Estado Novo a revelar profundas dificuldades, logo Salazar alertava que tendo constitucionalmente o Chefe do Estado liberdade de agir, essa liberdade tinha limitações porque não se podia desprender "nem das circunstâncias nem das pessoas, nem das suas ideias e projeto quanto aos problemas nacionais" (Salazar, 1951), ou seja, a sua personalidade política era incontornável no seio do sistema. Sem ele o "regime" valia muito pouco. A crise do General Humberto Delgado e o seu papel nas eleições presidenciais de 1958 veio a revelar-se contraditória. A velha classe política republicana avessa à eleição direta do Presidente da República aproveitou esta bandeira quando a "situação" se livrou dela na revisão constitucional de 1959. Sem a campanha de Humberto Delgado e essa revisão constitucional, provavelmente a escolha, em 1976, poderia ter sido outra. O que é manifestamente evidente na diferença entre a I e a II plataforma MFA-Partidos.

A revisão constitucional de 1971, nas vésperas do fim do Estado Novo, já deixava antever a questão de crise institucional (Lucena, 1976). A gestão política de Marcello Caetano era uma desilusão depois da "primavera marcelista", afinal mudou só os nomes aos instrumentos mais decisivos da repressão: a PIDE que virou DGS, a Censura que se tornou Exame Prévio e a União Nacional que se transformou em Ação Nacional Popular. Pese embora o regresso do Bispo do Porto, a saída de Francisco Sá Carneiro da Assembleia Nacional, em janeiro de 1973, acaba por ser a oportunidade perdida para a mudança. Cercado pela direita nacionalista e visto com desconfiança pelos sectores moderados da situação, Marcello Caetano opta pela fuga para a frente. Tenta agradar a todos. Segurar Spínola e os efeitos do seu *Portugal e o Futuro*, receber a "brigada do reumático", mandar alguns colaboradores negociar com os movimentos de libertação nacional como o PAIGC ou preparar uma independência branca em Angola. A história não iria esperar mais. O marcelismo não conseguia mudar por dentro o Estado Novo e a expectativa estava a esgotar-se, mesmo quando foi à televisão, em 28 de março, para a sua derradeira *Conversas em família*, procurar dizer que o 16 de março afinal não era o prenúncio de nada (Rosas, 9-27: 1999)[19].

Ao não conseguir fazer as reformas que a revisão constitucional de 1971 podia proporcionar, Marcello Caetano acabou por perceber que a constituição real nada tinha a ver com a constituição formal. A lição de Ferdinand Lassalle à pergunta "Que é uma Constituição?" dava a resposta final decisiva.

> "Os problemas constitucionais não são problemas de direito, mas do poder; a verdadeira Constituição de um país somente tem por base os fatores reais e efetivos do poder que naquele país regem, e as Constituições escritas não têm valor nem são duráveis a não ser que exprimam fielmente os fatores do poder que imperam na realidade social: eis aí os critérios fundamentais que devemos sempre lembrar" (Lassalle, 117: 1969)[20].

Os fatores reais e efetivos de poder – as Forças Armadas – iriam ser decisivos na madrugada de 25 de abril de 1974. Umas Forças Armadas cujos elementos nada tinham a ver com os que implantaram o regime e onde as transformações que a guerra colonial motivava conduziam a um clima de rutura institucional. O fim adivinhava-se e estava a chegar (Farinha, 2010)[21].

---

[19] Para uma leitura mais completa deste período, também Castilho, J. M. (2012). *Marcello Caetano. Uma biografia política*, Coimbra: Almedina.

[20] Ferdinand Lassalle (1825-1864) está ligado à história do movimento operário, como o principal responsável, antes de Marx, pelo desenvolvimento das correntes socialistas na Alemanha após o fracasso da revolução de 1848.

[21] Farinha, L. (2010). *Medeiros Ferreira e o III Congresso da Oposição Democrática (1973): teses com futuro*, em *O longo curso – estudos em homenagem a José Medeiros Ferreira*, coordenação Pedro Aires Oliveira e Maria Inácia Rezola, Lisboa: Tinta da China.

Capítulo II
A Análise do Enquadramento Político Condicionante da Escolha do Modelo Constitucional da III República

Com o golpe de Estado de 25 de abril de 1974, Portugal rompia com o regime do Estado Novo. Fartos da guerra colonial que se arrastava, desde 1961, em três frentes, Guiné, Angola e Moçambique, e perante a impossibilidade de uma vitória no campo de batalha, os militares procuraram aguentar até os políticos procurarem uma solução para o problema africano. A reação corporativa "exterior à política é comprovada pelo sentimento da hierarquia que não deixou de o animar até ao 25 de Abril", como referia Max Wery (Wery, 109:1994)[22], ou uma tomada de consciência política sobre o impasse da guerra colonial por parte das forças armadas?[23]

[22] Max Wery era, aquando dos acontecimentos, Embaixador da Bélgica em Lisboa. Sobre o movimento dos capitães, Cervelló, J. S. (1993). *A Revolução Portuguesa e a sua influência na transição espanhola (1961-1976)*, Lisboa: Assírio & Alvim, pp. 155-173.

[23] Sobre a participação dos militares na vida política do século XX ver Serra, J. e Salgado de Matos, L. (1982). Intervenções militares na vida política, *Análise Social* (nº 72/73/74), Lisboa: Instituto de Ciências Sociais da Universidade de Lisboa, pp. 1165-1195; Wheeler, D. (1998). Golpes militares e golpes literários – a literatura do golpe de 25 de Abril de 1974 em contexto histórico, *Penélope* nº 19/20, Coimbra, pp. 191-212; Caeiro, J. (1997). *Os militares no poder uma análise histórico-política do liberalismo à revisão constitucional de 1959*, Lisboa: Hugin; Ferreira, J. (1992). *O comportamento político dos militares, Forças Armadas e Regimes Políticos em Portugal no século XX*, Lisboa: Estampa; Rezola, M. (2006). *Os militares na Revolução de Abril – o Conselho da Revolução e a transição para a democracia em Portugal (1974-1976)*, Lisboa: Campo da Comunicação; Carrilho, M. (1985). *Forças Armadas e*

Em junho de 1973, oficiais do quadro permanente, em serviço na Guiné, contestam a realização de um Congresso de Antigos Combatentes com o receio que, a exemplo da queda de Goa, Damão e Diu, no antigo Estado Português da Índia, mais uma vez as forças armadas tivessem de ser responsabilizadas. O fantasma de Vassalo e Silva pairava nas mais variadas patentes da hierarquia militar.

Um mês depois, em 13 de julho de 1973, o Governo promulgou o Decreto-Lei 353/73 [24] que estará na origem da contestação dos jovens oficiais, que se vêem na iminência de ser ultrapassados por oficiais milicianos recrutados à pressa para preencher os quadros.

A 9 de setembro desse mesmo ano, em Évora, tem lugar uma primeira reunião, juntando cerca de 150 oficiais, do embrião do que virá a ser o Movimento das Forças Armadas. O 25 de abril de 1974 começou por ser um golpe de Estado e com ele se iniciou o que Samuel Huntington chamou a "terceira vaga de democratização" (Huntington, 1994), que se vai alastrar à Grécia, dos coronéis, a Espanha, com o fim do franquismo, à América Latina e finalmente à Europa de Leste. Movimento que se vai transformando de golpe de Estado em verdadeira revolução com o chamado PREC – Processo Revolucionário em Curso – até 25 de novembro de 1975.

Nesse período de dezanove loucos meses será produzido um conjunto de factos políticos que vai marcar, de um modo muito decisivo, a democracia portuguesa e, com ela, o desenvolvimento do processo constituinte que termina na Constituição de 1976. Desde logo, todo o movimento de agitação política que começa com a queda do governo Palma Carlos prossegue em 28 de setembro de 1974, continua em 11 de março de 1975 com a passagem a uma etapa revolucionária consubstanciada no chamado Verão Quente, a culminar em 25 de novembro de 1975.

---

mudança política em Portugal no século XX – para uma explicação sociológica do papel dos militares, Lisboa: Imprensa Nacional da Casa da Moeda.

[24] Este diploma permitia a integração de antigos oficiais milicianos no quadro permanente, após a frequência de um curso na Academia Militar completado com seis meses de instrução nas escolas práticas. O curso normal de quatro anos era assim reduzido a dois semestres. A influência que o PCP manifestou junto de muitos destes milicianos justificou a sua atitude futura no comportamento político.

Temos, assim, quatro etapas da evolução de golpe de Estado a processo revolucionário[25] da institucionalização democrática:

Quadro 1:

25 DE ABRIL DE 1974 – 30 DE SETEMBRO DE 1974

Golpe de Estado derruba o Estado Novo

Presidente António de Spínola demite-se na sequência da intentona do 28 de setembro no sentido de uma viragem à direita

I Governo Palma Carlos

II Governo Vasco Gonçalves

30 DE SETEMBRO DE 1974 – 11 DE MARÇO DE 1975

Eleito Presidente Francisco Costa Gomes

III Governo Vasco Gonçalves

Tentativa militar em 11 de março permite readicalização à esquerda

Unicidade Sindical

11 DE MARÇO DE 1975 – 26 DE FEVEREIRO DE 1976

I Pacto MFA-Partidos

IV Governo Vasco Gonçalves

Nacionalização da Banca

Acelerar a Revolução

Eleições para a Assembleia Constituinte

---

[25] António Costa Pinto, por exemplo, define três momentos fundamentais: a fase do derrube do regime autoritário (abril 1974-março de 1975), a fase revolucionária (março de 1975-julho de 1976) e a fase de consolidação com a abolição do Conselho de Revolução em 1982.

V Governo Vasco Gonçalves

Soldados Unidos Vencerão

VI Governo Pinheiro de Azevedo

Cerco à Assembleia Constituinte

Greve do Governo

Insurreição militar em 25 de novembro

Vitória das Forças Moderadas permite centrar o processo democrático em curso

II Pacto MFA-Partidos

26 DE FEVEREIRO DE 1976 – 02 DE ABRIL DE 1976

Promulgação da Constituição pelo Presidente Costa Gomes

Institucionalização do regime político democrático

Eleições Presidenciais

Ramalho Eanes eleito

I Governo Constitucional

FONTE: António Tavares

Durante este espaço de tempo, dois documentos vão influenciar o processo da Assembleia Constituinte de 1976: o I e o II Pacto MFA--Partidos. Ambos refletem a dupla evolução do momento político que os historiadores registaram como Verão Quente.

Estes acordos, datados de 13 de abril de 1975 e de 26 de fevereiro de 1976, marcaram a experiência política que estará na origem da Constituição de 1976. Como refere Kenneth Maxwell, "o primeiro atribui poderes importantes ao Movimento das Forças Armadas: o segundo alterou esses poderes, mas conservou muitos limites à capacidade de futuros governos para tomar medidas económicas ou políticas que modificassem ou anulassem as aspirações socialistas incluídas na Constituição" (Maxwell, 179-180:1995) e que vão estar na origem das revisões constitucionais de 1982 e 1989. A 11 de janeiro de 1975, Eduardo

Lourenço escrevia, no *Expresso,* que o MFA "nascido de intenso reflexo de desculpabilização em breve ultrapassou a sua fase «infantil»" para se instalar com uma energia bem militar no papel, deixado em aberto pela carência do poder civil, de única fonte do poder e de resoluções políticas reais, exemplar e incontestado." (Lourenço, 87: 1975)

O MFA – Movimento das Forças Armadas – vai-se interpor entre os portugueses como decisor do seu futuro democrático e a sociedade civil organizada em partidos políticos. Desde a madrugada de 25 de abril de 1974 terá várias metamorfoses até ao seu desaparecimento institucional, em 1982, já corporizado, na sua versão final, em Conselho da Revolução.

As eleições para a Assembleia Constituinte serão a mola real da existência de uma Constituição que muitos desejavam revolucionária e a caminho do socialismo. Na opinião do secretário-geral do Partido Comunista Português se colocava, na sua chegada a Lisboa regressado do exílio, como uma das condições essenciais como assegurar eleições verdadeiramente livres, o que implicava, pela parte do PCP, tudo fazer para que a aliança Povo-MFA fosse irreversível como uma condição essencial para o progresso da democratização de Portugal (Cunhal, 186: 1975)[26].

O Movimento das Forças Armadas definiu as regras que vão organizar o processo constituinte. Fixa um prazo máximo de doze meses para a eleição da Assembleia Constituinte, consagra o sufrágio universal, direto e secreto, dá a essa mesma Assembleia Constituinte a capacidade de elaborar a Constituição sem exigir qualquer tipo de referendo e define as instituições políticas que no período de interregno constitucional devem organizar o país: a Assembleia Constituinte, o Presidente da República, a Junta de Salvação Nacional, o Conselho de Estado, o Governo Provisório e os Tribunais.

A Lei 3/74 de 14 de maio vem a fixar a realização de eleições para a Assembleia Constituinte até 31 de março de 1975 e, no seu artigo 7º nº 5, previa, curiosamente, que uma das competências do Presidente da República era convocar e presidir ao Conselho de Ministros quando o julgar oportuno.

---

[26] Álvaro Cunhal regressou do exílio a 30 de abril de 1974 .

A Assembleia Constituinte vai-se instalar e desenvolver num clima de permanente agitação política, confrontando-se com a "rua", uma fonte não legítima e sem representatividade eleitoral, mas que pretendia condicionar todo o processo. No fundo eram aqueles que, na aliança Povo-MFA, tinham apelado ao voto em branco[27] como a arma do povo e sido derrotados nas eleições de 25 de abril de 1975.

Já em 21 de dezembro de 1974, ao discursar num comício de amizade com o Partido Socialista Unificado da Alemanha (RDA), na Amadora, Álvaro Cunhal tinha fundadas dúvidas se as eleições iriam ser livres (Cunhal, 380-385: 1975). Não podemos esquecer que o secretário-geral do Partido Comunista chegou a dizer, numa entrevista à jornalista Oriana Fallaci, que não "haveria parlamento em Portugal" (Linz e Stepan, 121: 1996).

Era um Álvaro Cunhal "com peruca de Marquês de Sade", como escrevia, no seu diário, Natália Correia. "Ri-se das eleições. Ri-se da Constituinte" (Correia, 207: 2003). Nos dias imediatamente subsequentes ao golpe de Estado militar, Portugal começou a viver, no seio do novo poder, um equívoco institucional. Várias forças civis e militares tinham convergido no objetivo do derrube da ditadura do Estado Novo (1926-1974) colocado de acordo com um modelo básico: o programa do MFA elaborado por militares com preparação ideológica, mas vulneráveis a várias influências, como o tempo veio a confirmar.

O primeiro choque de correntes diferentes vai ser entre o projeto federalista- presidencialista de Spínola e a vontade de terminar a guerra colonial, com a consequente independência das colónias[28]. Esta visão diferente vai procurar, por um lado, que o Presidente Spínola tente obter, junto do país, nomeadamente ao visitar várias unidades militares e municípios, uma legitimidade acrescida além daquela que lhe era

---

[27] Mário Soares destaca, entre outros, o Almirante Rosa Coutinho, pelo lado dos militares, e dos militantes do Movimento da Esquerda Socialista – MES – César de Oliveira ou José Manuel Galvão Teles pelo lado dos civis. Só 6,94% votaram em branco (393 164 votos) Avillez, M. J. (424-425: 1996).

[28] Nesta altura já muitos países tinham reconhecido a independência unilateral da Guiné- -Bissau, proclamada em Medina do Boé em setembro de 1973. Por outro lado, a conjuntura da Guerra Fria mantinha os Estados Unidos em "ponto morto" enquanto se vivia, em Washington, o caso Watergate, que vai estar na origem da renúncia do Presidente Richard Nixon.

inerente pela vontade de Marcello Caetano ao evitar que o "poder caísse na rua" e pelos seus pares da Junta de Salvação Nacional.

Depois houve o caso do Governo Palma Carlos, que caiu ao fim de 55 dias. A crise Palma Carlos, ou para os sectores de esquerda o "golpe Palma Carlos", vai ser decisiva no "andar mais depressa" que a Comissão Coordenadora do MFA pretendia. Tudo começou porque o Primeiro-Ministro, Adelino da Palma Carlos, decidiu preparar um conjunto de documentos, que apresentou ao Presidente da República, com vista a produzir alterações na legislação produzida pela Junta de Salvação Nacional. "O que estava em causa era a eleição, tão rápida quanto possível, do Presidente da República, e a realização de um referendo para aprovar uma Constituição provisória que desse poderes ao chefe de Estado e ao Executivo para efetuar algumas das disposições estabelecidas no programa do MFA" mas, em definitivo, o que vai implicar a sua queda e a do I Governo Provisório é uma decisão do Conselho de Estado sobre o processo de descolonização" (Osório, 93-99: 1988)[29].

Segue-se o II Governo provisório, em 17 de julho de 1974, chefiado pelo Coronel Vasco Gonçalves, naquilo que Álvaro Cunhal definiu como "a entrada aberta do MFA no governo" (Cunhal, 181: 1994)[30], o que vai dificultar as tentativas sucessivas de Spínola em afastar os radicais da esfera do poder.

Os acontecimentos do 28 de setembro serão motivo para o afastamento de Spínola e da "reação", permitindo criar condições para a precipitação do 11 de março e preparar a institucionalização do MFA. O *Expresso*, a 5 de outubro de 1974, evidenciava de um modo claro: "o problema que se põe, neste momento, ao General Costa Gomes, ao MFA, ao

---

[29] Nas pp. 241-249 estão os apontamentos das atas do Conselho de Ministros de 4 e 9 de julho de 1974 que evidenciam as dificuldades de consenso entre os ministros do I Governo Provisório.

[30] No capítulo sobre o processo da revolução portuguesa (pp. 165-220), Álvaro Cunhal dá uma visão objetiva e cronológica do modo como o PCP se comportou durante todo este período que medeia entre 25 de abril de 1974 e 25 de novembro de 1975. Sobre o papel do PCP neste período ver Gaspar (Carlos), *O Partido Comunista e a revolução portuguesa* em *O longo curso – estudos em homenagem a José Medeiros Ferreira*, coordenação Pedro Aires Oliveira e Maria Inácia Rezola, Lisboa: Tinta da China, pp.539-574 e Lisi, M. (2007). O PCP e o processo de mobilização entre 1974 e 1976, *Análise Social*, (volume XLII), Lisboa: Instituto de Ciências Sociais da Universidade de Lisboa, pp. 181-205.

Governo Provisório e aos portugueses em geral é o de escolherem entre uma democracia pluralista, com vista a eleições livres, e uma ditadura de esquerda, chamemos-lhes comunismo ou não, haja ou não eleições" e conforme a nossa escolha "encontramo-nos numa linha de fratura".

Em 30 de setembro de 1974 entra em funções o III Governo Provisório de Vasco Gonçalves, que durará até 26 de março de 1975, e é reestruturada a Junta de Salvação Nacional, restando Costa Gomes e Pinheiro de Azevedo, com Rosa Coutinho ausente em Angola, da composição inicial. Em outubro de 1974 é criado o Conselho dos Vinte para facilitar a atividade da Junta na sua missão "constitucional" e intensifica-se a questão eleitoral, com os sectores mais à esquerda a pugnar pelo adiamento das mesmas e com outros sectores, com Sá Carneiro em destaque, a defenderem o cumprimento e a realização atempada das mesmas. A partir de dezembro começa a existir a ideia, e a necessidade, de se obter um acordo prévio entre o MFA e os partidos para a definição da nova Constituição. Num comício em Braga, Álvaro Cunhal vem defender que o MFA tem de ter uma palavra a dizer no futuro texto constitucional e dá uma solução para tal: ou o MFA fica representado na futura Assembleia ou "terá de decidir-se precisamente por um acordo entre os partidos democráticos e o MFA acerca das linhas gerais da Constituição e da política do futuro." (Cunhal, 357: 1975) O debate evolui rapidamente para um consenso generalizado entre os partidos com maior influência no governo provisório. Entre janeiro e março de 1975 continua o debate em torno da questão da institucionalização do MFA como "o motor, puxa o barco, dá-lhe direção, é um projeto de mudança" (Alves, 1974)[31] e onde se vão cruzar questões como a unicidade sindical, a legitimidade revolucionária e as eleições.

A questão da unicidade sindical precipita o clima apaziguador, com os vários protagonistas a defenderem posições contraditórias sobre a realização das eleições.

As forças moderadas continuam a apelar à realização das eleições e Francisco Sá Carneiro insiste na necessidade de se clarificar o papel do MFA ao dizer que "tem de determinar-se com nitidez qual o estatuto político-constitucional dos órgãos superiores do MFA. Temos de saber, de uma vez para sempre, qual o seu papel na decisão dos assuntos que,

---

[31] Alves, V. (1974). *Entrevista ao Jornal do Brasil*, citada no jornal *Expresso*, 12 de outubro de 1974.

em princípio, competem apenas ao Governo" (Sá Carneiro, 253: 1982). Mário Soares também é taxativo, em entrevista ao semanário francês *Le Nouvel Observateur*, publicada a 24 de fevereiro de 1975, ao afirmar que pese embora ter sido o PS o primeiro partido a defender a institucionalização do MFA, não aceita que este se sobreponha ao sufrágio universal. "Desaprovamos a presença eventual, na futura Assembleia Constituinte, de elementos do MFA, que não teriam saído do sufrágio universal" (Soares, 286-287: 1975).

A 10 de fevereiro, o Presidente da República informa o país que as eleições serão a 12 de abril de 1975.

Se até ao final do ano de 1974 o debate é conduzido maioritariamente por civis, a partir de janeiro de 1975 este debate passa para a esfera militar onde se confrontam três teses: a "radical", pela dissolução do MFA, a de "intervenção dominante", com sectores afetos a Vasco Gonçalves e à 5ª Divisão, e a de "intervenção moderada".

Depois de um processo de discussão interna (Rezola, 2006)[32], onde surgiram outras propostas alternativas, o primeiro encontro entre representantes do MFA e dos partidos tem lugar a 21 de fevereiro. Entre os 14 pontos postos em discussão salientava-se que o futuro Presidente da República deveria obter a confiança do MFA e que o Governo dependeria deste e não da Assembleia. Os partidos começam a responder às propostas logo em março e de uma maneira variada.

Quadro 2:

DEVE O PRESIDENTE DA REPÚBLICA OBTER A CONFIANÇA DO MFA?	
PS	Sim
MDP/CDE	Sim
PPD	Não
CDS	Não

[32] Rezola, M. (2006) conta de um modo muito detalhado o desenvolvimento de todo este processo.

DEVE O GOVERNO DEPENDER DO PRESIDENTE DA REPÚBLICA E NÃO DA ASSEMBLEIA?	
PS	Deverá haver uma dupla dependência do Governo em relação ao Presidente e à Assembleia.
PPD	Defende uma posição constitucional de parlamentarismo mitigado.
CDS	O Governo deve depender dos dois. O Presidente nomeia o Governo, mas o Parlamento tem o direito de retirar a confiança.
MDP/CDE	De acordo.

FONTE: António Tavares

Obtidas as opiniões dos partidos políticos, a 8 de março o Conselho dos Vinte decide avançar com a institucionalização do MFA que se deve concretizar até 25 de Abril de 1975. Era uma decisão irreversível e unilateral. Contudo, a 11 de março (Cerezales, 2003)[33] os acontecimentos precipitam-se com um ataque surpresa ao RAL 1. Nessa mesma noite realiza-se uma Assembleia que ficou para a história como "selvagem" e onde se discutiu o adiamento das eleições, que a avisada intervenção do Presidente Costa Gomes evitou (Cruzeiro, 278: 1998). Tornou-se realidade com a institucionalização do MFA através da criação de um Conselho da Revolução. No final um comunicado publicado em quase toda a imprensa dava conta destas mudanças.

A Lei nº 5/75, de 14 de março institucionalizava o Conselho da Revolução como um órgão que plasmava a participação do MFA na vida político-militar nacional. Entre ser o motor ou a vanguarda da revolução ou o garante da mesma as posições internas oscilavam, mas o certo é que, nesse mesmo dia, eram nacionalizados a banca e os seguros e entrava em funções o IV Governo Provisório.

Com esta nova conjuntura política, a questão de um pacto entre o MFA e os Partidos continuava a fazer sentido?

---

[33] O 11 de março deu início ao chamado Processo Revolucionário Em Curso (PREC), representando um segundo momento da transformação do processo de golpe de estado militar para um processo revolucionário. "PREC uma crise de Estado", assim o denominou Cerezales, D. (51-57: 2003)

Segundo o Presidente Costa Gomes, os partidos estavam atemorizados e, por isso, a plataforma de acordo constitucional era necessária para fazer uma ponte conciliatória e vencer a corrente que recusava eleições imediatas. Estava convencido "de que os partidos assinaram sem discussão o documento, certos de que, sem o acordo, não haveria eleições. Sempre, no entanto, esteve no nosso espírito fazê-las" (Cruzeiro, 286: 1998). A proposta inicial do Pacto foi apresentada por Rosa Coutinho e comunicada ao país a 2 de abril. Os partidos tinham de responder até ao dia 4, devendo o texto ser assinado na semana seguinte e não estando o Conselho da Revolução disponível para ceder no essencial (Freitas do Amaral, 359: 1995). Marcelo Rebelo de Sousa confirma esta tese e evidencia que agora que o MFA é menos maleável e mais impositivo, torna-se "claro que ou há Plataforma ou poderá ser complexa a efetivação das eleições e a aceitação da futura Constituição" (Rebelo de Sousa, 401: 2000).

Os partidos à direita do PCP compreendem que a sua capacidade de manobra não vai permitir nenhuma negociação substancial sobre o texto do acordo e, minorando as suas implicações, optam por assinar o mesmo. Basta referenciar que as negociações bilaterais terminam a 9 de abril com a entrega da versão final do acordo devendo, até às 17 horas do dia 10, os partidos fazer chegar os seus contributos. A cerimónia de assinatura seria no dia 12 de abril de 1975.

O PS, o PPD, o MDP/CDE, o PCP e a FSP respondem favoravelmente. O CDS responde com alguns comentários e o PPM, por uma questão de coerência e lealdade, recusa, mas enaltece a posição de gentileza do Conselho da Revolução.

Gonçalo Ribeiro Teles do PPM dirá mesmo que "os partidos que assinaram o pacto-plataforma do MFA tiveram de comer sapos e comeram-nos" (Teles, 1975)[34].

A 13 de abril de 1975 era assinada a I Plataforma de Acordo MFA-Partidos, vulgarmente conhecida por Pacto MFA-Partidos, que Jorge Miranda considerou como um "desvio autocrático" a que a revolução portuguesa esteve submetida (Miranda, 147: 1976).

Este período pré-constitucional será ainda "uma revolução imperfeita", como lhe chamou Medeiros Ferreira, porque devendo a revolução

---

[34] Teles, G. (1975). Entrevista no *Diário de Notícias*, 1 de maio de 1975.

A COABITAÇÃO POLÍTICA EM PORTUGAL NA VIGÊNCIA DA CONSTITUIÇÃO DE 1976

ser um processo continuado, numa conceção estruturalista da história, a revolução ficou a meio caminho " (Ferreira, 1990)[35]. Ficou a meio do caminho, em 25 de novembro, quando infletiu o rumo que estava a seguir, para o centro-esquerda. Será essa inflexão que estará na origem da II Plataforma de Acordo MFA-Partidos.

A "legitimidade revolucionária" do MFA vai confrontar-se com a "legitimidade eleitoral" que os partidos à direita do PCP procuram obter através da importância do voto popular.

Na introdução ao texto da I Plataforma de Acordo Constitucional, assinado em 13 de abril de 1975, pretendia-se, desde logo, deixar claro que os partidos "que estejam empenhados no cumprimento dos princípios do Programa do MFA e na consolidação e alargamento das conquistas democráticas já alcançadas" estavam em condições de subscrever o acordo. O texto enunciava, ainda, que as conversações com os partidos e a situação do golpe contrarrevolucionário de 11 de março eram decisivos na opção de texto final.

O objetivo da plataforma era permitir criar a base informadora da futura Constituição, a elaborar pela Assembleia Constituinte, com a fixação de um período de transição que poderia ir de três a cinco anos e culminando numa revisão constitucional.

Apesar de uma formulação onde o empenho do Conselho da Revolução na realização de eleições era sentido, deixava-se claro que uma comissão do MFA iria acompanhar os trabalhos da Constituinte. Esta atitude tutelar procurava facilitar "a cooperação entre partidos e o andamento dos trabalhos". Este aspeto tutelar não terminava após a aprovação da nova Constituição pela Assembleia Constituinte, ainda competia ao CR ser ouvido pelo Presidente da República antes da respetiva promulgação. Os partidos signatários comprometiam-se, ainda, a não pôr em causa a institucionalização do MFA.

Qual era o papel do Presidente da República nesta versão da I Pacto MFA-Partidos, que a Constituição deveria consagrar?

O Presidente deveria:

a) Presidir ao Conselho da Revolução;

b) Exercer o cargo de Comandante Supremo das Forças Armadas;

---

[35] A mesma ideia está em Correia, P. (31: 2010)

c) Escolher o Primeiro-Ministro, ouvido o Conselho da Revolução;

d) Nomear e exonerar os membros do Governo de acordo com a proposta do Primeiro-Ministro;

e) Dissolver a Assembleia Legislativa, sob deliberação do Conselho da Revolução, marcando a data para novas eleições, a realizar no prazo de noventa dias.

O Presidente seria eleito por um colégio eleitoral, para o efeito constituído pela Assembleia do MFA e pela Assembleia Legislativa por proposta de oitenta eleitores.

Nesta primeira Plataforma não seria, assim, respeitado o princípio da eleição presidencial por sufrágio direto e universal (Gómez, 183: 2010).

O papel do Conselho da Revolução seria tutelar e de controlo deste simulacro de democracia, uma vez que tinha a possibilidade de apreciar e sancionar diplomas do Parlamento e do Governo.

No caso do Governo, o Primeiro-Ministro era politicamente responsável perante o Presidente da República e a Assembleia (Fontes, 257-264: 2009).

Com a I Plataforma de Acordo MFA-Partidos começa a desenhar-se o primeiro traço que vai influenciar e, de certo modo, condicionar a escolha do modelo constitucional na "via original para o socialismo". O enquadramento político era marcado por um processo revolucionário cuja conclusão ninguém previa, mas que se adivinhava complicado e de consequências internacionais passíveis de pôr em causa o equilíbrio mundial. À época, Henry Kissinger, Secretário de Estado da Administração Ford, informou o Chanceler alemão, Helmut Schmidt, que

> "o perigo em Portugal não é o de uma tomada de poder pelos comunistas. (...) O perigo é existir uma mistura entre o regime jugoslavo e o argelino com o Partido Comunista como a única força poderosa. Isto pode tornar-se num precedente para a Itália e para outros países como a Grécia e eventualmente mesmo a França e iria minar a NATO"[36].

---

[36] Memorando de conversação entre Henry Kissinger e Helmut Schmidt, 21 de maio de 1975, citado por Fonseca, A. (615: 2010). Esta versão é confirmada, a 24 de maio, numa reunião entre o Presidente Gerald Ford e o General Brent Scowcroft com Kissinger, em Gerald Ford Presidencial Library em *www.archiver.gov*, disponível em 23 de julho de 2011.

No entanto, em 25 de abril de 1975, o Partido Comunista Português irá sofrer nas urnas uma derrota clara e o MFA fica a saber que o povo português, desejoso de liberdade e de melhores condições sociais, não pretendia uma nova ditadura, agora de esquerda.

Capítulo III
A Experiência e o Papel
da Assembleia Constituinte de 1976

A participação do eleitorado demonstrou a elevada qualidade cívica dos portugueses e permitiu começar a mudar a capacidade de avaliação e de intervenção, quer do PS quer do PPD, perante o PCP.

QUADRO 3:[37]

Eleitores Inscritos	6 231 372
Votantes	5 711 829 (91,66%)
Abstenções	519 543 (8,34%)
Brancos e Nulos	396 675 (6,94%)[37]

FONTE: CNE

PARTIDOS	VOTOS	%	DEPUTADOS
PS	2 162 972	37,87	116
PPD	1 507 282	26,39	81
PCP	711 935	12,46	30

[37] Fonte: Resultados Eleitorais, Assembleia Constituinte, Assembleia da República, CNE, Lisboa, 1995, p. 251.

CDS	434 879	7,61	16
MDP/CDE	236 318	4,14	5
UDP	44 877	0,79	1
ADIM	1 622	0,03	1

O debate em torno da Constituição aparecia-nos, de facto, como um objeto bipolar, onde existia uma face jurídica e outra política (Lucas Pires, 22: 1970).

A legitimidade eleitoral era inequívoca, dando aos partidos que subscreveram a Plataforma uma grande força política, sendo que 65% dos votos foram dados ao PS e PPD, ou seja, ao espaço da luta pela liberdade e a democracia do estilo ocidental. De uma forma lapidar, Jorge Miranda escrevia no jornal do PPD, *Povo Livre*:

> "as eleições não vieram travar a Revolução. Pelo contrário, deve-se entender que a vieram impulsionar na fidelidade a si própria: nem se voltará atrás no socialismo proclamado após o 11 de Março nem nos direitos cívicos alcançados no primeiro 25 de Abril" (Miranda, 110: 1978).

Logo no 1º de maio de 1975, a unidade de esquerda desfazia-se, com o Partido Socialista impedido de participar na festa e a tentativa de afastar o PPD (Rebelo de Sousa, 424: 2000). A 19 desse mesmo mês, segue-se a crise do jornal *República*. O problema da unicidade sindical agravou a estabilidade governamental, sendo que Vasco Lourenço considerou ser este o momento que "maiores rombos provocou na unidade do MFA" (Lourenço, 224: 1999).

Neste ambiente, a Assembleia Constituinte será permanentemente condicionada durante os trabalhos. Vivia-se aquilo que o semanário *Expresso* designava "regime presidencialista militar" e que Jorge Miranda se apressava a discordar, dizendo que se estava, em direito constitucional, com um "regime dualista de poderes civil e militar, embora com predominância do elemento militar, e de um regime diretorial com elementos de parlamentarismo" (Miranda, 95: 1978), com uma clara ascendência do elemento militar do sistema. O mesmo professor adiantava que o I Pacto impedia qualquer "tendência cesarista e afasta-se do sistema da Constituição de 1933", mas evidenciava alguns dos aspetos parlamentares do mesmo como a possibilidade de votos de confiança ao Governo com consequências na sua composição, o primado do legislativo ao Parlamento e a possibilidade de a Assembleia Legislativa precisar do voto qualificado para ultrapassar o veto do Conselho da Revolução (Miranda, 96: 1978).

A 6 de abril de 1975, Jorge Miranda, em entrevista ao *Povo Livre*, atribui a falta de discussão durante a campanha eleitoral a duas razões: ao Pacto celebrado entre o MFA e os partidos, que "tirou interesse às futuras deliberações da Assembleia Constituinte[,] e o sentirem as pessoas que, para além da escolha dos deputados", estavam em causa opções que implicavam com a vida coletiva. A "legitimidade eleitoral" e a "legitimidade revolucionária" do MFA em confronto não impediam a Assembleia Constituinte juridicamente de decidir, contudo moral e politicamente existiam implicações. A UDP, que obteve um deputado eleito, não assinou a Plataforma.

No entender de Jorge Miranda era evidente a participação do MFA no processo constitucional num quadro de "estado de equilíbrio político" (Miranda, 102: 1978) que o Pacto representa, dependendo de fatores externos à Assembleia. Era uma Constituição que se preparava debaixo de uma vigilância ativa do MFA e da "rua" e cuja semelhança, num quadro comparado internacional, só se poderia encontrar na Constituição turca de 1961 ou na brasileira de 1964, ambas com uma forte vigilância militar.

Enquanto decorriam as negociações entre o MFA e os Partidos, Marcelo Rebelo de Sousa escrevia no *Expresso*, a 1 de março de 1975, sob o título: "Presidencialismo(s) ou parlamentarismo(s)":

> "no que respeita ao primeiro termo da opção, é possível distinguir três tipos eventualmente concebíveis para o futuro da sociedade portuguesa: presidencialismo bonapartista, presidencialismo de compromisso e presidencialismo "militar" (Rebelo de Sousa, 119: 2005-2006).

O primeiro mais conservador e identificado com um regime político de direita ou extrema-direita mais próximo do regime da Constituição de 1933 – o presidencialismo de primeiro-ministro (Salazar) ou o presidencialismo bicéfalo (M. Caetano), o presidencialismo de compromisso próximo do parlamentarismo mitigado com a responsabilidade governativa perante o chefe de estado e do parlamento. Era uma fórmula que poderia permitir ao Presidente da República ter poderes de intervir, dissolvendo o parlamento quando o governo tivesse perdido a confiança do mesmo. Era uma fórmula em uso nos governos ocidentais e assentava numa "bipolarização da vida política com pequena alternância no governo" (Rebelo de Sousa, 120: 2005-2006). O presidencialismo militar onde o sistema de governo era adaptado era onde os mecanismos partidários, na sua expressão parlamentar, estavam mais diminuídos face ao controle militar.

O parlamentarismo, para o mesmo autor, tinha um tipo puro e um tipo mitigado, além de um parlamentarismo "militar". Seria este último que evidenciava um sistema original porque permitia evitar uma "ditadura militar". "(...) este tipo de parlamentarismo (tal como o presidencialismo "militar") moldar-se-ia a um governo de direita se a influência militar fosse de direita" ou a um governo de esquerda no caso contrário (Rebelo de Sousa, 121: 2005-2006).

Estávamos em Portugal, 1975, e uma semana antes do 11 de março o mesmo articulista Marcelo Rebelo de Sousa falava em "bonapartismo spinolista" para escrever que, naquele momento histórico, o "spinolismo" seria de um presidencialismo "bonapartista" diferente daquele que poderia ser em 26 de abril de 1974 – um presidencialismo mitigado ou mesmo um presidencialismo de compromisso (Rebelo de Sousa, 125: 2005-2006) que o 11 de março vai transformar numa miragem.

A 2 de junho de 1975, na abertura dos trabalhos da Assembleia Constituinte, o Presidente da República Costa Gomes deixa um aviso: as eleições não podem fazer *retrogradar decénios o impulso socialista com que avança a nossa sociedade"* cujas "condições pactuais são o contributo revolucionário para a nova Constituição: assim se obteve o efeito tranquilizador que permitiu que fossem às urnas muitos votantes que doutra forma considerariam prematuras as eleições" (Rebelo de Sousa, 402: 2000) e assim o poder convocatório, no processo constituinte da Constituição de 1976, estava profundamente marcado pelo sector militar, que estabeleceu os seus limites prévios.

O próprio regimento da Assembleia Constituinte evidenciava esta situação quando previa que o direito dos grupos parlamentares de apre-

A EXPERIÊNCIA E O PAPEL DA ASSEMBLEIA CONSTITUINTE DE 1976

sentarem projetos de Constituição (artigo 68º) cujas cópias seriam "entregues imediatamente" pelo Presidente, neste caso Henrique de Barros, à Comissão do MFA que acompanha os trabalhos da assembleia "bem como cópias das atas das comissões" (artigo 83º nº3).

Lembramos que a Assembleia Constituinte, segundo a Lei 3/74 de 14 de maio, no seu artigo 3º, deveria aprovar a Constituição no prazo de 90 dias e necessitou de mais três prorrogações trimestrais. O trabalho da Assembleia Constituinte seguiu um modelo semicentralizado[38] onde vários anteprojetos são apresentados pelas várias forças políticas.

De acordo com Jorge Miranda, a Assembleia Constituinte estabeleceu a seguinte metodologia para a elaboração da Constituição:

1) Apresentação de propostas de texto constitucional pelas várias forças políticas;
2) Nomeação de uma Comissão para propor sugestões sobre a sistematização da Constituição em face das várias propostas;
3) Debate de carácter geral sobre os projetos e propostas e sugestões da Comissão que termina com a aprovação da Assembleia do sistema geral do texto constitucional;
4) Nomeação das comissões para elaborar recomendações sobre as várias matérias em prazos pré-fixados pela Assembleia;
5) Debate de carácter geral e na especialidade com a votação respeitante a cada título ou capítulo da Constituição tendo como base os textos apresentados;
6) Nomeação de uma Comissão encarregada de harmonizar o texto final;
7) Aprovação global e final da Constituição pela Assembleia Constitucional. (Miranda *et al.*, 727: 1992)

Junto ao plenário da Assembleia funcionaram uma comissão de sistematização, dez comissões especializadas e uma comissão de redação final. O processo constituinte desenvolveu-se em três momentos:

---

[38] Os outros modelos são o centralizado, onde o trabalho da assembleia constituinte se centra num projeto cuja origem pode ser a mais diversa, e o descentralizado, onde não existem sequer anteprojetos e é na sequência do debate que se gera a própria Constituição.

uma fase de sistematização, uma fase de elaboração e aprovação dos vários artigos, títulos e capítulos e uma fase de redação final e aprovação. A segunda fase foi a mais longa porque competiu às comissões especializadas fazer a discussão e prepararem os textos para a conjugação em plenário de um texto final.

Ainda em julho desse ano, a Assembleia do MFA discute o Programa de Acão Política, que tenta congregar as três linhas do MFA, como uma ponte entre o grupo de Melo Antunes, o COPCON, ou seja Otelo Saraiva de Carvalho, e o grupo de Vasco Gonçalves, mas acaba aprovado como o Documento-Guia da Aliança MFA-Partidos.

Na Assembleia Constituinte, Sottomayor Cardia, em nome do PS, ataca o Documento-Guia e pergunta para que "serve a Constituição que esta Assembleia vai aprovar?". A sua resposta será um apelo à necessidade de uma autoridade revolucionária para se poder "ter eficácia se for legitimada pela vontade popular" (Rebelo de Sousa, 608: 2000).

Amaro da Costa, do Grupo Parlamentar do CDS, recusa o Documento-Guia e pergunta "qual é o nosso lugar como Assembleia Constituinte. Como Deputados?" e continuava "o programa do MFA e a Plataforma do Acordo Constitucional são as nossas cartas de mandato" (Rebelo de Sousa, 608: 2000).

Finalmente, Emídio Guerreiro, líder do PPD constatava que estavam em causa o poder legítimo e a missão patriótica da Assembleia Constituinte. "Só esta Assembleia tem legitimidade para definir a estrutura do Estado democrático e socialista que lhe advém de eleições livres, do programa do MFA e do pacto celebrado com os partidos políticos." (Rebelo de Sousa, 609: 2000)

Com a queda do IV Governo Provisório, na sequência da saída primeiro do Partido Socialista, a 10 de julho, e, depois, do Partido Popular Democrático, a 17, a margem de manobra do Primeiro–Ministro Vasco Gonçalves estreita-se entre um sector político-militar moderado e um sector cada vez mais radical próximo do COPCON chefiado por Otelo Saraiva Carvalho.

Entretanto, o Conselho da Revolução já tinha delegado, em 16 de julho, numa "troika", Costa Gomes, Vasco Gonçalves e Otelo, a tarefa de encontrar, através de um projeto político, uma solução para a crise. O PS começa, a 18 e 19 de julho, um conjunto de comícios de ataque ao

Primeiro-Ministro Vasco Gonçalves na Fonte Luminosa, em Lisboa, e, no Porto, no Estádio das Antas.

A Assembleia Constituinte vive, então, uma situação explosiva de quase permanente agitação, no dizer de Marcelo Rebelo de Sousa, "uma batalha campal" (Rebelo de Sousa, 685: 2000).

O acentuar do Verão Quente terá o seu zénite quando, a 7 de agosto de 1975, é publicado um documento fundamental para a inversão dos acontecimentos chamado Documento dos Nove[39].

No dia seguinte toma posse o efémero V Governo Provisório, o último de Vasco Gonçalves, constituído por militantes ou simpatizantes do PCP, MDP/CDE e militares próximos dessa linha política. A 11 e 12 de agosto a Assembleia Constituinte vota o apoio ao Documento dos Noves e condena a *Troika*.

Vasco Gonçalves, no início de setembro, em entrevista ao *Le Monde*, é taxativo: "não há lugar para uma democracia burguesa" e as eleições legislativas "dependem dos partidos que participam na Assembleia Constituinte" (Rebelo de Sousa, 815: 2000).

Em entrevista ao *Jornal Novo*, a 26 de agosto, Francisco Sá Carneiro evidencia que, com ele na liderança, que o PPD teria sido mais acutilante.

> "A Assembleia Constituinte eleita é soberana. Tem de assumir plenamente essa soberania e elaborar uma Constituição que nem é provisória nem pode estar espartilhada num Pacto que foi desfeito; ele já não vigora nem vincula os partidos" (Rebelo de Sousa, 849: 2000).

No entanto, é fundamental compreender como o ano de 1975 vai condicionar, de uma forma decisiva, os próximos 10 anos em Portugal, até à adesão, a 1 de janeiro de 1986, à Comunidade Económica Europeia.

A importância de temas que serão recorrentes mais tarde, na revisão constitucional de 1982, com a consolidação democrática e o fim do Conselho da Revolução. Na revisão constitucional de 1989, com forte influência na alteração do sistema económico ao eliminar a irreversibilidade das nacionalizações.

---

[39] Os nove oficiais de um sector considerado moderado, mas com simpatias à esquerda, era constituído por Melo Antunes, Vítor Alves, Victor Crespo, Vasco Lourenço, Canto e Castro, Costa Neves, Franco Charais, Pezarat Correia e Sousa e Castro.

A 19 de setembro toma posse o último governo do período pré-constitucional. O VI Governo Provisório será liderado pelo vice-almirante Pinheiro de Azevedo (Azevedo, 1979)[40], onde entram quatro ministros socialistas e dois do PPD. O Presidente Costa Gomes afirmará, então, que fechamos um período crítico da nossa revolução.

Continuam a acontecer as dificuldades no Processo Revolucionário Em Curso, em que os SUV – Soldados Unidos Vencerão – e o assalto à Embaixada de Espanha são marcos simbólicos da desorganização coletiva que o país vivia[41].

Os deputados do PCP voltam, a 23 de setembro, a participar nos trabalhos da Assembleia Constituinte no chamado período antes da ordem do dia, contra o qual, aliás, tinham votado no Regimento, os artigos 42º e 43º, conjuntamente com o MDP/CDE. Com efeito, foi ao abrigo desta disposição do Regimento da Assembleia Constituinte que os partidos políticos expressaram as suas opiniões sobre a situação política antes da discussão sobre os debates constituintes.

Este período, conhecido na gíria parlamentar como PAOD, destinava-se, principalmente, ao uso da palavra para tratar assuntos de política nacional de interesse para a Assembleia Constituinte e/ou a emissão de votos de felicitação, cumprimentos ou reclamações apresentados por qualquer deputado. Este era um momento solene na liturgia da Assembleia Constituinte por ser o modo como a legitimidade eleitoral mais se confrontava com a legitimidade revolucionária e o seu uso foi uma resposta auto-organizada dos principais grupos parlamentares, PS e PPD.

O resultado eleitoral (Gómez, 233-244: 2010) foi sempre utilizado por estes partidos para contrapor como "advertência ao poder convocatório" do MFA e aos seus aliados, como o PCP, que tudo fizeram para evitar o debate político em torno da nova Constituição.

---

[40] José Baptista Pinheiro de Azevedo (1917-1983) vice -almirante e membro da Junta de Salvação Nacional e do Conselho da Revolução. A sua visão do 25 de novembro pode ser lida em Azevedo, P. (1979). *25 de Abril sem Máscara.*

[41] Só nesse período é que os parlamentares ficam a saber dos subsídios e outras remunerações que podem auferir (decreto-lei 491/75 de 8 de setembro). Antes o Governo, através do Decreto-Lei 370/75, recusara o pagamento de horas extraordinárias aos trabalhadores da Assembleia encarregados da elaboração do Diário.

A EXPERIÊNCIA E O PAPEL DA ASSEMBLEIA CONSTITUINTE DE 1976

Pese embora Álvaro Cunhal estar convencido que Portugal nunca seria uma democracia burguesa, o PCP, quando teve de utilizar o período de antes da ordem do dia, deixava sempre uma advertência porque os "deputados de certos partidos utilizaram esta assembleia para erguer uma tribuna de agitação e propaganda ou intervir na vida política e administrativa do país" (Brito, 1975)[42]. Para quem acreditava na capacidade política da Assembleia Constituinte era claro que o país tinha eleito uma assembleia para elaborar e aprovar uma Constituição e que "dispunha dos necessários poderes de soberania, como órgão democraticamente representativo do povo português. Aliás era "o único órgão democraticamente representativo do povo português" (Cardia, 1975)[43].

A 6 de novembro tem lugar um célebre debate entre Mário Soares e Álvaro Cunhal, na RTP, que deixa adivinhar o desenvolvimento final e acelerado do ciclo político entre a legitimidade revolucionária e a legitimidade eleitoral/constituinte. A 11 de novembro, Angola ascende à independência e o papel do PCP, porque estava já cumprido, começa a esgotar-se. O ciclo colonial e do império acabou. A 18 de novembro, o Primeiro-Ministro Pinheiro de Azevedo propõe a auto-suspensão do VI Governo Provisório, sendo acompanhado por todos os ministros, com exceção do comunista Veiga de Oliveira.

Com o 25 de novembro de 1975 termina "uma fase essencial do processo político em curso, a fase gonçalvista, iniciada em Novembro de 1974, acelerada em 11 de Março de 1975" (Rebelo de Sousa, 355: 2005-2006) e que começou, em julho de 1975, a declinar.

---

[42] Brito, C. (1975), *Diário da Assembleia Constituinte*, 11 de julho de 1974.
[43] Cardia M. (1975), *Diário da Assembleia Constituinte*, 11 de julho de 1975.

Capítulo IV
A Aprovação da Constituição de 1976 e a sua Importância para a Formação do Código Genético do Sistema Político

Com o contragolpe de 25 de novembro vão-se criar as condições para uma inflexão do processo revolucionário em curso voltando, deste modo, à pureza inicial do MFA.

Este processo, iniciado em 25 de abril e que tem em 25 de novembro mais uma etapa de consolidação do regime democrático, faz parte integrante da história constitucional portuguesa do século XX. A Assembleia Constituinte não era um órgão de soberania. Estava restringida, na sua atividade, a três meses para elaborar uma Constituição e não dispunha de quaisquer competências inerentes a um verdadeiro Parlamento como as legislativas e de fiscalização política.

Do 25 de novembro vai emergir um novo homem-forte no seio dos militares: o Tenente-Coronel António Ramalho Eanes, cujo papel político-constitucional será decisivo nos dez anos seguintes. Com o 25 de novembro fica afastada a hipótese de um governo comunista de base militar e o "MFA não é um movimento político autónomo" (Miranda)[44].

A 2 de dezembro, o PPD apresenta uma proposta, na Assembleia Constituinte, para introduzir na agenda política a revisão do I Pacto MFA-Partidos, merecendo o voto contrário do Partido Socialista [45].

---

[44] Miranda, J. (1975). *Entrevista ao Jornal a Luta* em 12 de dezembro de 1974.
[45] *Diário da Assembleia Constituinte* nº 88, 3 de dezembro de 1975, p. 2861.

Só a 10 de dezembro foi aprovada uma proposta do Partido Socialista que visava a renegociação do Pacto[46].

A 11 de dezembro, o Conselho da Revolução vai propor a revisão da I Plataforma de Acordo Constitucional, num processo negocial que se vai arrastar por dois meses.

Duas vias alternativas voltam a estar em cima da mesa negocial: uma de construção de uma democracia representativa pluralista tutelada por um MFA garante de todas as conquistas revolucionárias e outra, mais simpática aos partidos democráticos, de institucionalização de uma democracia de base partidária e civil, com o afastamento do MFA e próxima do modelo das democracias da Europa Ocidental (Reis, 51-93: 2005).

A I Plataforma foi, assim, um *desvio autocrático* porque impediu um debate livre na Assembleia Constituinte impondo um sistema dual de poder civil e poder militar. Por isso foi então formada uma Comissão Constitucional[47] para negociar com os partidos que enviaram até 30 de dezembro as suas propostas, sendo a do PPD a mais radical, já assinada por Francisco Sá Carneiro.

Esta II Plataforma vai ter alterações significativas e cuja importância o sistema político português saberá avaliar nos períodos subsequentes.

Desde logo a supressão da Assembleia do MFA da enumeração dos órgãos de soberania[48], a eleição do Presidente da República por sufrágio universal, secreto e direto, a fixação da composição do Conselho da Revolução e restrição das suas funções, com a criação de uma Comissão Constitucional, para se pronunciar sobre a inconstitucionalidade das leis e demais diplomas, a definição da responsabilidade política do Governo perante a assembleia legislativa, supressão do direito de iniciativa de revisão constitucional do Conselho da Revolução e a fixação do período de transição em quatro anos (Caetano, 140: 1978).

No que aqui nos interessa temos de analisar, mesmo aprofundar, as alterações que influenciam a forma de eleição do Presidente da República e, por consequência, o sistema de governo.

---

[46] *Diário da Assembleia Constituinte* nº 93, 11 de dezembro de 1975, pp. 3035-3036.

[47] Constituída em 15 de dezembro de 1975, era integrada por Ramalho Eanes, Vasco Lourenço, Martins Guerreiro, Canto e Castro e Melo Antunes.

[48] Pela Lei 17/75 de 26 de dezembro era extinta a Assembleia do MFA, no quadro da reorganização das Forças Armadas.

O Conselho da Revolução, mesmo durante o processo de revisão da I Plataforma, tinha posições divergentes sobre o modo de eleição do Presidente. Basta para tal observar as atas do referido Conselho da Revolução e avaliar as posições assumidas, entre outros, por Franco Charais, Pinho Freire, Martins Guerreiro, no sentido de adiar as eleições presidenciais.

No âmbito dos partidos democráticos a eleição direta do Presidente era consensual, contudo, como escrevia um dos que apoiavam tecnicamente os conselheiros, Miguel Galvão Teles, era um dos pontos que mais dúvidas suscitavam. "Não estava em causa a genuidade democrática do sufrágio direto, nem o valor político que o regresso ao mesmo possuía, depois das eleições Delgado em 1958 e da sua abolição em 1959 nem sequer as suas vantagens" (Teles, 1996)[49], embora Miguel Galvão Teles fosse mais favorável, por exemplo, a evidentes traços presidencialistas do que outros assessores como, por exemplo, o futuro juiz do Tribunal Constitucional, Luís Nunes de Almeida.

Existia a convicção de que a eleição direta do Presidente da República poderia diminuir o papel ativo do Conselho da Revolução, pois não implicaria, automaticamente, a escolha de um militar para a função. O medo de um "caudilho" pairava na procura de um consenso. O Conselho da Revolução manteve a sua influência na designação de um candidato presidencial, no que alguns autores designam de uma "cláusula militar implícita" (Santana Lopes e Durão Barroso, 1980) e na criação, como um órgão de interpretação jurídico-político, de uma Comissão Constitucional.

Algumas ideias definiam este novo pacto. A primeira consistir em organizar as coisas de modo que o Conselho da Revolução tivesse o seu fim anunciado. A segunda respeitava a recusa de um Conselho misto com uma componente civil e outra militar. A terceira visava que o Conselho da Revolução representasse o espírito do MFA e não as Forças Armadas, por uma questão de legitimidade. Seria o Conselho da Revolução como parte do poder político que iria permitir a subordinação das Forças Armadas a esse mesmo poder político.

---

[49] A revolução portuguesa e a teoria das fontes de direito podem ser lidas também em Baptista Coelho, M. (561-606: 1988).

O Capitão Sousa e Castro entendia mesmo que "deve ser reservado ao Conselho da Revolução um papel que lhe permita intervir na vida constitucional" (Gómez, 252: 2010).

No domínio do sistema de governo consolidava-se a ideia da dupla responsabilidade do Governo perante o Presidente da República e a Assembleia. Neste domínio a proposta do PPD insistia na confiança da maioria parlamentar no governo onde preconizava um "parlamentarismo mitigado", com eleição do Presidente da República por sufrágio direto e universal e com a responsabilidade do governo perante o parlamento para garantir a estabilidade governativa. O Partido Socialista, convergindo, preferia falar em "contrato de legislatura".

Jorge Miranda admitia que, em circunstâncias excecionais e durante o período de transição, o Presidente da República fosse um militar, porque a democracia republicana implicava a igualdade de todos os cidadãos. Contudo, considerava que o parlamentarismo, regulado pela Constituição, permitia a indispensável estabilidade ministerial e se evitava o governo de assembleia. Com a interferência do Presidente da República assegurava-se essa mesma estabilidade porque a sua capacidade mediadora derivava da sua eleição e não de uma simples figura decorativa, "enquanto recusava o presidencialismo porque ele tende a conduzir à ditadura ou, pelo menos, a um sistema executivo forte que subalternizava o Parlamento e os Partidos" (Jorge Miranda, 1976)[50].

A 26 de fevereiro de 1976 foi assinada a II Plataforma de Acordo Constitucional MFA-Partidos. Era um novo Pacto e não uma simples modificação do primeiro. Ficava estabelecido um período mínimo de transição de quatro anos numa coabitação das instituições democráticas com o Conselho da Revolução, naquilo que António Reis definiu como "um empate técnico" com uma ligeira vantagem para os militares (Freitas do Amaral, 522: 1995)[51]. O MFA deixava de ser "o motor da revolução" do I Pacto para ser "o tutor da revolução" (Reis, 87: 2005). A legitimidade eleitoral tinha vencido a legitimidade revolucionária.

---

[50] Miranda, J. (1976). *Entrevista ao Jornal Diário de Noticias*, 17 de janeiro de 1976.
[51] Freitas do Amaral considera que foram os militares que triunfaram ao imporem as suas ideias, quer no II Pacto quer no texto final da Constituição de 1976, com a tutela militar da vida política e a imposição do socialismo.

O Presidente Costa Gomes assina a 2 de abril – um ano menos vinte e três dias após a eleição da assembleia constituinte – o texto que representa a Constituição da República de 1976 e que segundo Jorge Miranda "tinha gravíssimos defeitos", mas que não deixava de ser um passo decisivo na construção de um Portugal democrático. "A História mostra que, fora da Constituição, só há lugar para a ditadura" (Jorge Miranda, 1976)[52] e será o povo que escolherá o Presidente, os Deputados e o Governo e, também, serão esses seus representantes que lhe irão introduzir as alterações politicas e económicas necessárias em 1982 e 1989 (Durão Barroso, 453-465: 1984). Neste momento, era a Constituição programática que procurava unir o que o processo revolucionário, interrompido em 25 novembro de 1975, tinha quebrado. Era uma Constituição de compromisso com momentos distintos da história pré-constitucional, dividida entre a legitimidade revolucionária do MFA e a legitimidade eleitoral, nem sempre coincidente, dos partidos políticos (Gonçalves, 19: 2004).

Vital Moreira[53], um dos mais destacados deputados constituintes, identificou, pelo menos, dezassete momentos constituintes na formação da Constituição de 1976 e nos quais procurou evidenciar as vicissitudes que atravessou o ciclo da Assembleia Constituinte marcado por vários contextos sociais e políticos, anteriores a 1974, e que serão decisivos no resultado final do texto produzido.

Entre esses momentos estava a eleição direta do Presidente da República referenciada ainda antes do 25 de abril e tinha a ver com a campanha Humberto Delgado, reconciliando a esquerda e a tradição republicana com a ideia de um presidente diretamente eleito pelo povo (Salgado de Matos, 58: 2005).

O programa do Movimento das Forças Armadas – onde era possível ver já o enunciado da eleição presidencial, o modo como a Constituição se devia elaborar e onde o MFA se afirmou como sujeito constituinte.

O programa do I Governo Provisório, onde se prevê a existência de uma lei eleitoral, a Lei 3/74 com a estrutura constitucional provisória,

---

[52] Miranda, J. (1976). *Entrevista ao Jornal Expresso*, 13 de abril de 1976.
[53] Vital Moreira, Professor na Faculdade de Direito da Universidade de Coimbra era, então, membro do Grupo Parlamentar do Partido Comunista Português. Foi ainda deputado ao Parlamento Europeu pelo Partido Socialista.

e a definição do modelo de sistema de governo onde estava o poder executivo e legislativo, típico de momentos de transição política, com o Presidente da República a surgir como um "género" de quarto poder moderador e fiscalizador.

O "Golpe/Crise Palma Carlos", com uma tentativa de mudança de rumo na orientação prevista, a Lei 7/74 – com destaque para o processo de descolonização, a Lei Eleitoral e a Lei dos Partidos como um dos quadros de referência ainda hoje prevalecentes.

A chamada lei da unicidade sindical ou a "norma que abalou Portugal", como a definiu Gomes Canotilho, e que estará na origem da primeira rutura do MFA e do PCP com o PS e o 11 de março com a consequente Lei 5/75.

A I Plataforma de Acordo Constitucional MFA-Partidos, de 11 de abril de 1975, onde se destaca o facto do Presidente da República já não aparecer a ser eleito diretamente pelo voto popular.

Seguem-se as eleições para a Assembleia Constituinte, os projetos constitucionais em discussão apresentados pelos partidos políticos, os documentos do Verão Quente, com particular importância o Documento dos Nove e o Documento Povo-MFA, terminando com a Lei 6/75 e o fim do socialismo militar.

Já na II Plataforma de Acordo Constitucional MFA-Partidos tem a previsão expressa das eleições diretas do Presidente da República, a aprovação da Constituição a 2 de abril de 1976, terminando com as eleições de 25 de abril de 1976, donde resulta a primeira Assembleia representativa e a subsequente eleição do Presidente da República (Moreira, 193-209: 1998).

O período de transição acabou assim por ser legitimado entre 1974-1976 e a primeira coabitação entre Revolução-Constituição, entre 1976-1982, período após o qual, com a extinção do Conselho da Revolução, termina o último sinal do poder político-militar tutelado na democracia portuguesa.

A Constituição tinha, na versão original, 312 artigos e era muito regulamentar, quase "barroca" (Moreira, 24: 1998), em que as coligações negativas funcionaram sempre. Em matéria de direitos, liberdades e garantias, PS-PPD-CDS contra a esquerda, e nos aspetos coletivistas como a nacionalização de empresas, a reforma agrária ou as organizações populares de base, a convergência PS-PCP.

O resultado acabou por ser estranho porque o poder que detinha a capacidade de criação constitucional, a Assembleia Constituinte, nunca teve "o controle absoluto sobre a elaboração da norma" (Gómez, 22: 2010), permitindo concluir, no dizer de Paulo Otero, que "todas as Constituições pressupõem e traduzem uma determinada ordem de valores: não existem Constituições axiologicamente neutras" (Otero, 21: 2010). Exemplo disso é o preâmbulo constitucional que continua, ainda hoje, a justificar essa ideia, quase como uma letra abstrata, no sentido de "abrir caminho para uma sociedade socialista".

Parte II
A Normalidade Institucional, a Prática Militar e Civil do Exercício da Função Presidencial

" Eu não fui eleito Presidente da República
para inaugurar exposições de crisântemos"[54]

General CHARLES DE GAULLE

---

[54] Freitas do Amaral, D. (2003). *Ao correr da memória*, Lisboa: Bertrand Editora, p. 74. Numa conferência de imprensa, interpelado sobre se a sua "interpretação dos poderes presidenciais não ia longe de mais, invadindo a esfera própria das competências do Governo", o General De Gaulle respondeu desse modo.

Capítulo I
A Doutrina Internacional Comparada
e a sua Influência na Escolha da Opção Nacional

A doutrina da ciência política e o desenvolvimento do direito constitucional comparado, com o colapso do comunismo soviético, teve uma leitura mais extensa sobre a questão do funcionamento dos sistemas de governo e a sua pluralidade de matrizes. A terceira vaga de implantação de regimes democráticos começa, de acordo com Samuel Huntington (Huntington, 1994), em Portugal, com o golpe de Estado de 1974 e, nessa precisa circunstância histórica, como defende Salgado de Matos "praticamente não existiam regimes semipresidenciais" (Salgado de Matos, 59: 2005), que Phillippe Lauvaux considera umas "falsas categorias mistas" (Lauvaux, 113: 2001). Esta designação começou, com Maurice Duverger, a aparecer na linguagem da Ciência Política e do Direito Constitucional, o que levou alguns autores a considerar que o semipresidencialismo é, de uma certa maneira, o sistema de governo típico desta nova forma de democratização que o mundo, com relevo para a América Latina e para os países do Leste europeu, tem vindo a atravessar nestes últimos vinte e cinco anos (Duverger, 173: 1980)[55]. O mesmo autor, curiosamente, mais tarde, em 1996, veio defender que o sistema de governo em Portugal "estava mais próximo de um regime parlamentar clássico, pese embora o Chefe de Estado ser eleito em sufrá-

---

[55] Duverger, M. (1980) procurou neste artigo sensibilizar a escola anglo-saxónica de Ciência Política para a sua argumentação.

gio universal não gozava de maior autoridade que um Chefe de Estado designado pelo Parlamento", reduzindo este conceito ao palco da França da V República (Duverger, 107-120: 1996). Aliás, a exemplo de Manuel de Lucena (Lucena, 831-892: 1996), não parece que a expressão semipresidencialismo acabe por ser muito feliz, no contexto dos dias de hoje, porque ajuda a pairar no céu das instituições uma "águia bicéfala" onde o presidente nomeia o primeiro-ministro e pode demiti-lo, o *treaty making power*, participa no poder diplomático e nomeia altos funcionários do Estado ao lado de um primeiro-ministro que dirige a política do Estado.

A queda do Muro de Berlim, em 1989, implicou que inúmeros países, variando de caso para caso, inscrevessem nas suas constituições uma opção pelo sistema de governo semipresidencial (Elgie, 1999)[56]. Este sistema poderia acrescentar valor institucional à consolidação da transição democrática, à estabilidade política e criar mecanismos de flexibilidade constitucional que os sistemas presidencialistas ou parlamentares puros não permitiam (Linz e Stepan, 1996)[57]. Historicamente, o sistema semipresidencial resultou das fraquezas e dificuldades do sistema parlamentar, existindo diversas variáveis deste sistema de governo, que é o semipresidencialismo, tendo a V República Francesa sido o modelo inspirador de várias fórmulas, em vários cenários institucionais, desde a América Latina à Rússia, um caso de estudo onde o Presidente tem um poder legislativo muito mais ativo que o seu equivalente francês, numa variante de uma "forma impura de presidencialismo" (Queiroz, 134: 2007)[58].

---

[56] Dezassete países escolheram esse sistema de governo: Arménia, Azerbaijão, Bielorrússia, Bulgária, Croácia, Geórgia, Cazaquistão, Quirguistão, Lituânia, Macedónia, Moldávia, Polónia, Roménia, Rússia, Eslovénia, Ucrânia e Uzbequistão. Esta classificação pode ser encontrada em Elgie, R. (1999), *Semi-Presidentialism in Europe*, Oxford: Oxford University Press. De acordo com o mesmo autor, hoje serão 42 os países com o sistema de governo semipresidencial.

[57] Linz, J. e Stepan, A. (1996) fazem uma análise muito detalhada da motivação política dessas opções.

[58] Na Federação Russa o sistema de governo tem-se caracterizado por uma troca de cadeiras entre o Presidente e o Primeiro-Ministro, ora Putin ora Medeved, ora, de novo Putin, numa forma de monarca eleito. Ver ainda Rodrigues, B. (2011).

Juan Linz[59], com Arturo Valenzuela[60], alertou, em *The failure of Presidencial Democracy* (Linz e Valenzuela, 1994) [O fracasso da democracia presidencial], no capítulo sobre "Presidential or parliamentary democracy. Does it Make a Difference?", ser muito importante avaliar as diferenças entre ambas as formas de governo e se manifestou, apoiando-se no exemplo da América Latina, a favor da eficácia do sistema parlamentar. Juan Linz, tal como Arend Lijphart, defende, nesse contexto geográfico, que as democracias presidenciais são menos estáveis e representativas que as democracias parlamentares. Estas gozam de uma maior flexibilidade para ultrapassar as situações de crise política que, muitas vezes, parecem justificar algumas tentativas militares para intervir na vida política assumindo-se, então, como um "poder moderador". Linz pretende afastar, também, o mito de que o sistema de governo presidencialista é mais favorável à existência de lideranças políticas fortes quando dá como exemplos de líderes com prestígio em democracias parlamentares personalidades como Churchill e Thatcher, no Reino Unido, Adenauer e Brandt, na Alemanha, ou Olaf Palme na Suécia.

Esta perspetiva mudou significativamente com os contributos acrescidos de Matthew Soberg Shugart e de John Carey, no seu livro *Presidents and Assemblies* [Presidentes a Assembleias], onde chegam à conclusão de uma certa superioridade do sistema presidencialista o que, por si só, não é problemático e procuram, antes, redefinir o conceito do semipresidencialismo de acordo com o perfil político de cada país. Consagram, assim, dois tipos conforme o predomínio seja de "sistema presidencial com primeiro-ministro" ou "presidente-parlamentarismo", o que pretende evidenciar que o modelo oscila conforme a preponderância dos poderes constitucionais do presidente face aos mesmos poderes do primeiro-ministro. O problema que se coloca está nos casos de governos mistos de tendência "presidencial parlamentarizados", que devido à sua maleabilidade parecem não ser reconhecidos por esta classificação. Na forma de executivo e na sua relação com o presidente, é decisiva na escolha do modelo pendular desses poderes, em ordem decrescente, para uma

---

[59] Juan Linz é professor convidado de Ciência Política na Universidade de Yale.
[60] Arturo Valenzuela é Doutor na Universidade de Colômbia e Professor de Ciência Política na Universidade de Georgetown.

maioria consolidada de um só partido, maioria de uma coligação com ou sem incidência parlamentar ou mesmo com um governo minoritário. Estes autores aparecem muito influenciados pelas transformações democráticas na América Latina, onde a supremacia presidencial pode, por vezes, ter de conviver com formas de governos de coligação, como no México durante a presidência de Salinas ou Zedillo, no Paraguai com González Macchi, Carlos Menem na Argentina ou com situações que conduzam à própria destituição do presidente como aconteceu, no Brasil, com o "impeachment", a impugnação do mandato presidencial, de Fernando Collor de Melo. O sistema de governo presidencial assume-se, desse modo, como dotado de uma maior estabilidade do executivo, com plena democratização da eleição por voto popular do Chefe de Estado e uma limitação mais expressiva dos poderes de governo.

Sem dificuldades, poderemos deduzir que os países, terminando a existência de regimes ditatoriais e onde não existem sociedades civis fortes, nem sempre reúnem as condições que lhes permitam evoluir para os sistemas de governo semipresidencial mais tradicionais devido a faltar uma componente de equilíbrio institucional. Este modelo acaba por ser o mais escolhido porque tem permitido às recentes democracias estabilizar, consagrar direitos fundamentais, desenvolver mecanismos de participação democrática, de contestação cívica e encorajar a formação de governos de base maioritária.

Um prognóstico em ciências sociais só é válido na medida em que a teoria em que se baseia seja empiricamente sustentável (Nohlen, 1998). Essa sustentabilidade terá, no nosso entender, de se encontrar na questão da *governabilidade do sistema* e, como pretende Giovanni Sartori, devemos procurar na relação entre as formas de governo e os sistemas eleitorais ou nas formas de governo e os sistemas de partidos políticos a razão de ser dessa sustentabilidade do sistema de governo. Este autor considera que os modelos "puros" de presidencialismo ou de parlamentarismo fracassaram em larga medida e entende que o modelo de governo semipresidencialista se afirma como uma forma de "presidencialismo alternativo" com dois motores – presidente e parlamento – que operam em simultâneo.

Torna-se necessário, na questão da estabilidade do sistema político, trazer as forças políticas derrotadas para manterem o interesse e a expectativa, não só na competitividade do sistema partidário, mas a afirmarem-se como uma alternativa democrática na oposição ao governo. Será esta diversidade plural de preferências ideológicas-partidárias que vai contribuir para a estabilidade do sistema político.

Arend Lijphart (Nohlen, e Lijphart, 932-942: 1992) também elaborou uma matriz combinando presidencialismo e parlamentarismo, por um lado, e maioria e representação proporcional, por outro, obtendo a seguinte distribuição:

1. *Parlamentarismo com representação proporcional*
2. *Parlamentarismo com representação por maioria*
3. *Presidencialismo com representação por maioria*
4. *Presidencialismo com representação proporcional*

Juan Linz, quer em *The Perils of Presidenctialism*, quer em *The Virtues of Parliamentarism*, defende o sistema parlamentar face ao presidencialismo porque considera este com dois defeitos: a sua inflexibilidade e consequente rigidez e a eleição presidencial como um género de *winner takes all* (o vencedor fica com tudo) que poderia afastar outros grupos da área do governo. A concorrência entre os poderes do Presidente e do Congresso cria uma dificuldade a que chama o "problema da dupla soberania". O sistema presidencial só funcionaria sem dificuldades no caso de o presidente perder a maioria no parlamento e vir a permitir a sua transformação em sistema parlamentar, porque no seu exemplo em apreço, o Chile ou o Uruguai, seria perigoso ter um presidente politicamente débil com importantes poderes constitucionais mas sem uma maioria parlamentar de suporte.

Já Arend Lijphart, no seu livro *Patterns of Democracy* (Lijphart, 1999)[61] [Padrões de democracia], por seu lado, entende que o sistema de governo presidencial contribuiu para uma "balança do poder" entre o executivo e o legislativo, enfatizando a separação de poderes, salientando que o sistema presidencial tem tendência para ser mais consensual, mas também não lhe repugna admitir que um presidente eleito pode acabar por distorcer o sistema parlamentar ao criar uma alternativa ao centro do poder.

---

[61] Arend Lijphart é Professor na Universidade de San Diego na Califórnia.

O sistema parlamentar puro, que ele denomina de "modelo de democracia de Westminster" ou sistema de gabinete ou de primeiro-ministro, com a concentração do executivo num só partido e numa maioria tinha o seu exemplo mais flagrante na Grã-Bretanha. Na sequência do Act of Parliament de 1901, raras vezes o resultado eleitoral obtido não exprimia o modelo, obrigando a coligações formais. A primeira teria sido durante a Segunda Guerra Mundial, com trabalhistas e liberais junto com os conservadores de Winston Churchill, e a mais recente, acrescentamos nós, com o atual governo de coligação conservadores–liberais, com David Cameron na sua liderança[62]. O presidencialismo é potencialmente inimigo de compromissos de consensos e de pactos necessários em períodos de crise, porque está sempre dependente do perfil político do presidente, o qual, tendo um perfil fraco, só criará situações de conflito e frustração da expectativa política conduzindo a um beco sem saída (Linz e Valenzuela, 103: 1994).

Matthew Soberg Shugart e John M. Carey, no já referido trabalho *Presidents and Assemblies* (Shugart e Carey, 1992), reforçam ainda, mais uma vez, a ideia de que os sistemas de governo parlamentar não são tão equilibrados como se pretende aceitar e indicam quatro vantagens do sistema presidencial:

a) Direta prestação/vigilância de contas do executivo;
b) Identificação das consequências dos resultados eleitorais;
c) Presença de um modelo de equilíbrio no poder;
d) A importância do papel do presidente como o árbitro no sistema.

Os mesmos autores concluem ainda que o sistema de governo parlamentar tem uma maior disponibilidade estrutural para a consolidação democrática porque reúne algumas qualidades objetivas para tal como:

a) Permitir aos governos obter maiorias para levar a efeito os seus programas eleitorais;
b) Capacidade para governar em cenários multipartidários;

---

[62] Em 1910, 1923 e 1929 não se verificou a existência de maioria absoluta. Em 1974, Harold Wilson liderou um governo trabalhista minoritário que em 1978 necessitou de um acordo de incidência parlamentar "lab-lib" para sustentar o governo de James Callaghan, que acabou por cair em 28 de março de 1979, derrubado por apenas um voto – 311-310.

c) Reduzida capacidade para governar contra a Constituição e facilidade em destituir um governo que o tente fazer;

d) Reduzida capacidade para a realização de golpes militares.

Giovanni Sartori[63] define, na sua obra *Comparative Constituttional Engineering*, (Sartori, 1997), ainda as características do sistema presidencial como:

a) Eleição direta do chefe de Estado.

b) Os Governos são uma prerrogativa presidencial, em que o Presidente empossa ou demite sem necessitar do "visto" do Parlamento, o qual não pode derrubar o Governo.

c) No seu entendimento, um "sistema presidencial puro" não permite qualquer tipo de autoridade dual e chega a citar Lijphart para avaliar se a fórmula de *one person executive* seria suficiente para a clarificação do conceito, concluindo negativamente, porque sendo muito restritiva, o Chefe de Estado tinha de ser também o Chefe do Governo.

Sartori prefere, ainda, sublinhar um outro critério distintivo: que o presidente dirija, por si ou interposta pessoa, o executivo. O sistema seria assim, para este autor italiano, a conjugação deste três critérios (Sartori, 83-100: 1997) o que o leva a não concordar com Linz quando este nos informa que o sistema presidencial tem uma atuação mais delicada nos países com profundas clivagens no sistema partidário e, por isso, a resposta não poderá ser cair no parlamentarismo. *Ceteris paribus*, outras coisas sendo iguais (Sartori, 97: 1997) o sistema parlamentar – onde o Parlamento é soberano – não faria uma verdadeira separação entre parlamento e governo, mas antes um sistema de *power sharing systems*.

Mas partilha com quem, o quê? Como? Três hipóteses são assim possíveis.

a) *First above unequals*/primeiro acima de iguais (o sistema de gabinete inglês)

b) *Firts among unequals* / primeiro entre desiguais (sistema alemão)

c) *Firts among equals* / primeiro entre iguais (sistema parlamentar puro)

---

[63] Giovanni Sartori é professor titular da cátedra Albert Schweitzer na Universidade de Colúmbia.

O primeiro-ministro inglês, onde *the winner takes all*, é um *primus above unequals* porque tem a mão livre na gestão do seu governo, enquanto o Chanceler alemão será um *primus among unequals* com menos força que o primeiro-ministro britânico. A moção de censura construtiva no direito constitucional alemão é importante porque evita uma coligação de uma maioria negativa para derrubar o governo. Num sistema puro parlamentar o primeiro-ministro é um sempre *primus among equals – primus inter pares*.

Para Alfred Stepan as características de cada sistema encontram-se numa palavra comum: *mútua*. O sistema parlamentarista é um **sistema de dependência mútua**, já que o poder legislativo pode dar um voto de não confiança ao governo e o poder executivo pode dissolver o Parlamento e convocar eleições. O sistema presidencialista é um **sistema de independência mútua** onde o poder legislativo tem um mandato fixo e próprio e o mesmo tem o poder executivo concluindo que o sistema parlamentarista é mais eficaz do que o presidencialista porque consegue ter maior legitimidade e capacidade de flexibilidade institucional no controle de uma crise política (Stepan, 96-107: 1990)[64].

A eficácia, a legitimidade e a flexibilidade não estariam presentes em medidas iguais nos dois sistemas, só a legitimidade democrática estaria de igual modo em ambos os sistemas. Este autor acaba por sugerir a criação de um índice de eficácia comparativa da memória institucional (IMI) para medir a duração do mandato ministerial, por cada país, concluindo que a "vida política" média de um ministro nos sistemas parlamentaristas é duas vezes mais elevada do que nos sistemas presidencialistas. O sistema parlamentar teria, assim, uma taxa ativa de retorno político de ministros muito superior (Stepan, 101-102: 1990).

A Constituição de Weimar de 1919 (Queiroz, 57-121: 2007)[65], independente do facto de outras Constituições como a finlandesa de 1919, na sequência da independência da Rússia, ou a austríaca de 1920, que são suas subsidiárias como estruturas análogas de forma de governo, foi a verdadeira musa inspiradora da Constituição francesa da V República

---

[64] Alfred Stepan é o decano da Escola de Assuntos Públicos e Internacionais da Universidade de Colúmbia, Nova Iorque.

[65] Sobre o surgimento do sistema semipresidencial na Europa ver Queiroz, C. (2007).

e com a discussão doutrinária a seu propósito criaram-se as condições que, cerca de quinze anos mais tarde, acabam a influenciar a doutrina portuguesa de ciência política e não só na escolha do sistema de governo.

A Constituição de 1958 veio responder ao problema de uma crise institucional, que a França da IV República vivia com a situação de descolonização da Argélia, e era uma reação ao modelo herdado da III República de parlamentarismo de assembleia marcado por uma forte instabilidade política. O sistema da V República francesa é o de pendor mais presidencialista dos sistemas semipresidenciais, o que fica ainda mais expressivo quando fora de período de coabitação, livre de concorrência política, o chefe do executivo pleno é o chefe de Estado. Situação que foi evidente em 2011, entre o presidente Nicolas Sarkozy e o seu apagado primeiro-ministro François Fillon ou, hoje, com François Hollande e os seus primeiros-ministros Jean-Marc Ayrault ou Manuel Valls.

A coabitação tem sido entendida como "a situação jurídico-política na qual existe por um lado um Chefe de Estado, designado de acordo com uma determinada lógica eleitoral e, do outro, um Governo e uma maioria parlamentar, designados de acordo com uma orientação eleitoral e política" no dizer de Marcelo Rebelo de Sousa (Rebelo de Sousa, 9: 1987) e que logo alerta ser necessário precisar essa definição. Uma definição mais concreta implicará assumir dentro do sistema a existência de uma tensão entre duas lógicas eleitorais subjacentes à designação dos titulares de órgãos de soberania com competências constitucionais enunciadas numa lógica de interdependência.

Quando existe coabitação há sempre uma diarquia entre o governo e o presidente e não parlamento/presidente onde o sistema de governo, aqui, é pois uma "forma de estruturação dos órgãos de soberania nas suas relações interativas de poder" (Rebelo de Sousa, 9: 1988) compreendendo:

a) O elenco e a composição desses órgãos;
b) O estatuto e o processo de designação dos seus titulares;
c) As suas competências;
d) As suas relações recíprocas;
e) As formas de controlo exercido sobre a sua atuação.

Maurice Duverger, na sua obra *Breviário da Coabitação*, considerou o momento verdadeiro de aplicação do espírito da Constituição da

V República, quando se revelou no instante em que existiu um presidente de esquerda que teve de conviver com uma maioria parlamentar de direita (Duverger, 7: 1986) a exemplo de idêntica posição defendida por Marie-Anne Cohendet (Cohendet, 33-58: 1999).

A V República francesa desenhada em 1958 teve, a 28 de outubro de 1962, com o referendo do General De Gaulle, a sua grande manifestação original de rutura, introduzindo a eleição presidencial direta, a qual se realizou pela primeira vez em 1965, e permitiu que durante cerca de vinte e seis anos o Presidente tenha sido um verdadeiro líder partidário e dirigindo, também ele, uma maioria parlamentar (De Gaulle, 139-141: 1946).

O aumento dos poderes presidenciais foi feito sobretudo retirando capacidade institucional e política ao primeiro-ministro e ao seu gabinete ministerial.

> "O debate do segundo projeto de Constituição desenrolou-se em condições completamente diferentes devido à intervenção do General de Gaulle. Este fez em Bayeux, a 16 de junho de 1946, um discurso que ficou célebre e onde se discerne sem custo as ideias que nortearam a Constituição de 1958. As fórmulas essenciais permanecem as mesmas: a separação dos poderes, logo o executivo não deve "emanar" do legislativo; o presidente da república (cuja eleição estava prevista por colégio alargado) escolhe o primeiro-ministro. A responsabilidade do governo perante a Assembleia não estava explicitamente prevista." (Aron, 185: 2007)

O Presidente da República passou a assumir a presidência do Conselho de Ministros, não de um modo puramente protocolar ou simbólico, enviava mensagens à Assembleia Nacional, mas, na leitura subjetiva do General De Gaulle, este interpretou a Constituição de um modo muito pessoal permitindo mesmo que, perante uma sólida maioria parlamentar, o sistema em vez de ser semipresidencial, na ideia de Duverger, seria antes um sistema "hiperpresidencial" (Queiroz, 106:2007).

Como analisou o gaulista Raymond Aron

> "aos seus olhos, o General transfigurava a França e a sua política. Repetia incansável que a V República não era a IV mais o General. Em certo sentido não se enganava. A Constituição mudara o estilo e a natureza da

República. O presidente eleito por sufrágio universal direto escolhe o primeiro-ministro e exerce o poder, apoiado por maioria vinculada à coerência por obra das instituições: a V República parece-se mais com uma monarquia eletiva, liberal e democrática, do que com a república dos deputados da III e IV" (Aron, 83: 2007).

Este ponto de viragem teve, nesta afirmação da separação de poderes entre as funções executivas e legislativas, o ponto-chave da inovação da Constituição de 1958 (Suleiman, 145: 1994).

Contudo, mais tarde, entre 1986 e 1988, o presidente François Mitterrand, eleito com o apoio do Partido Socialista e da esquerda francesa, não obteve uma maioria parlamentar, competindo ao "seu" primeiro-ministro Jacques Chirac (maioria RPR-UDF) essa liderança e nesse período não aconteceu nenhum "beco sem saída" institucional. O eleitorado francês aceitou a ideia como normal de um *ticket splitting* – um bilhete dividido. [66]

> "Mitterrand saiu deste período de coabitação de dois anos aparecendo ao eleitorado tanto mais digno de confiança como mais simpático. Começou a definir uma forma de coabitação com uma divisão de responsabilidades que estabelecia um presidente para o futuro: em termos gerais, o presidente reservaria para si poderes sobre as políticas externa e de segurança, com o primeiro-ministro a ficar com autoridade sobre a política interna. (...) A última palavra pertence ao Parlamento sobre questões económicas e sociais, ele presidiria ao conjunto como um juiz árbitro. (...) Aquele que detém a última responsabilidade pelo uso das nossas armas é o chefe de Estado. Está fora de questão que eu me torne um presidente sem poderes" (Owen, 300: 2011).

O campo de jogo, de um modo florentino, estava definido.

Nas eleições parlamentares seguintes, o Partido Socialista voltou ao poder e o Presidente pôde, de novo, sem sobressalto, ser o líder da maioria. Graças ao sistema eleitoral maioritário, a duas voltas, o sistema de partidos francês tem oscilado entre uma concentração à direita, em

---

[66] Em Portugal, Mário Soares defendeu, várias vezes, a ideia de que o eleitorado nunca "colocava os ovos todos no mesmo cesto".

torno antes da URP, agora da UMP, ou à esquerda em volta do Partido Socialista.

Em nenhum momento, nestes trinta anos de sistema de governo semipresidencial, quer o presidente quer o primeiro-ministro puderam garantir, em absoluto, o controle da maioria parlamentar[67]. A isso se denomina, em França, coabitação ao período em que existe uma alternativa maioritária entre a fase presidencial e a parlamentar. No mandato do presidente François Mitterrand, o gaullista Édouard Balladur (maioria RPR-UDF), entre 1993 e 1995, viveu esta coabitação política quando substitui o primeiro-ministro socialista Pierre Bérégovoy. A relação foi de uma parceria civilizada e conciliadora com o antigo secretário-geral do Eliseu no tempo de George Pompidou, que alimentava, também, por seu lado, aspirações presidenciais.

"Desta vez produziu uma brilhante teoria da coabitação ideal baseada num princípio simples. Não transformar desacordo em conflitos. No máximo, podem servir para exprimir uma diferença, para lançar uma crítica, mas já não devem ser as armas de uma luta pelo poder como em 1986."[68]

"Do ponto de vista do Eliseu, Hubert Védrine tinha razão quando escreveu que a coabitação com um governo da direita era uma bênção para Mitterrand no sentido em que punha muito poder presidencial no cargo de primeiro-ministro. Convém-nos. Os locatários de Matignon são pessoas de boa vontade. Seria fácil a Balladur e ao seu chefe de Gabinete Nicolas Bazire boicotarem-nos, mas, estranhamente, estão a ser honestos" (Owen, 316: 2011).

Invertendo os papéis entre um presidente de direita e um governo de esquerda, a situação viria a repetir-se, em 1997-2002, com o primeiro-ministro socialista Lionel Jospin (maioria PS/PCF) e o presi-

---

[67] Pese embora, no período entre 1958-1986 a maioria presidencial e parlamentar consecutivamente coincidiram. A Assembleia Nacional só foi dissolvida por duas vezes, em 9 de outubro de 1962 e a 30 de maio de 1968, por evidentes e conhecidos momentos de crise política. Para um melhor conhecimento histórico do constitucionalismo francês ver, entre outros, Marques Guedes, A. (1984).

[68] Editorial in *Le Monde*, 16 de julho de 1993.

dente Jacques Chirac, naquilo que o primeiro-ministro inglês, Tony Blair, denominou um "arranjo co-habitacional sem sentido a que o sistema francês pode dar origem" (Blair, 572-573: 2010).

O presidente conserva a sua influência em matéria de política externa e de defesa nacional como áreas de competência tradicional da chefia do Estado onde, como Aron lembrava,

> "colocado acima dos partidos (...) a quem compete a concertação do interesse geral quanto à escolha dos homens com a orientação oriunda do Parlamento. A ele a missão de nomear os ministros e em primeiro lugar, bem entendido, do primeiro, que deve dirigir a política e o trabalho do governo. A ele a atribuição de servir de árbitro acima das contingências políticas, quer normalmente por conselho, quer nos momentos de grave confusão, convidando o país a dar a conhecer em eleições a sua decisão soberana. A ele, se acontecer que a pátria esteja em perigo, de ser o garante da independência nacional e dos tratados celebrados pela França" (Aron, 185-186: 2007).

A diferente eleição das duas maiorias é que vai permitir manter alguma balança de equilíbrio no sistema podendo implicar conflitos mas não crises políticas. O presidente corre o risco de, não tendo uma maioria parlamentar que se identifique consigo, acabar por ser remetido para um segundo plano que faz dele menos interventivo. No dizer de Ezra Suleiman, "a lição da V República é que nenhum presidente consegue exercer o seu poder sem um suporte maioritário na Assembleia Nacional" (Suleiman, 150: 1993), concluindo ainda que o texto constitucional francês parece ser mais flexível do que inicialmente se acreditava, permitindo válvulas de escape ao sistema, quando as duas maiorias se confrontam com legitimidades idênticas, permitindo que funcione, conforme a ocasião, como um sistema presidencial ou como um sistema parlamentar.

O sistema semipresidencial evidencia um funcionamento equilibrado também com presidentes fortes ou débeis porque, dependendo do contexto político, um presidente pode ajudar a melhorar o sistema de governança, num contexto de reformas políticas necessárias ao desenvolvimento económico, dando à agenda política do governo o suporte necessário que o Parlamento pode não pretender conceder.

Situação inversa será quando o sistema de partidos, estando muito mais consolidado, pode contribuir para ajudar um presidente cujos poderes estão mais moderados ou débeis. Num sistema presidencial, existindo diferença entre a maioria que elege o presidente e a que controla o parlamento, o conflito é entre o Presidente e o Parlamento, ou o Congresso, no caso dos Estados Unidos, mas num sistema semipresidencial esse conflito seria consubstanciado entre o presidente e o primeiro-ministro. Numa situação de uma perfeita sintonia entre as maiorias do presidente e do primeiro-ministro como pode acontecer no sistema semipresidencial, em França, faz deste um *hiperpresidencialismo,* caso onde o presidente americano teria menos poderes do que o seu homólogo europeu.

Ao promover um referendo constitucional, em setembro de 2000, para reduzir o mandato presidencial de sete para cinco anos, o presidente Jacques Chirac procurava evitar, deste modo, a possibilidade de uma outra "coabitação" tornando efetiva uma "responsabilidade política" presidencial que um mandato eletivo de sete anos parecia querer afastar e formatar um novo redesenho atual para as instituições da V República[69].

O semipresidencialismo é, assim, um dos sistemas de governo, como vamos tentar demonstrar, mais sensível à influência da prática constitucional e ao sistema político-partidário, sendo várias as suas características que podem contribuir para a sua "metamorfose" (Blanco de Morais, 1998), não caindo, como defende Giovanni Sartori, numa espécie de sistema "camaleão" que ora funciona de acordo com a conveniência política conjuntural, como parlamentar, ora como presidencialista.

Em Portugal, por exemplo, Pedro Santana Lopes e Durão Barroso preferem chamar-lhe "sistemas semiparlamentares" com "uma construção viciada ou frágil logo à partida" (Santana Lopes e Durão Barroso, 75, 86-87: 1980). Já o constitucionalista socialista Vitalino Canas, quando se refere ao sistema semipresidencial, concluía que ele não era "um misto de sistemas puros", ele próprio era "um sistema puro" com componentes próprias (Canas, 97: 1982).

---

[69] A este propósito é importante referir Sirinelli, J. F. (2009) e Bacqué, R. e Saverot, D. (1995).

A maioria da doutrina define, atendendo a **quatro características essenciais**, o sistema de governo semipresidencialista como:

- Exercício do poder executivo repartido entre Presidente da República e Governo (chefiado por um Primeiro-Ministro) numa diarquia institucional entre ambos;
- Dupla responsabilidade do Governo perante o Parlamento (responsabilidade política) e o Presidente da República (responsabilidade institucional);
- Faculdade de o Presidente dissolver o Parlamento, a mais decisiva competência moderadora do Chefe de Estado;
- Eleição do Presidente da República por sufrágio universal reforçando a sua legitimidade política.

De salientar, ainda, mais **três características complementares** que, na sua maioria, se assumem como formas de controlo sobre atos:

- Veto presidencial de eficácia absoluta sobre os atos legislativos do Governo e de eficácia suspensiva sobre os do Parlamento;
- Autonomia legislativa do Governo e controlo político parlamentar;
- Limites ao poder de referenda ministerial dos atos presidenciais (decretos de demissão do Governo, de veto político e de dissolução da Assembleia da República).

Em Espanha, nossa vizinha e contemporânea na transição política, a opção foi, antes, por uma monarquia constitucional, seguindo um sistema parlamentar a funcionar num quadro de Estado unitário descentralizado ou Estado regional (Vitorino, 33-79: 1984).

O sistema parlamentar espanhol, entre 1980 e 1981, venceu, com três primeiros-ministros, a tentativa de um golpe militar, em 23 de fevereiro de 1981 (Adolfo Suarez), fez-se o julgamento dos implicados no mesmo (Leopoldo Calvo Sotelo) e, após a queda do apoio parlamentar à UCD, o PSOE (Filipe Gonzalez) ganhou as eleições. Esta flexibilização do sistema pode ser um bom exemplo para o mérito da consolidação da democracia espanhola. A dúvida pode-se colocar na importância da figura e no papel do chefe de Estado.

Se a solução espanhola não fosse a de um monarca constitucional a resposta teria sido a mesma? O perfil avisado do chefe de Estado evidencia a importância do equilíbrio institucional na relevância da escolha na solução política porque, como afirmava o nosso Rei D. Pedro V, "quanto mais elevada é a posição tanto maior é a influência do exemplo" (Andersen, 11: 2011).

"Que homem é preciso ser para adquirir o direito de introduzir os dedos entre os raios da roda da História?" (Weber, 105: 1968)[70].

Alguém que usando um poder moderador conheça os limites da Constituição.

Então, onde está a sede do Poder?

---

[70] Também sobre a responsabilidade política do chefe de Estado ver Cristóbal, R. S. (2002).

Capítulo II
O Papel Constitucional do Presidente da República: Um Estatuto Jurídico com Autoridade Política

A exemplo da Constituição de 1933, e tal como F. Lassalle ensinou, a constituição formal dizia que residia no Presidente da República a sede do poder executivo quando, na constituição real, estava no Presidente do Conselho de Ministros (Miranda, 68-94: 2007)[71]. Seguindo de perto Adriano Moreira na sua análise "tridimensional da forma, da sede e da ideologia" na leitura da Constituição, onde a forma é sempre obedecida, mas em que na sede implica distinguir entre a sede de apoio, em regra o Parlamento, e a sede do exercício do Poder, com grupos de interesses e de pressão, concluindo que a "luta pelo Poder utiliza métodos amorais, definidos por uma relação meio-fim, que o triunfo leva, muitas vezes, a consagrar pela nova ordem jurídica estabelecida", a lei seria então muito mais "um instrumento do Poder que um limite" (Moreira, A. 148-169: 1989).

Analisando um sistema misto, com fatores presidenciais e parlamentares, podemos constatar que a sua maleabilidade institucional tem uma base de origem parlamentar à qual são acrescentados ingredientes de origem presidencial – o mais notório será a adoção de uma eleição presidencial por sufrágio direto e universal. Será isso o suficiente para

---

[71] Miranda, J. (2007) fala-nos das várias teorias da Constituição, optando pela defesa uma Constituição aberta (Paulo Bonavides) numa sociedade aberta (Karl Popper) e com um poder aberto (Georges Burdeau).

A COABITAÇÃO POLÍTICA EM PORTUGAL NA VIGÊNCIA DA CONSTITUIÇÃO DE 1976

trair esta espécie de sistema de *checks and balances* que pretendia manter o equilíbrio entre os poderes numa só manifestação em que o Presidente da República tem, numa mão, uma perigosa "bomba atómica" e, na outra, uma simples "pistola de alarme" (Rebelo de Sousa, 2011)[72]?

O sistema de governo português na Constituição de 1976, na sua versão originária[73], era um governo democrático representativo de uma divisão de poderes com características semipresidenciais, parlamentares e de diretório militar. Até 1982 o Conselho da Revolução impedia o carácter verdadeiramente democrático do regime e a caracterização do sistema como semipresidencial, já que era o elemento diretorial militar que tutelava todos os órgãos da direção do Estado. O quadro de equilíbrio institucional compreendia e justificava-se pelas razões históricas que já aduzimos no capítulo anterior. Havia elementos de influência parlamentar como o facto de o Governo ser constituído em função dos resultados eleitorais, o primeiro-ministro ser sempre designado tendo em conta esses mesmos resultados, o Governo depender da confiança política do Parlamento e com a condução da política geral do país cometida ao mesmo Governo.

A componente presidencial poderia ser encontrada no facto de o Presidente da República ser eleito por sufrágio universal, direto e secreto (artigo 124º da CRP), (Lucas Pires, 307: 1989), da responsabilidade do Governo perante o Presidente (artigos 193º e 194º), o veto suspensivo (artigo 137º, alínea b) e 139º), a dissolução da Assembleia da República (artigo 136º alínea e), com os quatro condicionalismos que a Constituição implicava resultantes da conjugação dos artigos 198º nº 2, 175º,128º nº 2 e 198º nº 3.

Marcelo Rebelo de Sousa considerava que o sistema de governo semipresidencial na Constituição de 1976

> "se definia pela convergência da legitimidade do sufrágio direto e universal (Salgado de Matos, 1983) como forma de designação do Chefe de Estado com a manutenção dos mecanismos da responsabilidade política do Governo perante o Parlamento" (Rebelo de Sousa, 12: 1988).

---

[72] Rebelo de Sousa, M. (2011), entrevista ao jornal *i*, 24 de setembro de 2001.

[73] Seguimos aqui na sua versão original a Constituição de 1976. Uma análise bem desenvolvida pode ser encontrada em Rebelo de Sousa, M. (1988).

O PAPEL CONSTITUCIONAL DO PRESIDENTE DA REPÚBLICA

Esta posição era coincidente com a de Maurice Duverger, que no seu livro *Xeque- Mate* fazia uma análise comparativa dos sistemas políticos semipresidenciais considerando que o sistema semipresidencial nascia das fraquezas do sistema parlamentar. "Não se elege um presidente por sufrágio universal para que ele inaugure exposições mas sim para que possa agir" (Duverger, 27: 1978) e, por isso, considerava que, em Portugal, a função arbitral do Presidente era ultrapassada e sobreposta, devendo permitir a este influenciar a prática governamental corrente como foi a experiência eanista de exercício da função.

Independentemente dos poderes concretos que a Constituição outorga, a Presidência da República goza sempre de um prestígio acrescido, como as frequentes sondagens de opinião manifestam, face às restantes instituições do Estado.

O funcionamento do sistema de partidos e do jogo conjuntural das maiorias parlamentares é decisivo porque implica um modo de organização das relações presidente-parlamento assente, quase sempre, numa rivalidade política que vai influenciar o comportamento do sistema de governo. Para o sistema funcionar na sua plenitude, isto é, sem o surgimento de focos de tensão política, é necessário um Parlamento com uma maioria sólida e coerente que obedeça ao Chefe do Estado, daí que um sistema bipartidário seja mais adaptável, aparentemente, do que um sistema multipartidário de partido dominante na base de criação de governos maioritários.

O Presidente pode, assim, encontrar-se perante três hipotéticos cenários:

- Maioria parlamentar identificada com o presidente;
- Maioria parlamentar oposta ao presidente;
- Maioria parlamentar identificada com o presidente, mas não lhe reconhecendo uma liderança política.

Quando a maioria parlamentar se identifica plenamente com o presidente este, no entendimento de Olivier Duhamel, "reina e governa" (Duhamel, 1994)[74], mas num cenário onde a maioria parlamentar, sendo

---

[74] Duhamel foi eurodeputado pelo Partido Socialista francês e professor universitário no Instituto de Estudos Políticos em Paris.

monocolor ou de coligação, não nasce da maioria presidencial, torna a situação política mais complexa, assumindo uma oposição ao presidente.

Maurice Duverger fala em "coabitação política" para dizer que, nesse caso, prevalece o tempo da legalidade democrática definida por uma regra muito simples: "só a Constituição e nada mais do que a Constituição"; já outros autores, como Pierre Pactet (Pactet, 1994) ou Rafael Martinez (Martinez e Garrido, 2000)[75], preferem antes chamar "semi-presidencialismo de coexistência". Nesta situação, o presidente deve assumir-se como um homem de Estado porque a sua qualidade de chefe de Estado sobrepõe-se à responsabilidade suprema da República. O poder do Estado necessita de um homem capaz de ser o intérprete das suas responsabilidades políticas porque como diz Quermonne "não há poder de Estado sem um homem de Estado" (Martinez e Garrido, 13: 2000).

Na Constituição de 1976 prevê-se um sistema de governo com a eleição por sufrágio direto e universal de dois órgãos de soberania: a Assembleia da República e o Presidente da República. O equilíbrio institucional a que este sistema de governo apela, ao introduzir dois elementos racionalizadores no processo de decisão política, justifica-se pelo facto de na nossa tradição histórica constitucional existirem dois marcos significativos nesse mesmo sentido, quer em 1826, com a Carta Constitucional, quer em 1933, com a Constituição: o poder moderador, de árbitro, do Rei, ou a "presidência supra-partes", para usar uma expressão de Cristina Queiroz, conjuntamente com o desejo da velha oposição republicana (Queiroz, 137: 2007) da realização da eleição presidencial direta.

As candidaturas à Presidência da República são propostas por cidadãos eleitores, num mínimo de 7500 a um máximo de 15 000, tendo o candidato necessidade de obter mais de metade dos votos validamente expressos, sob pena de ter de existir uma segunda votação com os dois candidatos mais votados no primeiro sufrágio. São candidaturas propostas por cidadãos organizados e não por partidos políticos[76]. O Pre-

---

[75] Rafael Martinez é professor na Universidade de Barcelona e António Garrido é professor na Universidade Complutense de Madrid.

[76] Quem não se lembra de movimentos célebres, com cidadãos oriundos de várias sensibilidades políticas, como a CNARPE (Comissão Nacional de Apoio à Reeleição do Presidente Eanes) ou do MASP (Movimento de Apoio Soares Presidente)?

sidente da República é eleito pelos cidadãos por sufrágio universal e direto para um mandato de cinco anos, não podendo ser reeleito para um terceiro mandato consecutivo, sendo elegíveis os cidadãos eleitores portugueses de origem e maiores de 35 anos (artigos 121º e 122º da CRP); não sendo, como referimos, admitida a reeleição para um terceiro mandato consecutivo nem durante o quinquénio imediatamente subsequente ao termo do segundo mandato (123º da CRP), num respeito pelo princípio republicano da renovação dos titulares de cargos políticos (artigo 118º da CRP).

Tem como funções constitucionais representar a República e garantir a independência nacional, a unidade do Estado e o *regular funcionamento das instituições democráticas* e é por inerência o Comandante Supremo das Forças Armadas (artigo 120º da CRP)[77].

As competências que a Constituição de 1976 outorga ao Presidente são várias, nomeadamente:

- A dissolução da Assembleia da República;
- A nomeação do Primeiro-Ministro e a demissão do Governo;
- A dissolução dos órgãos de governo próprio das regiões autónomas;
- A declaração do estado de sítio ou do estado de emergência;
- A declaração de guerra e feitura da paz;
- A promulgação das leis, decretos-leis, decretos regulamentares e a assinatura dos restantes decretos do Governo;
- A ratificação dos tratados internacionais e a assinatura dos decretos e resoluções que aprovem acordos internacionais;
- A convocação do referendo;
- A fiscalização preventiva da constitucionalidade;
- A nomeação e exoneração de titulares de órgãos do Estado;
- A nomeação de embaixadores e dos enviados extraordinários;
- O indulto e comutação de penas.

O Presidente preside, ainda, ao seu órgão político de consulta que é o Conselho de Estado, onde designa cinco cidadãos para o integrarem

---

[77] A este propósito e sobre o modo como o Presidente define os objetivos de acompanhamento desta função constitucional e do Conselho Superior de Defesa Nacional, ver Leal, J. (2006).

durante o seu mandato e pode também presidir ao Conselho de Ministros só e quando o Primeiro-Ministro lho solicitar[78].

O Presidente tem funções de representação da República, no sentido de Estado, como é o caso das funções respeitantes às relações diplomáticas, aos atos de direito internacional, já teve, mesmo, funções respeitantes a territórios sobre administração portuguesa, como foi o caso de Macau e a promoção dos atos necessários à realização do direito à autodeterminação e à independência de Timor-Leste, funções em caso de guerra e funções de reconhecimento a cidadãos de mérito.

Compete-lhe, como vimos já, exercer funções de garantia da independência do Estado e do regular funcionamento das instituições democráticas no quadro dos órgãos de Estado e das regiões autónomas, na fiscalização da constitucionalidade e da legalidade, no caso de situações de necessidade, e de comando supremo das Forças Armadas.

Outra das suas funções é de dinamização das instituições quando exerce funções relativas a processos eleitorais ou em relação a órgãos do Estado e das regiões autónomas, quando preside ao Conselho de Estado ou nomeia ou exonera o Primeiro-Ministro, o Presidente do Tribunal de Contas e o Procurador-Geral da República, a atos do Estado como a promulgação das leis, decretos-leis e os decretos regulamentares e assinar os restantes decretos do Governo.

Finalmente, exerce ainda funções de intervenção e de controlo político quando solicita a órgãos do Estado, como no caso do Conselho de Estado, que se pronunciem sobre quaisquer atos no âmbito das suas competências, dirige mensagens à Assembleia da República, convoca extraordinariamente o Parlamento, ou em relação a atos do Estado e das regiões autónomas como submeter a referendo questões de interesse nacional ou regional, bem como exercer o direito de veto e as funções de clemência, quando indulta e comuta penas (artigo 134.º alínea f).

O Presidente tem, no dizer de Jorge Miranda, "um grau decrescente de liberdade" (Miranda, 362-370: 1998) na sua livre determinação para

---

[78] Só o primeiro-ministro António Guterres convidou, para tal, no final do mandato presidencial Mário Soares (artigo 133º, alínea i) da CRP. Numa atitude meramente de simpatia. Aliás, aquando do seu jubileu, a Rainha Isabel II, do Reino Unido, também foi convidada por David Cameron a participar num Conselho de Ministros.

querer atuar no jogo político dos partidos ou não ser o garante a estabilidade constitucional. No caso português, o sistema tem variado em razão das alterações das competências que o presidente, o parlamento e o governo vão ganhando ao longo dos diversos momentos históricos (revisões constitucionais e ainda alterações no quadro partidário).

O **período de 1976 a 1982** tem sido designado por "**semipresidencialismo de índole presidencial**", ou por "**semipresidencialismo de equilíbrio de poderes**" face ao equilíbrio entre as competências dos diversos órgãos de soberania.

A primeira revisão constitucional, em 1982, introduziu alterações que fortaleceram a componente parlamentar, apesar de o Presidente ter visto mais esclarecidos alguns dos seus poderes, como no caso de dissolução parlamentar ou o aumento do elenco de leis sujeitas ao seu veto qualificado.

O **período de 1983 a 1987** tem sido designado por "**semipresidencialismo de índole parlamentar simples**". Durante o governo de coligação designado por Bloco Central (1983-1985) houve um recuo limitado do protagonismo do Presidente da República enquanto entre **1987 a 1995** tem sido designado por "**semipresidencialismo de índole de Gabinete ou Primeiro-Ministro**". As eleições de 1987 deram origem a um quadro maioritário de partido dominante. O Primeiro-Ministro aliava uma chefia do partido no poder a uma liderança do governo e a um forte controlo da maioria parlamentar. O Presidente da República viu a sua função apagada (de 1987 a 1991, onde coabitou e foi colaborante com o governo; de 1991 a 1995 salienta-se o carácter conflituante das relações entre o Presidente da República e o Governo).[79]

A segunda revisão constitucional em **1989** veio introduzir o referendo possibilitando ao Presidente da República convocá-lo, apenas sob proposta do Governo ou do Parlamento.

A terceira revisão constitucional, em **1992**, adaptou o ordenamento jurídico ao Tratado da União Europeia, confirmando o protagonismo governamental e parlamentar no processo de decisão e de acompanhamento dos atos relativos à integração comunitária.

---

[79] Mário Soares promoveu as presidências abertas e realizou um Congresso "Portugal que futuro?" num sinal de afrontamento político ao primeiro-ministro Cavaco Silva.

Em **1995** realizaram-se eleições para a Assembleia da República e, em **1996**, eleições presidenciais e do resultado das mesmas veio a verificar-se a existência pela primeira vez de um governo, uma maioria parlamentar e um presidente oriundos da mesma área política.

O último período, de **1997 até à presente data**, tem sido designado por "**semipresidencialismo de índole parlamentar mitigado ou atenuado**" em razão do protagonismo relativo assumido pelo governo, tendo autores como António José Fernandes denominado mesmo o sistema de governo como "**paraparlamentar**" (Fernandes, 157: 2008)[80].

A quarta revisão constitucional, em **1997**, manteve os poderes presidenciais e alargou os poderes parlamentares, nomeadamente com o acréscimo das matérias de reserva absoluta e relativa de competência legislativa e outorgou à Assembleia da República uma reserva de aprovação de tratados, o aumento das matérias sujeitas à disciplina de leis reforçadas pelo procedimento, o que reduz o poder da bancada parlamentar do governo e transfere para o Parlamento a génese de certos atos legislativos de conteúdo qualificado, através de consenso alargado e o reforço do controlo parlamentar sobre o processo de concretização dos fins inerentes à União Europeia.

Com a quinta revisão constitucional, em **2001**, pretendeu-se, em particular, adaptar o texto constitucional de forma a possibilitar a ratificação pelo Estado português do estatuto do Tribunal Penal Internacional (TPI) que o governo havia, entretanto, assinado. Apesar de esta revisão ter ido um pouco mais longe, não se verificaram alterações no equilíbrio das competências dos órgãos de soberania.

A sexta revisão constitucional, em **2004**, aprofundou a autonomia política-administrativa das regiões autónomas, aumentando os poderes das respetivas Assembleias Legislativas e substituindo o Ministro da República pela figura do representante da República, alterou normas como a relativa à vigência na ordem interna dos tratados e normas da União Europeia, aprofundou o princípio da limitação dos mandatos dos cargos políticos executivos e reforçou o princípio da não discriminação.

---

[80] Não concordando com esta definição está, por exemplo, Vitalino Canas que considera que quando existem poderes importantes, citando Colliard, eles ou são meramente nominais, como no Reino Unido, ou dependentes de atos do Governo. Canas, V. (1982).

O PAPEL CONSTITUCIONAL DO PRESIDENTE DA REPÚBLICA

A sétima revisão constitucional, em **2005**, teve como objetivo consagrar no texto constitucional a possibilidade de convocação e de efetivação de referendo sobre a aprovação de tratados que visem a construção e aprofundamento da União Europeia (Gomes Canotilho, 195-219: 2008).

As funções e os poderes que a Constituição outorga ao Presidente da República assentam numa ideia-base de sustentabilidade política no equilíbrio do sistema. Esse papel permite uma leitura presidencial e constitucional que sendo, muitas vezes, quase sempre subjetiva, motiva, desde a revisão constitucional de 1982, um quadro de referências que não tem implicado uma leitura muito diferente, de presidente para presidente, dos seus poderes.

Depois da forte discussão ideológica, em termos do sistema de governo, nas eleições presidenciais de 1980 e de 1986, a apresentação de autênticos programas eleitorais tem sido substituída por simples linhas programáticas, que enunciam princípios com os quais o candidato a presidente se pretende afirmar perante o país. O candidato procura, então, captar votos num eleitorado que lhe é estranho, quando é oriundo de um bloco político-partidário, e, eleito, nem sempre consegue escapar a acusações de simpatia ou de apoio ao Governo.

Freitas do Amaral afirmava, em 1985, que no "sistema semipresidencialista o conflito institucional é possível e, se não houver coincidência entre a maioria presidencial e a maioria parlamentar, inevitável" porque o sistema de partidos (pluripartidarismo) e o sistema eleitoral (representação proporcional) "empurraram o nosso sistema político para o lado do parlamentarismo", enquanto o sistema de governo (pelo modo de eleição do presidente) "puxava para o lado do semipresidencialismo" (Freitas do Amaral, 60-82: 1985).

A autoridade política do presidente deriva de uma leitura jurídica da constituição ou antes do seu perfil psicológico assente numa personalidade ao serviço de uma estratégia pessoal?

O perfil presidencial foi assim, entre 1976 e 1986, muito influenciado pelo facto de o primeiro Presidente eleito democraticamente ser um militar a quem competiu fazer a transição e a consolidação das instituições além de promover o regresso dos "militares políticos" aos quartéis.

Eanes contudo nunca quis "assumir poderes que (...) não foram conferidos", mas não se negava a "eximir-se aos deveres que (...) foram impostos." Como diz Joaquim Aguiar, não era líquido que Eanes, ao ter uma maior intervenção executiva, a sua função presidencial continuasse a ser bem-sucedida como aconteceu com os governos de iniciativa presidencial e na sua má experiência de líder do PRD (Aguiar, 1256: 1996).

De acordo com a análise de Francisco Lucas Pires, na primeira eleição presidencial o que estava em avaliação, perante os candidatos Ramalho Eanes, Otelo Saraiva de Carvalho ou Pinheiro de Azevedo, "eram também facções militares que estavam em causa à espera de saírem vitoriosas ou derrotadas" (Lucas Pires, 63: 1976).

Após a eleição do primeiro presidente civil, Mário Soares, em mais de 60 anos (1926-1986), a influência da direção presidencial, no sistema de governo, começou a esbater-se, não podendo afirmar-se o Presidente como "um simples catalisador, nem o super Primeiro-Ministro, nem o leader da oposição disfarçado de instituição nacional" (Ferreira da Cunha, 147: 1998).

O Presidente tem sabido usar os seus "poderes de reação", como o direito de veto ou a fiscalização da constitucionalidade das leis, ou os seus "poderes de ação", como a dissolução do parlamento num misto de atuação, que a Constituição lhe permite, e o voto popular lhe reconhece, como um fator corretivo das condições objetivas proporcionadas pelo sistema eleitoral de dificuldade de constituição de maiorias parlamentares estáveis e coerentes.

Capítulo III
A Eleição Direta do Presidente como Fonte de uma Legitimação para Justificar a sua Intervenção no Jogo Político

A solução constitucional de propor a eleição direta do Presidente da República procurou ser uma resposta à nossa história política recente. Deseja-se encontrar um modelo no qual não pode o presidente governar, mas, ao mesmo tempo, deve assegurar equilíbrio ao sistema com independência e isenção moderando os eventuais exageros parlamentares.

O perfil presidencial deve evidenciar que, não negando o seu passado político, se afirme, num contexto institucional, com ideias próprias porque se deseja um "Presidente da República que, sem governar, esteja preso à navegação de cabotagem do quotidiano, e sem se queimar nas chamas da erosão governamental, pudesse ser algo mais que o rei que reina qual friso dourado no alto da cornija" (Ferreira da Cunha, 145: 1998).

Dez anos depois da entrada em vigor da Constituição, em 1986, o constitucionalista Gomes Canotilho concluía que a

> "prática política conduziu à **condenação do entendimento**. Dado existir um presidente que pouco pode sem o governo, que nada pode sem a confiança (pelo menos negativa) da assembleia a qual pode ser dissolvida por ele" (Gomes Canotilho, 269-279: 1986).

Conclusão evidente da construção institucional de uma Assembleia Constituinte preocupada em evitar os vícios do parlamentarismo de assembleia da Constituição de 1911 e da concentração de poder da Constituição de 1933, num ambiente de grande turbulência pós-revolucionária[81]. Os constituintes de 1976 anseiam por um presidente arbitral, regulador do sistema político e, quiçá, mais presente para contrariar a força do Conselho da Revolução.

Um ano após a entrada em vigor da Constituição, Marcelo Rebelo de Sousa, pese embora considerar ser ainda muito cedo para extrair lições, evidenciava que "se prefigura já que o sistema de governo semipresidencial tenderá para um pendor presidencial, tanto mais acentuado quanto maior for a independência política do Governo perante a Assembleia da República e a subalternização do Conselho da Revolução nas suas relações com o Presidente da República" (Rebelo de Sousa, 14: 1977), assumindo, desse modo, o presidente um papel nuclear no jogo político.

O necessário perfil presidencial era, em 1976, de um militar para fazer a transição política pós-revolucionária e devolver os militares aos quartéis como é normal numa democracia civilizada e de efetiva separação de poderes. Com a eleição do General Ramalho Eanes terminava o ciclo revolucionário e começava o ciclo democrático institucional criado pela Constituição de 1976 conforme, aliás, o plasmava o artigo 294º da sua versão inicial. Nos antecedentes constituintes a balança pendia sobre duas opções histórico-culturais que os deputados de 1975/76 pretenderam consagrar.

De um lado, uma ideia de democracia parlamentar, com o governo politicamente responsável perante um parlamento livremente eleito e, por outro lado, a ideia de eleição direta do Presidente da República que "obedecia à preocupação de dar um sólido fundamento democrático a esse cargo, se não excluía um sistema de governo propriamente parlamentar, exigia sem dúvida algumas qualificações dos esquemas parlamentares típicos" (Gomes Canotilho e Moreira, 21: 1991)[82]. "Eleito pelo sufrágio universal, o presidente é o órgão que melhor assegura a com-

---

[81] Sobre o papel dos partidos políticos nos vários momentos da história constitucional portuguesa ver Rebelo de Sousa, M. (1983) e (1989).

[82] Gomes Canotilho, J. J. e Moreira, V. (1991). *Os poderes do Presidente da República*, este livro surgiu na sequência de um parecer elaborado a pedido do Presidente Mário Soares, em 1991, e versava avaliar os poderes presidenciais, especialmente em matéria de defesa e política externa.

patibilidade entre os modelos social e político de autoridade" (Salgado de Matos, 238: 1983), o que lhe permite ser representante, no centro do sistema político, de muitas tensões sociais que o governo ou o parlamento não conseguem drenar em tempo útil, o que leva a considerar o presidente "o banco central do sistema político português" (Salgado de Matos, 239: 1983).

A Constituição procurou que a eleição do presidente não seja um fator de conflito ou de coincidência de datas com as outras eleições, nomeadamente as legislativas, de modo a que o calendário eleitoral não condicione ou influencie os poderes presidenciais, não impedindo contudo a existência de uma "estrutura dualista com dois órgãos revestidos do mesmo título de legitimidade democrática: PR e AR" (Santana Lopes e Durão Barroso, 25: 1980).

Em Portugal, os constituintes optaram, na fase inicial, por um presidente mais forte, mais regulador do sistema político, de tipo semipresidencial mais árbitro, do que por um parlamentarismo racionalizado com capacidade de intervenção. As condições históricas estiveram, de um modo decisivo, na escolha daquela opção de sistema de governo porque o novo presidente também tinha de presidir ao Conselho da Revolução e pela ausência de um governo parlamentar "puro" após cinquenta anos de ditadura[83].

A escolha do sistema eleitoral, com base no método de Hondt, implicava uma dispersão parlamentar que só uma figura que congregasse em si a unidade do sistema poderia aferir a estabilidade do funcionamento do mesmo. O ambiente político que o país atravessou plasmou na Constituição aspetos que, podendo parecer contraditórios, a prática veio a demonstrar como muitos analistas de ciência política se enganaram.

As válvulas de segurança do sistema permitiram dar ao presidente um papel no sistema de governo afastando-se do modelo francês quando, por exemplo, faz depender do convite do primeiro-ministro a sua presença no Conselho de Ministros. O desenvolvimento do próprio modelo francês, aliás, tem vindo no sentido de introduzir, por exemplo, a redução do mandato presidencial de sete para cinco anos. A eleição presi-

---

[83] São razões, como já salientamos, de ordem histórica, cultural, sistémica e conjuntural que estarão na origem da opção do nosso sistema de governo.

dencial faz-se por maioria absoluta, se for o caso num escrutínio a duas voltas, fica dependente de candidatos propostos por grupos de cidadãos e com um mandato mais longo do que o mandato da legislatura.

Fiel depositário do normal funcionamento das instituições democráticas, tem sido na faculdade, antes livre, agora condicionada pela "medida de valor indeterminada" (Blanco de Morais, 1998)[84], de o Presidente poder dissolver o parlamento que tem residido a "bomba atómica" do sistema, a qual, diga-se em abono da verdade, sempre que utilizada pelo presidente se revelou de acordo com a vontade do eleitorado.

A questão da eleição do Presidente da República, por sufrágio universal direto, permite o exercício dos poderes efetivos presidenciais, ao funcionar como "guardião" da vontade do povo, aliada ao facto de ter constitucionalmente poderes reconhecidos, como o poder de nomear o primeiro-ministro e o poder de dissolução sem possibilidade de intervenção do Parlamento, fazendo, assim, um ato político de "vontade geral" de origem objetiva, mas com um resultado subjetivo, que pode ser o de resistir a tomar uma decisão ou a concretizá-la quando menos se espera[85]. Com a legitimidade que lhe é conferida pela eleição popular, o Presidente aceita assumir-se como um dos protagonistas do jogo político. A maioria presidencial tem uma geometria eleitoral variável porque não é "apenas mais larga! É, também, mais operacional porque menos presa de programas ideológicos", como dizia Lucas Pires, sobre

---

[84] Na fórmula de Blanco de Morais a eleição direta do Presidente da República é uma condição necessária mas não suficiente para a caracterização de um sistema de governo como semipresidencial. Alguns protagonistas do processo constitucional como Freitas do Amaral, António Reis e Jaime Gama justificaram e confirmaram em carta ao investigador Horst Bahro as razões para a eleição direta do presidente da República.
Queiroz, C. (196: 2007), na mesma esteira, defende que para "a qualificação do sistema de governo como «semipresidencial» não basta a eleição por sufrágio direto e universal do presidente da República. É a lógica maioritária do domínio e concordâncias de maiorias e não a eleição que confere ao sistema o seu carácter semipresidencial. Se assim não fosse, a relação de concordância de maiorias que se verificou em Portugal, de Novembro de 1995 até Abril de 2002, entre o primeiro-ministro e o presidente da República teria conduzido ao sistema semipresidencial".
[85] Foi o caso do Presidente Jorge Sampaio quando hesitou em aceitar a indicação de Pedro Santana Lopes como primeiro-ministro, em substituição de Durão Barroso e, mais tarde, quando tomou a decisão de o exonerar.

a primeira maioria de Eanes, e acrescentava que a "maioria parlamentar deve integrar-se e subsumir-se na maioria presidencial" (Lucas Pires, 63: 1976), senão a eleição presidencial só servia para a eleição de uma pessoa para a presidência. Como o tempo fez a análise parecer redutora e fora do contexto histórico da evolução do nosso sistema de governo.

Exatamente o contrário foi o que acabou por acontecer entre 1976 e 2011, em que o Presidente agiu sempre de uma maneira clara e distinguindo as diferentes maiorias. Os vários atos eleitorais raras vezes fizeram coincidir as maiorias e só os Presidentes Sampaio e Cavaco conviveram com uma maioria e um governo oriundos da sua área política.

Momentos houve em que a crispação entre Belém e S. Bento foi efetiva. Nenhum Presidente escapou a esta situação, contudo, o eixo do poder ou a sede efetiva do poder, no mesmo período de tempo, deslocou-se de Belém para S. Bento, umas vezes enquanto residência oficial do primeiro-ministro, outras vezes como sede do parlamento. Apesar do semipresidencialismo português ter evoluído para um quadro em que predominam as relações parlamento-governo, não esquecendo a importância do papel do Presidente, tal não significa que se tenha assistido a uma "parlamentarização pura" do sistema em sentido estrito. O peso da legitimidade eleitoral direta do Presidente da República e o facto de a prática demonstrar que o mesmo não se coíbe de ter uma capacidade de intervir ao exercer os seus poderes de dissolução, veto e controlo da constitucionalidade, diferenciam a forma de governo português das formas parlamentares racionalizadas.

Como órgão de soberania unipessoal, o Presidente assume-se como uma referência institucional própria no triângulo PR – Governo – AR, levando alguns autores a afirmarem ser ele o "verdadeiro centro de gravidade do sistema político constitucional" (Barroso e Bragança, 321: 1989). Lembrando a expressão de Mário Soares "o Presidente de todos os portugueses", pretende-se afirmar com a legitimidade democrática muito vincada que tem a sua origem e fundamentação numa eleição direta com mais de metade dos votos dos cidadãos, conforme o artigo 129º nº1 da Constituição, e onde o estatuto presidencial goza de condições próprias quer no seu ato de investidura, quer nas suas prerrogativas e imunidades ou nas condições da sua substituição interina (Barroso e Bragança, 321: 1989).

A COABITAÇÃO POLÍTICA EM PORTUGAL NA VIGÊNCIA DA CONSTITUIÇÃO DE 1976

O carisma de que Max Weber fala está aqui muito presente na definição do perfil político do presidente e justifica uma intervenção mais ativa? Horst Bahro enuncia que o semipresidencialismo português foi um bom exemplo de sistema político de transição, que se consegue consolidar, mas que não pode servir de exemplo institucional para as transformações democráticas que se realizaram no Leste da Europa. Referindo-se, de novo, à influência de Max Weber, nomeadamente na Constituição de Weimar, faz uma ponte para o sistema português afirmando que o "carisma do cargo" pode funcionar como um "elemento salvador em tempos de turbulência" (Bahro, 777-802: 1996). Seria ainda uma ideia de bonapartismo que poderia ajudar a definir a opção política para o futuro da sociedade portuguesa? Marcelo Rebelo de Sousa distinguia três tipos, "presidencialismo bonapartista, presidencialismo de compromisso e presidencialismo militar", onde o primeiro assentava numa leitura de direita ou extrema-direita, enquanto o segundo se aproximaria de um parlamentarismo mitigado, sendo que o terceiro e último implicaria a sua nomeação (do presidente) pelas Forças Armadas e seria perante ele que o governo responderia (Rebelo de Sousa, 1975)[86].

Outros autores querem encontrar, no semipresidencialismo português, origens bonapartistas quando se procura explicar as tentativas do General António de Spínola para criar um novo tipo de presidência assente num apelo plebiscitário. "Durante pelo menos uma década existiram, *grosso modo*, três tendências políticas: uma com o objetivo de moldar o Presidente numa estrutura presidencialista-militar, outra visava uma solução semipresidencialista; outra ainda propunha um regime democrático-parlamentar segundo o modelo alemão. A atitude dos próprios presidentes da República orientou-se, regra geral, no sentido da afirmação do regime (sistema) semipresidencialista" (Bayerlein, 830: 1996). Marcelo Rebelo de Sousa, a este propósito, chegou a escrever, no jornal *Expresso*, que em "26 de Abril de 1974, o spinolismo poderia tentar ser uma via presidencialista mitigada ou de compromisso para uma democracia europeia. Neste momento só poderá ser um presidencialismo bonapartista, ainda que com uma linguagem política do tipo

---

[86] Rebelo de Sousa, M. (1975). *Presidencialismo(s) ou parlamentarismo(s)*, jornal *Expresso*, 1 de março de 1975.

social-democrático" (Rebelo de Sousa, 125: 2005-2006), para, logo a seguir ao 11 de março de 1975, vir a falar num "requiem pelo bonapartismo spinolista", concluindo que ao manter os trabalhos da Assembleia Constituinte, o Conselho da Revolução permitiu a vitória do pluralismo contra o bonapartismo militar suprapartidário (Rebelo de Sousa, 131-135/201-205: 2005-2006).

Esta ideia inicial de uma origem bonapartista no "perfil do presidente", podendo fazer sentido, pela presença de um elemento revolucionário e militar, acabou por desaparecer com o desenvolvimento constitucional do sistema, parecendo que André Gonçalves Pereira foi feliz ao escolher a expressão "cláusula militar implícita" para definir o sistema de governo da Constituição de 1976, até à revisão constitucional de 1982, como um modo muito especial, como semipresidencialista (Pereira, 42: 1984).

Ao contrário, não devemos avaliar a questão da denominação do sistema do governo como uma questão meramente semântica. Maurice Duverger entende que não se deve chamar a este sistema de governo sistema "semiparlamentar" porque o único sistema de governo puro seria, desde 1996, o de Israel, onde o primeiro-ministro é eleito diretamente por sufrágio universal, idêntico ao do Presidente da República no sistema semipresidencial. Esta tese é colocada também por Luís Barbosa Rodrigues quando defende que devemos "formalizar e reforçar a legitimidade democrática do Primeiro-Ministro" (Rodrigues, 515-526: 2010), o que na prática eleitoral sucede sempre. Pese embora nos parecer uma leitura forçada do autor, este jogo de palavras terá de merecer, na conclusão deste trabalho, nova reflexão, porque tal como outros autores a classificação de semiparlamentarista poderia também ajustar-se melhor à definição do nosso sistema de governo[87].

Muito forte em Paris, o mesmo presidente eleito já não o é tão forte em Helsínquia ou em Lisboa, e nada parece ter a ver com o seu homólogo residente em Dublin ou Viena (Duverger, 107-120: 1996).

A coabitação política, na vigência da Constituição de 1976, define-se como um conceito onde, de um lado, está um Chefe de Estado, com uma lógica eleitoral e política própria e, de outro, um governo, assente

---

[87] Nesta linha, por exemplo, estão Santana Lopes, Durão Barroso ou António José Fernandes.

noutra lógica eleitoral e política, ambos com uma subjectiva interpretação jurídico-política da realidade institucional. Essa lógica terá de assentar numa realidade concreta porque só é possível existir em regimes democráticos e em sistema representativos de divisão de poderes, porque só assim será viável o equilíbrio institucional e, por excelência, o sistema de governo para tal é o do semipresidencialismo. Outra característica fundamental será o introduzir de tensão política no sistema de governo, já que a origem dos eleitorados de suporte, de cada maioria, tem sempre uma leitura subjetiva para além dos resultados objetivos.

Marcelo Rebelo de Sousa (Rebelo de Sousa, 12: 1987) distingue, dentro do conceito original de coabitação, entre a coabitação originária e a coabitação superveniente[88] conforme ela decorra de eleições presidenciais e parlamentares muito próximas ou ocorra em momento ulterior. Existiria ainda uma figura de fronteira a que Marcelo Rebelo de Sousa chama "lógica político-eleitoral presidencial sem maioria parlamentar com duas sub-modalidades: um governo minoritário ou de governo presidencial" (Rebelo de Sousa, 14: 1987).

Contudo, esta figura não parece fazer muito sentido, no atual contexto político-constitucional, uma vez que os governos minoritários se têm afirmado, para o bem e para o mal, como reflexos dos resultados eleitorais e os governos de iniciativa presidencial[89] têm sido afastados da nossa realidade político-partidária em consequência do facto de o Governo estar mais dependente da confiança do Parlamento.

---

[88] Adiante na avaliação do mandato do Presidente Eanes utilizaremos esta distinção na figura da coabitação.

[89] Um governo de iniciativa presidencial não se apresenta possível sem o apoio dos partidos no Parlamento e aparentemente só numa solução consensual de crise e/ou num contexto de governo de salvação nacional.

Parte III

Os Presidentes: a Importância do Árbitro e o Seu "Poder Moderador" na Especificidade do Perfil Presidencial

"Os Presidentes, ainda que os seus poderes variassem muito ao longo dos últimos 100 anos, estiveram muitas vezes no centro da vida política portuguesa".

ANDRÉ FREIRE e ANTÓNIO COSTA PINTO (2010)
In *O Poder presidencial em Portugal*
Lisboa, Publicações D. Quixote, p. 9

"Que fique claro: o sufrágio universal confere ao Presidente da República capacidade moderadora e magistério de iniciativa. Intérprete das expectativas dos cidadãos e da vontade coletiva, sem deixar de ser o garante do regular funcionamento das instituições, cabe-lhe exprimir um impulso transformador e reformista, pois só ele permite manter viva a ambição de um Portugal dinâmico, competitivo e solidário."

JORGE SAMPAIO
Discurso na sessão solene de tomada
de posse do Presidente da República,
9 de março de 2001

Capítulo I
O Presidenceanismo
O Presidente António dos Santos Ramalho Eanes
(1976-1986)

> *"O presidente tem para isso, sem dúvida, de se constituir na realidade como o primeiro intérprete autêntico da Constituição, para que a interpretação seja, ao mesmo tempo, dinâmica e democrática. Só ele pode conferir "vis" integrativa e espírito inovador a uma Constituição rigidista onde o risco de esclerose ou de "institucionalização da inconstitucionalidade" é permanente".*

FRANCISCO LUCAS PIRES

> *"Presidencialismo, semipresidencialismo ou regime de partidos"*
> Revista *Democracia e Liberdade* (nº 1), Lisboa,
> IDL – Instituto Democracia e Liberdade, p. 66

O clima de tensão constante entre o Presidente e a Assembleia da República foi evidente durante todo o mandato do Presidente Ramalho Eanes[90] (1976-1986) e acabou por estar na origem e na motivação das alterações ao sistema político que a revisão constitucional impli-

---

[90] António dos Santos Ramalho Eanes foi Presidente da República entre 1976 (2 de junho) e 1986, tendo-se destacado no 25 de novembro de 1975. Até à revisão constitucional de

cou, em 1982. Uma alteração ao modelo de atuação, que não a redução dos poderes presidenciais e da sua capacidade de produzir dificuldades na gestão do mesmo ao criar sucessivos atritos com os vários Governos e, desse modo, acabando por ser um dos fatores de instabilidade institucional. Existiram dez governos constitucionais, durante aquele período, a uma média de um por ano. De acordo com Marcelo Rebelo de Sousa, "a essência da coabitação consiste na tensão existente entre o Chefe de Estado e Parlamento (ou melhor maioria parlamentar) servindo o Governo amiúde de terceiro órgão-almofada" (Rebelo de Sousa, 10: 1987) que sofre com os conflitos dos outros órgãos de soberania. O apoio do PS, PPD/PSD e CDS à candidatura de Ramalho Eanes à Presidência da República deve ser visto como a "garantia a esses partidos que o sistema português é constitucionalmente semipresidencialista e a prática política o tornará cada vez mais presidencialista" (Júdice, 37-60: 1977).

Era um tempo em que comentadores políticos, como J. Miguel Júdice, pensavam que o bonapartismo, na forma de um cesarismo democrático, era a única democracia possível. "A tensão entre a lógica do funcionamento institucional e a lógica do comportamento político mostrou-se quase sempre muito elevada e coincidiu geralmente com os perío-

---

1982 acumulou também com as funções de Chefe de Estado-Maior das Forças Armadas e de Presidente do Conselho da Revolução.
No período do seu mandato em análise o quadro institucional foi o seguinte:
1976 – Eleições dão maioria relativa ao PS.
I Governo Constitucional – Soares primeiro-ministro de Governo minoritário PS.
II Governo Constitucional – Coligação PS-CDS.
III Governo Constitucional de iniciativa presidencial – Nobre da Costa.
IV Governo Constitucional de iniciativa presidencial – Mota Pinto.
V Governo Constitucional de iniciativa presidencial – Maria de Lurdes Pintassilgo.
1979 – Eleições: maioria absoluta AD (PSD/CDS/PPM).
VI Governo Constitucional – Francisco Sá Carneiro.
1980 – Eleições: maioria absoluta AD (PSD/CDS/PPM).
VII Governo Constitucional – Francisco Pinto Balsemão.
VIII Governo Constitucional – Francisco Pinto Balsemão.
1983 – Eleições: Governo Mário Soares – Bloco Central (PS/PSD).
IX Governo Constitucional: Mário Soares / Mota Pinto.
1985 – Eleições dão maioria relativa ao PSD.
X Governo Constitucional – Cavaco Silva.

dos mais dramáticos da vida política portuguesa" (Durão Barroso, 41-50: 1982).

O candidato do CDS, PSD, PS e das Forças Armadas (que se preparavam para regressar aos quartéis) sabia que o seu primeiro mandato tinha uma linha de orientação definida, fazer a transição de uma "revolução" e não de uma "evolução na continuidade" [91] para um regime democrático. Marcelo Rebelo de Sousa escrevia, então no jornal *Expresso*, que Ramalho Eanes tendia a acentuar a componente presidencial num sistema onde quatro cenários eram possíveis:

"1) Presidencialismo com governo monopartidário, de partido dominante.
2) Presidencialismo com governo de coligação
3) Presidencialismo com governo de salvação nacional
4) Presidencialismo com governo de partido presidencial" (Rebelo de Sousa, 1976).

O Presidente Eanes escolheu o primeiro cenário, ao dar posse ao I Governo Constitucional do Primeiro-Ministro Mário Soares, enquanto Francisco Sá Carneiro defendia o terceiro cenário, abandonando a ideia de um governo de coligação. O mesmo Presidente acentuou o pendor presidencial, a partir da demissão do I Governo Constitucional, por virtude da rejeição parlamentar de uma moção de confiança, com uma prática não escrita ao avocar matérias de política externa, nomeadamente na área militar e de cooperação com as antigas colónias portuguesas.

As suas intervenções públicas, a propósito de qualquer comemoração do 25 de abril, na Assembleia da República, arrastavam críticas que colocavam mais instabilidade política no sistema. Com o II Governo, de maioria PS-CDS, acentua-se o pendor parlamentar com um sistema multipartidário perfeito e de maioria parlamentar. O ambiente, aquando da eleição do Presidente Eanes, ainda era o da busca de equilíbrios. O Portugal depois da revolução via com acentuada desconfiança a "direita" partidária – CDS e PSD. Nas eleições para a Constituinte (1975), à esquerda do PSD concentrava-se 62,8% do eleitorado e nas eleições para a Assembleia da República, em 1976, o resultado mos-

---

[91] Como na fórmula de Marcello Caetano quando se referia à sua própria sucessão de Salazar.

trava que na área da "esquerda" estavam 56,6% do eleitorado contra 43,5% [92]. Só com a segunda vitória da Aliança Democrática é que se vai consolidar o processo democrático onde o voto naqueles partidos não implicava, no imaginário popular, o fim dos direitos, liberdades e garantias dos cidadãos.

Durante o mandato eanista, a leitura da Constituição e a prática de atuação do governo evidenciaram a realidade política, social e económica que a sociedade portuguesa atravessava. A primeira vez que o parlamento não conseguiu criar condições de estabilidade política a um governo – julho de 1978 – Eanes avançou logo com executivos de iniciativa presidencial sucessivamente (Nobre da Costa, Mota Pinto e Maria de Lurdes Pintassilgo), a quem a Assembleia deu uma curta vida.

O discurso do General Eanes, por exemplo em 25 de abril de 1977, motivou uma grande turbulência entre os partidos políticos numa altura em que, aprovada a Lei da Reforma Agrária até 25 de julho, levou a que autonomia partidária necessitasse do "guarda-chuva do poder político-militar, nomeadamente do Presidente da República", o que conduzia a um impasse agravado porque não existia coincidência entre a Constituição e a realidade constitucional (Júdice, 65-69:1977).

Com o seu discurso do 25 de abril de 1978, no Parlamento, o Presidente Eanes voltou a introduzir um fator crítico à ação governamental e arrastou o país para a experiência de dois governos de iniciativa presidencial com Nobre da Costa e Mota Pinto, os quais, por não terem um apoio parlamentar estável e maioritário, acabaram por terminar sem sucesso, levando, ainda, a um derradeiro governo com Maria de Lurdes Pintassilgo, para preparar a realização, em dezembro de 1979, de eleições intercalares legislativas. O Parlamento entra, de um modo evidente e assumido, em conflito com o Presidente da República.

A vitória da Aliança Democrática, nas eleições de 2 de dezembro de 1979, iniciou um novo momento que conduz a um apagamento progressivo das funções presidenciais pela existência de uma maioria parlamentar estável e coerente sob uma forte liderança, do Primeiro-Ministro, Francisco Sá Carneiro.

---

[92] Consideramos à direita do PSD – CDS, PPM, ADIM, CDM, PDC, MIRN, UDA, PPA. À esquerda do PS – UDP, PCP, MDP/CDS, MES, FEC-ML, PUP, LCI, AOC, MRPP, PCP-ML, PRT, OCMLP, POUS, PSR, UEDS, PST, PT, LST, FER e PC(R).

Contudo, após a morte de Sá Carneiro e Amaro da Costa, em 4 de Dezembro de 1980, conjugada com a derrota do candidato presidencial da AD, General Soares Carneiro, perde-se esse equilíbro de forças institucionais.

> "A componente parlamentar do sistema de governo aparentemente prevalecia, mas caracterizada por uma tensão crónica entre o VII Governo e a sua base partidária de apoio, tensão que se foi agravando com a crise no maior partido da coligação e culminou no próprio pedido de exoneração do primeiro-ministro" (Rebelo de Sousa, 19:1987).

A noção de responsabilidade política, responsabilidade institucional e de solidariedade institucional andou a par e passo com a necessidade de impedir uma normal rigidez na divisão de poderes e evitar uma eventual supremacia de qualquer dos órgãos de soberania. Antes da primeira revisão constitucional, nomeadamente a leitura do artigo 111º da Constituição, o recurso a estas noções era frequente no julgamento político do Presidente sobre o modo e atuação do governo (Ramalho dos Santos Eanes, 2006)[93].

No entender de Manuel Braga da Cruz

> "o protagonismo do Presidente Eanes não era apenas traduzido na nomeação de governos presidenciais, mas também com intervenções permanentes e sucessivas na vida nacional, levava à conformação do poder presidencial como partilhando do poder executivo, como poder diretivo e orientador, ao abrigo de um entendimento político de responsabilidade do governo perante si (...) traduzido na fórmula "a função do primeiro-ministro está diretamente dependente da expressão de confiança política que em relação a ele manifesta o Presidente da República" (Braga da Cruz, 247: 1994) [94].

Como atuou o Presidente Eanes em regime de maioria relativa ou absoluta nesta sua I fase e com quem se identificava a maioria presidencial?

---

[93] A este propósito Ramalho dos Santos Eanes, A. (2006) e Pinto, R. L. *et al.* (2009), principalmente todo o capítulo VII, pp. 233-351.

[94] Esta ideia de confiança institucional haveria de estar de volta à vida política, aquando da demissão do Governo de Pedro Santana Lopes pelo Presidente Jorge Sampaio.

A COABITAÇÃO POLÍTICA EM PORTUGAL NA VIGÊNCIA DA CONSTITUIÇÃO DE 1976

Curiosamente, Vasco Rocha Vieira foi participante no jantar em que Francisco Sá Carneiro (1934-1980), mais tarde um forte adversário político do futuro presidente, lhe declarou a disponibilidade do PSD para o apoiar e mesmo o "apresentar como o nosso candidato" (Vieira, 111: 2010)[95].

Nesta primeira fase, a tensão política entre os órgãos de soberania obedeceu a uma estratégia de confrontação permanente como aconteceu com o Presidente Eanes e quase todos os seus primeiros-ministros e implicou, na revisão constitucional de 1982, uma redefinição, ou melhor, uma releitura dos poderes presidenciais.

Os seus discursos do 25 de abril e os governos de iniciativa presidencial ficaram célebres pela perturbação sucessiva que introduziram no sistema político. Entre 1976 e 1982 houve cinco governos e daí a importância política da revisão constitucional de 1982, que "traduziu-se na conservação do sistema de governo misto, embora com atenuação da sua componente presidencial" (G. Canotilho e Moreira, 24: 1991).

André Gonçalves Pereira, contudo, considerava que a natureza do sistema era, após a referida revisão constitucional, de um "parlamentarismo mitigado" (Pereira [A], 69 ss: 1984).

Após a revisão constitucional de 1982, Ramalho Eanes interviria ainda por mais duas vezes. Quando dissolveu o Parlamento, ao recusar a proposta indicativa da Aliança Democrática para primeiro-ministro do então Ministro da Educação, Professor Vítor Crespo, optando por convocar eleições para 25 de abril de 1983.

Num segundo momento, pondo termo ao governo do Bloco Central, entre PS e PSD, obrigando, em 6 de outubro de 1985, a novas eleições gerais e ao surgimento do "seu" PRD – Partido Renovador Democrático (Stock, 45-82: 1985).

Durante o seu mandato presidencial a instabilidade do sistema político, com dez governos, refletiu-se na economia do país, tendo motivado duas intervenções, em 1978 e 1983, do Fundo Monetário Internacional (FMI).

---

[95] Neste livro Rocha Vieira invoca outra testemunha, o tenente-coronel Aventino Teixeira (1934-2009), com quem tive, também, oportunidade de confirmar este episódio no contexto das relações Eanes-Sá Carneiro.

O PRESIDENCEANISMO

Eanes define o perfil presidencial como o de "um homem paciente, presciente e extremamente prudente", alguém que deve atuar sobretudo nos bastidores "porque qualquer coisa que ele faça vai ser aproveitada eleitoralmente" (Ramalho dos Santos Eanes, 2011)[96], refletindo, assim, de um modo lapidar que o presidente do primeiro mandato não é o presidente do segundo mandato.

Contudo Eanes era, em 1976, para observadores externos, "um militar taciturno sem experiência internacional" (Maxwell, 184: 1995), alguém que não "deixava uma impressão favorável sob as aparências mais discretas e reservadas dos tímidos" (Wery, 1994)[97]. Alguém que teve de enfrentar um conjunto de situações resultantes de um PREC agitado e a quem coube ser o primeiro presidente eleito constitucionalmente para fazer uma experiência de democracia parlamentar, conjuntamente com um primeiro-ministro como Mário Soares, pessoa com experiência internacional, apoiado pela Internacional Socialista, mas sem apoio maioritário no Parlamento, onde o seu PS só tinha obtido 35% dos votos.

Promoveu os governos de iniciativa presidencial com Nobre da Costa, Mota Pinto e Maria de Lurdes Pintassilgo, demitiu o seu amigo, general graduado Rocha Vieira, de Chefe de Estado-Maior do Exército[98], e o seu veto à Lei de Defesa Nacional levou a juntar 2/3 dos deputados no Parlamento para o reforço e afirmação da autoridade do Governo perante as Forças Armadas e não o Presidente da República. A Lei da Segurança Interna, em 1984, ou o estatuto remuneratório da classe política, na mesma altura, também causaram dificuldades de relacionamento Presidente-Parlamento.

Eanes foi também um presidente que exerceu, simultaneamente, três funções: a de Presidente da República e do Conselho da Revolução e Comandante Supremo das Forças Armadas, num momento em que estas representavam um dos centros do poder, numa espécie de dualismo de legitimidades, em que continuava a ser o herdeiro de uma

---

[96] Eanes em entrevista a Fátima Campos Ferreira no programa "Portugal e o futuro". Existe em livro (110: 2011).

[97] Wery era, aquando do 25 de abril de 1974, o embaixador da Bélgica acreditado em Lisboa.

[98] Eanes tinha sido pouco antes padrinho de casamento de Vasco Rocha Vieira, como este testemunha em Vieira, V. (2010).

A COABITAÇÃO POLÍTICA EM PORTUGAL NA VIGÊNCIA DA CONSTITUIÇÃO DE 1976

legitimidade revolucionária que nem a sua eleição, por sufrágio universal, conseguia apagar.

1. O I Governo Constitucional – Soares I

Uma maioria parlamentar ou um bloco central, logo em 1976, teriam imprimido uma marca radicalmente diferente ao nosso sistema de governo. Contudo, o processo de formação e permanência dos governos, na Constituição de 1976, antes da revisão constitucional de 1982, estava muito dependente dos dois órgãos eleitos por sufrágio direto e universal: o Presidente e a Assembleia da República.

O I Governo constitucional, com origem na maioria relativa do Partido Socialista e Mário Soares na sua liderança, viu o seu programa aprovado no parlamento sem nenhuma moção de rejeição.

O discurso do Presidente Eanes na sessão solene do 25 de abril de 1977 evidenciou a mudança da tolerância presidencial perante o governo. Como Soares afirmou, "foi o princípio das hostilidades" (Avillez, 61: 1996), mas não quis deixar o país em dificuldades ao abrir um conflito imediato com o presidente. O relacionamento entre as duas personalidades vai passar a ser de distanciamento, com Soares a subestimar o militar e Eanes a desconfiar da capacidade técnica do primeiro-ministro (Reis, 130: 1989). Contudo, Eanes começou por ter uma leitura parlamentarista do sistema quando, por exemplo, aproveitando a abertura da segunda sessão legislativa, a 15 de outubro de 1977, afirmou que

> "ao Presidente da República cabe explicitamente garantir a unidade nacional e o funcionamento integrado das instituições democráticas bem como assegurar a fidelidade ao espírito do 25 de Abril reposto em 25 de Novembro. Não compete substituir-se ao Governo nem à Assembleia da República."

O Presidente não se pronunciava sobre o acompanhamento do desempenho do governo, deixando aos partidos com assento parlamentar essa tarefa. Em 8 de dezembro, quando Portugal negociava com o Fundo Monetário Internacional, uma moção de confiança rejeitada põe fim a um governo que durou 16 meses e meio[99], sendo que o enten-

---

[99] Apresentada pelo Governo, a moção de confiança só obteve 100 votos a favor do PS e 159 contra dos demais partidos, PSD, CDS, PCP, UDP e quatro deputados independen-

dimento de Soares era "que não havia uma maioria presidencial" e desejava uma "clarificação" (Avillez, 61-69: 1996).

2. O II Governo Constitucional – Soares II

O II Governo Constitucional nasce por um acordo de incidência parlamentar, concebido pelo sistema partidário de uma maioria PS-CDS (Avillez, 70-71: 1996), mas inicialmente esteve para ser uma aliança entre o PS e o PPD, alargada ao CDS, como o evidencia o autodenominado "Memorando sobre as negociações para a constituição do II Governo Constitucional de 14 Dezembro de 1977"[100], "como governo maioritário de mediação presidencial" e previa-se que o "Primeiro-Ministro solicitaria ao Presidente da República que presida pelo menos uma vez por mês ao Conselho de Ministros, destinando-se estas reuniões (...) à análise de coesão e articulação nas atividades do Governo e à solução de eventuais conflitos de competências e outros problemas no funcionamento conjugado dos vários ministérios", podendo ainda apresentar o Governo moções de confiança, "nomeadamente a instância do Presidente da República".

No entender de alguns autores não se pode julgar o Governo PS-CDS sem esquecer que falharam as negociações PS-PPD e que era então necessário assegurar uma maioria para fechar o acordo com o FMI, o que nada teria a ver com vontades bonapartistas ou lógicas parlamentares (Aguiar, 1253: 1996)[101].

A 23 de janeiro de 1978 é nomeado primeiro-ministro, de novo, Mário Soares, que vai governar numa situação de grave crise económica e com a primeira intervenção em Portugal do FMI. Autores como Durão Barroso e Pedro Santana Lopes (45: 1980) viam na consecutiva intervenção

---

tes. No entretanto Eanes tinha contribuído, por exemplo, para a saída do Ministro dos Negócios Estrangeiros, José Medeiros Ferreira, devido às consecutivas interferências presidenciais sobre Angola, ou aproveitava para reunir com economistas do PS e PSD no Forte de Catalazete.

[100] O texto integra o espólio de Francisco Sá Carneiro, à guarda do Arquivo José Pacheco Pereira.

[101] Aguiar era então um dos assessores mais próximos e importantes do Presidente Eanes e lembra que Vítor Cunha Rego, Vasco Pulido Valente, Loureiro dos Santos, Mota Pinto ou José Manuel Casqueiro procuravam o apoio de Eanes para fazer um novo partido.

de Eanes a tentativa "de corrosão do sistema partidário e das possibilidades normais do seu funcionamento"[102]. Outros, como Avelino Rodrigues e Cesário Borga, consideram que procurou acima de tudo a "defesa da Constituição ao nível político" e "no terreno da Presidência, com a sua pequena corte de conselheiros, com a vantagem dos direitos privilegiados resultantes de uma Constituição semipresidencialista e com a segurança subjetiva que lhe vem de uma eleição em que ganhou mais votos diretos que qualquer outra entidade política do tablado nacional, e sem esquecer o peso lateral que lhe vem da chefia do EMGFA – Eanes sente-se animado por vezes a dar um passo em frente" (Borga, Rodrigues e Cardoso (235-237: 1979). Dividido entre contradições em áreas sensíveis como os assuntos sociais ou a reforma agrária, onde foi pedida a demissão do Ministro da Agricultura, Luís Saias, os ministros do CDS exigem, a 10 de junho de 1978, uma remodelação governamental, que, não aceite por Mário Soares, vai conduzir à demissão dos três ministros "independentes" centristas.

Eanes vai negar a substituição desses ministros e demitir Soares[103] (Soares, 311: 2011), a 27, invocando o "rompimento" do acordo que tinha sustentado o Governo e marcando, desse modo, a sua leitura constitucional que os governos deveriam obedecer a critérios por ele fixados. Pese embora Soares se ter considerado, à saída de Belém, "liberto como pássaro fora da gaiola", a sua leitura era que o Presidente Eanes queria avançar com a fórmula do Governo de iniciativa presidencial à revelia dos partidos (Avillez, 78: 1996). Portugal vive, então, um período confuso da sua vida política em que a coabitação presidente – governo – parlamento pende para um papel mais ativo do Presidente. Francisco Sá Carneiro, em 1978, considerava mesmo que "um projeto nacional só poderá eficazmente ser delineado e posto em prática quando um Presidente da República, assumindo plenamente os seus poderes, sem complexos nem falsos pudores, chame a si essa tarefa, concitando o apoio dos partidos democráticos que saibam libertar-se da visão estrita das suas conveniência e das clientelas" (Rosa, 17: 1978).

---

[102] Eanes continuava a ser acusado de promover, entre outras coisas, formas de "diplomacias paralelas".
[103] Soares, M. (2011) considerou, mais tarde, o ato como "unilateral"

Como a sua leitura nas presidenciais de 1980 seria idêntica só que o candidato iria ser outro. Sá Carneiro procurava aproximar-se do Presidente numa tentativa, sem êxito, quando oferecia o apoio do PSD na formação de "um governo de maioria coerente e socialmente estável"(Frain, 118: 1998).

O II Governo Constitucional só durou sete meses.

3. O III Governo Constitucional – Nobre da Costa e o começo da iniciativa presidencial

Eanes vai, a partir deste momento, inverter a sua prática constitucional do semipresidencialismo fazendo acentuar uma característica do sistema de governo de um pendor mais presidencialista delegando e condicionando, para um segundo plano, a Assembleia da República.

Os governos de iniciativa presidencial, uma entorse na fórmula de sistema de governo, motivaram um dos momentos de maior controvérsia na nossa história política e constitucional, ao ponto de Mário Soares admitir que, por causa dessa deriva presidencialista, Sá Carneiro se aliou consigo para não permitir que esses governos se afirmassem com "um passo no sentido de um regime (sistema) de tipo presidencialista" (Soares, 311: 2011).

Em 29 de agosto de 1978, Eanes dá posse ao seu primeiro governo de iniciativa presidencial, não tendo sequer informado o Conselho da Revolução do nome do futuro primeiro-ministro, tendo-se limitado a discutir o "perfil" da personalidade a indigitar, ignorando os partidos com assento parlamentar, pretendendo deixar claro que a escolha do primeiro-ministro e o governo eram da sua única responsabilidade. Não se preocupou sequer com a chamada maioria presidencial, começando aqui o que José Miguel Júdice definiu como a "desagregação do bloco social de apoio" que tinha eleito o Chefe de Estado, apesar da simpatia tática com que o PSD acarinhou este governo.

No seu discurso de encerramento do debate do programa do governo, Mário Soares deixou claro que "se não é fácil governar contra a vontade expressa do Presidente, é praticamente impossível fazê-lo contra a vontade dos partidos representada nesta Assembleia", tendo Freitas do Amaral lembrado que "nem nos sistemas presidencialistas puros o Presidente pode dispensar o apoio direto de um ou mais partidos ao seu Governo" (Santana Lopes e Durão Barroso, 50-51: 1980).

O governo não sobreviveu mais do que um mês e sucumbiu a 14 de setembro de 1978, através de uma moção de rejeição com os votos a favor do PS, CDS, UDP, três independentes da UEDS e dois independentes do POUS. O General Eanes tinha deixado o seu papel de "árbitro para entrar na arena político-partidária deslocando o centro do poder político de S. Bento para Belém" (Avillez, 86: 1996).

4. O IV Governo Constitucional – Mota Pinto no fim da iniciativa presidencial

Consciente de que a opinião pública estava desagradada com o "espetáculo partidário", Eanes dirigiu-se ao país em 22 de setembro de 1978, apresentando quatro propostas para ultrapassar a crise política:

a) Um acordo interpartidário que assegurasse ao governo uma base parlamentar maioritária e estável;

b) A nomeação de um primeiro-ministro que formaria governo com um apoio parlamentar maioritário, sem coligação;

c) A nomeação de um primeiro-ministro que apresentaria à Assembleia um Governo com um programa cujo ponto essencial seria a preparação dos mecanismos eleitorais;

d) Caso este Governo fosse rejeitado na Assembleia, seria formado um outro, cuja rejeição implicaria a dissolução da Assembleia da República e eleições antecipadas.

O Presidente usa a televisão para falar diretamente com o país e esquece-se deliberadamente de falar com os partidos políticos. Os partidos acabam por não se conseguir entender. Fugindo à teoria de Adelino Amaro da Costa das "duas bossas do camelo", o PSD não está disponível para uma coligação PS-PSD-CDS, o que acaba obviamente por inviabilizar a repetição do cenário do segundo governo de iniciativa presidencial e de base parlamentar. A 25 de outubro de 1978, Carlos Mota Pinto, um dissidente do PSD, é indigitado primeiro-ministro. É o segundo governo de iniciativa presidencial e sem apoio no parlamento está condenado a ser um nado-morto. Depois de desgastar PS e CDS, Eanes ia agora concentrar-se no PSD e reafirmou essa intenção quando na posse do IV Governo alertava que a "não rejeição desse programa significará inclusivamente uma corresponsabilização dos grupos parlamentares no Governo constituído", e no Parlamento o primeiro-ministro Mota Pinto apresentava-se para "obter a permissão para a sua subsistência na plenitude da sua competência, presumivelmente até ao termo da presente legislatura, isto é, 1980"[104].

Prevendo que a estratégia do presidente poderia trazer consequências complicadas para o PSD, Sá Carneiro vê a Comissão Política Nacional do PSD dar indicações ao Grupo Parlamentar, em 22 de março de 1979, para se absterem na votação do Orçamento, contudo, de um total de 73 deputados, 43 vão abandonar a Assembleia durante a votação. A 4 de abril, 37 desses deputados, ligados às chamadas Opções Inadiáveis, liderados por Magalhães Mota e Sousa Franco, passam a independentes. Sá Carneiro de uma assentada juntava contra si o Presidente da República, o Conselho da Revolução, o Governo, três dos principais partidos e mais de metade do seu próprio grupo parlamentar porque a "simples existência de um Governo, seja ele qual for, ou a simples existência de um Orçamento, seja ele qual for, só por si não servem a democracia nem o País"[105].

O IV Governo Constitucional funcionou como o embrião da hipótese de criação de um partido presidencial, o que Sá Carneiro frisou quando disse que estavam na Assembleia da República "37 deputados do Senhor Presidente da República."[106] A ação de Eanes era "militarismo presidencial" (Freire Antunes, 173: 1982).

A 7 de junho de 1979, O Presidente Eanes concede a demissão do primeiro-ministro, Mota Pinto, que só aceitaria continuar se houvesse dissolução da Assembleia da República.

O IV Governo Constitucional tinha durado sete meses e meio.

5. O V Governo Constitucional – Maria de Lurdes Pintassilgo para preparar eleições

A 19 de julho de 1979[107], indigita Maria de Lurdes Pintassilgo, da esquerda católica, com o propósito de reconciliar o PS e enfraquecer

---

[104] Diário da Assembleia da República, I série, nº 17, 3ª sessão legislativa, pp. 595 ss.

[105] Diário da Assembleia da República, I série, nº 42, 3ª sessão legislativa, pp. 1504 ss.

[106] *Povo Livre*, 11 de abril de 1979.

[107] Nesse mesmo dia, o Presidente Eanes recebeu uma delegação do Partido Socialista, composta por Mário Soares, Salgado Zenha e Vítor Constâncio, em que analisou a

Sá Carneiro (Pulido Valente, 2006), para formar Governo e dissolve o Parlamento convocando eleições antecipadas a 22 de setembro.

Entretanto a 5 de julho formava-se a AD-Aliança Democrática, composta por PSD-CDS-PPM e Reformadores com vista a obter uma maioria parlamentar estável e coerente.

O Presidente da República, manifestando a sua vontade de intervir no processo político, chama a Belém os dois líderes partidários, Mário Soares e Sá Carneiro, a quem propõe um acordo PS-PSD. Era já tarde de mais e o último governo de iniciativa presidencial (V Governo Constitucional) só irá durar quatro meses e meio.

Com as eleições de 2 de dezembro de 1979, terminava o primeiro ciclo do "eanismo presidencial" quando o presidencialismo virou à esquerda e as conclusões parecem evidentes:

a) Falta de estabilidade governativa onde a dupla responsabilidade política a que os Governos estão submetidos aumentou o risco da sua incapacidade de atuação e conclusão de mandato;

b) A maioria dos governos teve a sua paternidade na iniciativa do Presidente da República, enquanto o parlamento assumiu, de um modo claro, a sua desconfiança política perante os mesmos. Só no caso do II Governo o Presidente assumiu a responsabilidade direta de exonerar o Primeiro-Ministro Mário Soares.

c) Os partidos com assento parlamentar, com uma curta experiência institucional, optaram por interesses conjunturais e táticos, como no caso do PSD, que evoluiu de um pendor mais presidencial, de incentivo à intervenção do Presidente Ramalho Eanes, para um pendor mais crítico da sua atuação política e de matriz mais parlamentar.

Até à vitória da AD, em 1979, a lógica de pendor parlamentar do sistema político esteve sempre mais condicionada e ultrapassada pela lógica de pendor presidencial ou na sequência da conclusão de Woodrow Wilson, "em cada sistema de governo há sempre um centro de poder"

---

composição de um governo PS com os ex-inadiáveis do PSD. O episódio é contado pelo então Chefe da Casa Militar do Presidente, Santos, G. (2011). *Memórias Políticas*, Lisboa: Bertrand Editora, pp. 110-111.

(Santana Lopes e Durão Barroso, 76: 1980), e o centro do poder parecia residir em Belém. Mário Soares adiantava sobre o perfil do presidente que "conhecendo Eanes e as influências contraditórias que se exerciam sobre ele, sempre considerei a fórmula como perigosíssima para a consolidação de uma democracia pluralista. Uma fórmula que, no fundo, desembocava num certo cesarismo do Presidente, subalternizando os partidos e o jogo parlamentar, essenciais em democracia." (Avillez, 104: 1996)[108].

6. O VI Governo Constitucional – Francisco Sá Carneiro e as eleições presidenciais de 1980

Oriundos de maiorias em divergência e em rota de colisão, Eanes e Sá Carneiro encontram-se para viver uma das mais dolorosas coabitações políticas da nossa história mais recente. No discurso de tomada de posse do governo o Chefe do Estado só prometeu solidariedade institucional do Presidente da República e do Conselho da Revolução, mas nenhuma solidariedade política[109], já que a confiança política seria difícil de obter nesse contexto de desconfiança mútua. Para Joaquim Aguiar era o equivalente à "magistratura de influência" de Soares em relação a Cavaco[110] como "fórmulas de estabilização ou de contenção em contextos de coabitação – são fórmulas de distância, mas não de rutura, e que permitem uma gestão cuidadosa da relação institucional" (Aguiar, 1245: 1996).

---

[108] O General Ramalho Eanes, na sua mensagem de Ano Novo de 1979, deixou transparecer a sua atitude de reserva aos partidos políticos quando afirmou "a capacidade de intervenção do Presidente da República na condução dos negócios públicos corrente é muito limitada, por força da Constituição, exceto quanto está em jogo a própria existência desses poderes. (...) onde a atuação persuasora é com frequência o único instrumento (...) para interpretar e procurar que se realize o que julgue ser, em cada momento, a vontade do único soberano – o povo português"; a este propósito ver Rabaça J. (1980).

[109] Na obra que vimos a seguir de perto, os autores falam de dois episódios que evidenciam a falta de solidariedade institucional entre Belém e S. Bento a propósito do conhecimento prévio dos discursos, da greve na TAP ou a um diploma sobre gestores públicos. Segundo Joaquim Aguiar "as pressões sociais são uma coisa ou outra conforme a atitude do presidente: as greves da TAP em 1978 ou 1980 são substantivamente diferentes porque também foi diferente a atitude do presidente" Aguiar, J. (1996).

[110] Considerada no interior do PSD antes como uma "magistratura de interferência".

No VI Governo foram vários os episódios que marcaram a coabitação com situações conflituosas e de divergência, como a propósito da invasão do Afeganistão, a indisponibilidade em nomear o tenente-coronel Melo Antunes para um cargo na ONU, no caso "Pintassilgo" com a recusa para a nomeação como embaixadora na UNESCO, nas três vezes em que reprovou o decreto-lei sobre a delimitação dos sectores económicos ou nas críticas públicas de Conselheiros da Revolução à pessoa do primeiro-ministro ou às políticas sectoriais do governo.

O Presidente Eanes utilizou ainda, pela primeira vez, uma figura sem nenhum tipo de cobertura constitucional que ficou conhecida como "veto de bolso" ou "veto de gaveta", ou seja, deixar passar o prazo constitucional sem promulgar diplomas do governo, como foi o caso em várias situações:

QUADRO 4:

NÚMERO DE DIPLOMAS	ORIGEM
5	Presidência do Conselho de Ministros
2	Ministério da Defesa Nacional
1	Ministério da Administração Interna
5	Ministério das Finanças e Plano
3	Ministério do Comércio e Turismo
1	Ministério da Justiça
2	Ministério do Trabalho

FONTE: Santana Lopes e Durão Barroso, *Sistema de Governo e Sistema Partidário*.

Na sua dupla qualidade de Presidente da República e de Chefe do Estado-Maior das Forças Armadas, Eanes não concedeu, o que é sintomático do grau de conflitualidade institucional, nenhuma promulgação a diplomas apresentados por Adelino Amaro da Costa, o primeiro civil em democracia a desempenhar o cargo de Ministro da Defesa.

O PRESIDENCEANISMO

A forte personalidade do primeiro-ministro procurou impor-se, de um modo que acabou dramático[111], fazendo terminar o sistema de "executivo dual" e trazendo os partidos da periferia da cena política para o seu centro ao obter a primeira maioria absoluta, ainda que em coligação pré-eleitoral.

Era o primeiro governo com uma maioria estável e coerente, formada pré-eleitoralmente, o que lhe permitiu exercer todos os poderes que a Constituição lhe conferia como foi o caso no domínio da política externa[112]. Duas teses se vão confrontar nesta balança: a da bipolarização, tão do agrado de Sá Carneiro, assente num confronto direita-esquerda potencializador de um modelo competitivo, e a de um bloco central de Eanes, próxima de um consenso de desgaste do motor do regime democrático. Em ambas só cabiam os partidos do chamado "arco da governação" (Júdice, 1982). O modelo de bipolarização político-partidário acabou por se impor, salvo o período do governo de Bloco Central, com Soares e Mota Pinto, onde as condições externas[113] obrigaram a esse consenso político. Sá Carneiro foi o primeiro-ministro que se limitou a informar o Presidente da República sobre a formação do governo, indicando um civil para o Ministério da Defesa Nacional, não tendo como ministros os "homens do Presidente" e não apresentando a demissão ao Presidente após a sua segunda vitória eleitoral, em outubro de 1980, deslocando, assim, o eixo de legitimidade para a vertente parlamentar do sistema. Terminava um ciclo que tinha evoluído de um "intervencionismo mitigado" para um "intervencionismo mais ativo"[114].

---

[111] O Primeiro-Ministro, Francisco Sá Carneiro, e o Ministro da Defesa Nacional, Adelino Amaro da Costa, viriam a falecer, num desastre de avião, a 4 de dezembro de 1980, quando se dirigiam ao Porto para participarem no último comício da campanha presidencial.

[112] Sobre a política externa de Sá Carneiro, ver Maria Pereira, A. (1981). *O pensamento de Sá Carneiro em política externa*, Sobre o Governo Sá Carneiro em geral, Pulido Valente, V. (139-157: 1997).

[113] Estava em causa um programa de estabilização económica suportado pelo Fundo Monetário Internacional, em 1983, e a preparação da adesão, em 1986, à Comunidade Económica Europeia.

[114] Campinos, J. *Le cas portugais de 1979 a 1983: Le President opposé a la majorité*, como citado em Duverger, M. (1986). *Le concept du régime semi-presidentiel in Les regimes semi-presidentiels*, Paris: Presses Universitaire de France, p. 221.

A COABITAÇÃO POLÍTICA EM PORTUGAL NA VIGÊNCIA DA CONSTITUIÇÃO DE 1976

Um presidente, uma maioria e um governo será o lema da campanha que a Aliança Democrática vai desenvolver para as eleições legislativas, com uma nova vitória, por maioria absoluta, no que foi entendido como a primeira volta das eleições presidenciais de dezembro de 1980, com a figura de um outro militar, o General António Soares Carneiro.

Neste cenário, o candidato Ramalho Eanes dá uma conferência de imprensa em que se aproxima do modelo de sociedade defendido pelo projeto da Aliança Democrática, demarcando-se da Frente Republicana e Socialista (FRS) que o apoiava. Após almoçar com Eanes em Belém, Mário Soares vai propor ao Secretariado Nacional do PS o estudo de uma candidatura alternativa, o qual, apesar de dividido, vai manter o apoio ao General. Derrotado Soares, a 18 de outubro, este autossuspendeu-se de secretário-geral do PS [115].

O Presidente Eanes consegue ter agora contra si, simultaneamente, os três líderes dos maiores partidos do arco da governação: Francisco Sá Carneiro, Mário Soares e Freitas do Amaral.

Neste ambiente psicológico quente e com o acidente de Camarate, Eanes consegue ser eleito, a 7 de dezembro de 1980, para um novo mandato, logo à primeira volta com 56,4% dos votos, contra 40,2% de Soares Carneiro e 1,5% de Otelo Saraiva Carvalho.

Com a morte de Sá Carneiro terminava a capacidade política de se poder convergir para uma fórmula assente em "um presidente, uma maioria e um governo", pois a sua ideia, de uma nova Constituição para os anos 80, e a tentativa frustrada de ter um Presidente da República colaborante num referendo popular, sobre um novo texto constitucional, aceitando promulgar uma nova Constituição, acabou por não ir avante. Podemos continuar a questionar se Sá Carneiro tivesse sido o candidato presidencial vencedor da AD se essa vitória não teria aproximado o semipresidencialismo português do modelo francês. Ao optar pelo perfil de Soares Carneiro tenderia a reduzir o Presidente da República a uma figura esvaziada e sem capacidade de intervenção. De qual-

---

[115] Antes, o Partido Socialista, através de Vítor Constâncio e Eduardo Pereira, tinha acordado com dois representantes do General Ramalho Eanes, Joaquim Aguiar e Fernando Reino, que este não promoveria mais governos de iniciativa presidencial, recusava-se a referendar a revisão constitucional e deixava a chefia das Forças Armadas. A este propósito ver Soares, M. (326-328: 2011).

quer modo, Sá Carneiro tinha deixado claro que com Eanes no exercício das funções presidenciais "abandonava o Governo e, talvez, a política".

Contudo, Eanes tinha acordado com o PS que abandonava a exigência de governos de maioria estável e coerente e de nomear governos de iniciativa presidencial que, no entender de Joaquim Aguiar (Aguiar, 1264: 1996), nada mais é do que uma "leitura de Eanes sobre a experiência do seu primeiro mandato e que não aponta para qualquer leitura presidencialista ou parlamentarista", antes o "equilíbrio dos poderes" e das "instituições".

7. O VII e o VIII Governo Constitucional – Francisco Pinto Balsemão e a Revisão Constitucional de 1982

A entrada em funções dos governos Balsemão não irá modificar a relação de coabitação entre Belém e S. Bento, atingindo níveis de desconfiança elevados as relações presidente/primeiro-ministro, ao ponto de as suas reuniões, à quinta-feira, terem de ser gravadas devido às sucessivas fugas de informação [116]. Era um clima de permanente "guerrilha institucional" com Eanes a viajar pelo país a convite de autarcas a defender a regionalização e o poder local e a "atacar" a classe política e os partidos.

Numa avaliação pessoal, Mário Soares dizia a Artur Portela que ele deveria fazer "um exame de consciência" como homem político. "Isto é, digamos, uma interpretação naturalmente lisonjeira para o General Ramalho Eanes. Porque a outra interpretação, que tem a ver com algum maquiavelismo, seria bastante mais pejorativa..." (Portela, 22: 1980). Acusado de ser antipartidos e com ambições de liderar um bloco político, Eanes vai, neste seu segundo mandato, estar em situação de conflito com o governo de Balsemão, numa coabitação não desejada, e com o líder da Oposição, Mário Soares.

Sobre as dificuldades de relacionamento com os primeiros-ministros Sá Carneiro, Balsemão ou Soares, Eanes adiantou que também ele dispõe de apontamentos e notas de todos os encontros e admitiu a hipótese de numa data futura "escrever sobre os acontecimentos políticos

---

[116] Saliente-se que Sá Carneiro tinha terminado com essa prática, limitando-se a informar por escrito o Presidente da atividade do Governo. Joaquim Letria, antigo porta-voz de Eanes, confirma essa situação, com pormenores, na revista *Sábado*, 23 de novembro de 2010.

ocorridos durante (...) os mandatos e os portugueses poderão então confrontar as interpretações feitas sobre esses acontecimentos" (Avillez, 179: 2010).

Francisco Balsemão[117] era um primeiro-ministro a prazo cercado, internamente, pelos órfãos de Sá Carneiro e, externamente, pelo eanismo. No PSD, os chamados críticos, com Cavaco Silva e Eurico de Melo, permitiram-lhe ir de vitória em vitória até à derrota final. Sem poder contar com alguns elementos do governo Sá Carneiro, Balsemão forma um primeiro governo cuja solidez só dependeu da sua liderança, não devendo ser assacada ao presidente qualquer responsabilidade política direta.

A 10 de agosto, após lidar com duas greves gerais promovidas pela CGTP-IN [118], Balsemão provoca a queda do seu Governo para exigir a presença no Executivo dos líderes do CDS e do PPM.

No governo seguinte, o cenário de crise repete-se, a que Freitas do Amaral regressou para lhe pôr fim, a seguir às eleições autárquicas de 1982, quando classificou os resultados de 43% da AD como "um desaire eleitoral." Ao não demitir o vice-Primeiro-Ministro, Balsemão vai propor, ao Presidente, para primeiro-ministro, o então Ministro da Educação, Victor Crespo, o qual apesar de ter uma maioria parlamentar disponível e a opinião favorável do Conselho de Estado[119] não consegue que Eanes o aceite.

Com o fim da Aliança Democrática vai começar, finalmente, a experiência de um governo de Bloco Central (PS-PSD).

No entretanto, a Assembleia da República, desde o início da II legislatura em Outubro de 1980, tinha poderes constituintes e vai, assim, proceder à revisão constitucional de 1982 centrada no sistema político e na viabilidade da matriz portuguesa de semipresidencialismo.

Era a hora de os partidos políticos do arco da governação acertarem contas com os militares e com o seu II Pacto MFA-Partidos, com o Conselho da Revolução e o Presidente "civil-militar" Ramalho Eanes. Estava

---

[117] Tomou posse no VII Governo Constitucional a 9 de janeiro de 1980 e, de novo, a 4 de setembro para o VIII Governo Constitucional.

[118] A 12 de fevereiro e a 11 de maio de 1982, respetivamente.

[119] O Conselho de Estado pronunciou-se a favor da nomeação de Victor Crespo por oito votos contra sete.

na hora de deixar falar a sociedade civil, os partidos no parlamento e fazer regressar os militares aos quartéis, terminado o ciclo da transição para uma democracia plena. Entre 1976-1982, o país tinha vivido e sentido uma dialética ativa em torno da questão do sistema político e dos poderes presidenciais (Sá Carneiro, 1979)[120], o que leva Marcelo Rebelo de Sousa a considerar que existiram períodos de um maior pendor parlamentar (cerca de 4 anos) e períodos de um maior pendor presidencial (cerca de 2 anos e meio) (Rebelo de Sousa, 1988).

O período de maior pendor presidencial corresponde sempre a fases de crise do sistema partidário onde não era possível obter governos com base parlamentar sólida e com estabilidade de legislatura.

O projeto de revisão da AD[121] pretendia fazer desaparecer qualquer tipo de responsabilidade do governo perante o Presidente, diminuía o poder de veto, eliminava a fiscalização da inconstitucionalidade por omissão e preventiva da constitucionalidade e acentuava a dependência parlamentar do executivo. O projeto da FRS era mais aproximado do texto aprovado pelo Parlamento, no sentido, não de uma redução dos poderes presidenciais, mas como um recentrar de poderes forçosamente por causa da extinção do Conselho da Revolução. O projeto da Aliança Povo Unido (APU) mantinha-se fiel à estratégia do Partido Comunista, não mexendo nos poderes do presidente nem na extinção do Conselho da Revolução.

A extinção do Conselho da Revolução e a criação do Conselho de Estado foi, desde logo, uma das mais profundas alterações, porque a existência daquele órgão político-militar impedia Portugal de ser uma democracia plena e de carácter civil.

Pese embora durante o processo de revisão constitucional o então porta-voz do Presidente Eanes, Joaquim Letria, ter anunciado que o Presidente se demitiria no caso de ter "os seus poderes diminuídos",

---

[120] Sá Carneiro, F. (1979). Francisco Sá Carneiro tinha mesmo apresentado o seu projeto de revisão constitucional que visava a manutenção do sistema semipresidencial com reforço da sua componente presidencial. Quando do definitivo "divórcio" com o Presidente Eanes, Sá Carneiro solicitou a Pedro Santana Lopes a revisão do projeto no sentido de reforçar a parlamentarização do sistema de governo.

[121] *Diário da Assembleia da República* II, nº 57, abril, 17. Também Rebelo de Sousa, M. (1980) e (1981).

tal acabou por não se concretizar, quer de uma maneira quer de outra. O alargamento da definição do órgão Presidente da República como garante da independência nacional, da unidade do Estado e do regular funcionamento das instituições democráticas, o exercício do poder de dissolução parlamentar ouvindo o Conselho de Estado e os partidos, mas com um carácter não vinculativo; a possibilidade de nomear cinco membros do Conselho de Estado e dois vogais do Conselho Superior de Magistratura e o poder de nomear, sob proposta do Governo, as chefias militares foram objeto de reforço do estatuto presidencial.

A introdução do dever de informação do Primeiro-Ministro ao Presidente da República acerca dos assuntos de política interna e externa do país além do alargamento das matérias nas quais o veto presidencial só pode ser superado por dois terços dos Deputados.

Profunda alteração ocorreu com o exercício do poder de demissão do governo pelo Presidente da República, ficando balizado pelas situações que se "torne necessário para assegurar o regular funcionamento das instituições democráticas, ouvido o Conselho de Estado", com a interdição explícita da prática do veto de bolso presidencial, quer relativamente às leis da Assembleia da República quer aos decretos-leis do Governo (artigo 136º) e com a interdição da dissolução da Assembleia da República nos seis meses posteriores à sua eleição e no último semestre do mandato do Presidente da República (artigo 172º).

A responsabilidade conjunta do Governo perante o Presidente da República e a Assembleia da República perdeu o advérbio **politicamente** na revisão constitucional. O novo texto era claro: "o Governo é responsável perante o Presidente da República e a Assembleia da República" (artigo 190º da CRP). Como salienta Mário Soares, apesar do desaparecimento do advérbio **politicamente**, os "poderes presidenciais delineados na Constituição e confirmados na revisão de 1982, **são os necessários e os suficientes**, não devendo ser alterados" (Avillez, 168: 2010).

O processo de revisão constitucional de 1982 reforçou algumas componentes parlamentares, como a que o Governo é formado tendo em conta os resultados das eleições parlamentares e ouvindo os partidos políticos, não sendo necessário consultar o Conselho de Estado, ao invés do que acontecia com o Conselho da Revolução. A formação e sobrevivência do governo dependem da Assembleia da República, pois a sua confiança parlamentar está no facto de responder politicamente no parlamento, desde logo na apresentação do seu programa onde o governo pode solicitar um voto de confiança, o que, em regra, faz quando tem maioria parlamentar, ou sofre uma moção de rejeição, ou então não existe nenhuma destas iniciativas. O facto de o governo ter uma moção de censura aprovada por maioria absoluta dos deputados em efetividade de funções ou a não aprovação de um voto de confiança mostra a dependência governamental face ao parlamento. O traço presidencial do sistema de governo continuava a assentar na eleição por sufrágio direto e universal do Presidente da República e na sua competência para demitir o Governo quando se torne necessário, e **só nesse caso**, para assegurar o "regular funcionamento das instituições democráticas ouvido o Conselho de Estado" (artigo 189º), o que permitiu, por exemplo, acabar com a distinção entre exoneração (ato meramente jurídico e formal) e a demissão do primeiro-ministro, já que mesmo depois de demitido o Governo continua em funções de gestão (artigo 186º nº 4), estando a exoneração ligada a um novo governo e à nomeação e posse de um novo primeiro-ministro.

Nas declarações finais os partidos que mais tinham contribuído para o "afinamento" do sistema de governo reclamavam a consagração das suas teses. António Vitorino pela UEDS, no quadro da FRS, salientava que estava assegurada a "manutenção do sistema semipresidencial de governo com o concomitante reforço da sua componente parlamentar" e que este não "subverte o sistema semipresidencial" mesmo quando não deseja "uma dominante presidencialista no (...) sistema de governo" e por isso "teria que ser sempre o poder de demissão do Governo a ser limitado e nunca o poder de dissolução da Assembleia da República, o qual constitui a solução suprema para desbloqueamento de situações de impasse, mediante o recurso direto ao eleitorado".

Luís Beiroco pelo CDS, parceiro da AD, concluía no quadro do princípio da separação de poderes que "o Presidente da República ficou mais claramente definido como órgão de garantia das instituições e poder moderador, sem responsabilidades executivas".

Almeida Santos, pelo PS, salientava a importância do Tribunal Constitucional, e Manuel Pereira, pelo PSD, o fim do Conselho da Revolução. Atento, Jorge Miranda, da ASDI, parceiro da FRS, e um dos "pais" da Constituição, alertava para o facto de que "1982 não pode repetir 1976" porque não aceitava que qualquer "alternativa possa sobrepor-se ao Parlamento e aos partidos"[122].

8. O IX Governo Constitucional – Soares III com o Bloco Central

A 25 de abril de 1983, o PS ganha as eleições legislativas com 37,3% dos votos, contra 27% do PSD, 18,2% da APU e 12,4% do CDS, e a 9 de junho toma posse o IX Governo, PS-PSD, com Mário Soares a primeiro-ministro e Carlos Mota Pinto a vice-primeiro-ministro. Soares iria tentar aplicar uma dupla estratégia: firmar uma coligação pós-eleitoral com o PSD e ao mesmo tempo tentar garantir o seu apoio para a eleição presidencial de 1986.

Soares tinha solicitado a Eanes que fizesse o discurso do "Estado da Nação", mas este escusou-se, o que considerava natural, pois o Presidente tinha criticado publicamente os seus dois primeiros governos e as suas relações eram "formais e reservadas" (Avillez, 193-203: 2010). Se as relações com o Presidente eram complicadas, como no caso da substituição de um homem de confiança de Eanes, o General Garcia dos Santos (Santos, 2011), e a sua consequente substituição, como Chefe de Estado-Maior do Exército, pelo General Salazar Braga (Santos, 2011), com o seu parceiro de coligação a situação não era muito melhor: foi a questão da negociação com o FMI, o atraso na implementação das chamadas reformas estruturais ou o caso das FP-25[123].

Entretanto, a 23 de fevereiro fundava-se o Partido Renovador Democrático – PRD – na sequência do Encontro Nacional da ex-CNARPE[124] e a 17 de março Hermínio Martinho era eleito líder do partido presidencial.

A 19 de maio de 1985, na Figueira da Foz, Cavaco Silva era eleito Presidente do PSD e aponta logo Freitas do Amaral como o candidato que o partido apoiará a Belém e a 4 de junho o PSD comunica a sua intenção de romper a coligação governativa.

---

[122] Declarações de voto in *Constituição da República Portuguesa – primeira revisão 1982*, Assembleia da República, Lisboa, 1984, pp. 184-244.
[123] A Polícia Judiciária, em 19 de Junho de 1984, levou a cabo uma mega-operação contra as FUP e as FP-25 que conduziu à prisão de um símbolo de abril, Otelo Saraiva de Carvalho.
[124] CNARPE era a sigla de Comissão Nacional Apoio à Reeleição do Presidente Eanes.

Em 12 de junho de 1985, nos Jerónimos, é a cerimónia de assinatura do Tratado de Adesão de Portugal à CEE. A 14 desse mês o Presidente recebe uma delegação do PSD, a quem apresenta "os vários cenários possíveis para a saída da crise política, passou muito rapidamente sobre a hipótese de eleições antecipadas, e se concentrou no que ele designava por "**governo de compromisso presidencial com apoio parlamentar**" (Cavaco Silva, 84: 2002). Cavaco Silva recusa a nova fórmula porque a considera uma armadilha e uma manobra para poder acarinhar o PRD, com o receio que este "não estivesse preparado para disputar eleições" (Cavaco Silva, 85: 2002). Dias depois da adesão à CEE, "com a bênção do General Eanes, cairia o governo, lançando o país numa nova crise" (Avillez, 224: 2010), que se traduziu na dissolução da Assembleia da República, a 27 desse mês.

Estimulado pelo desejo do Presidente Eanes, o PRD vai retirar qualquer possibilidade de o Partido Socialista poder vencer as legislativas. Com uma dinâmica política em torno da personalidade do presidente, apelando sempre à necessidade de uma ética espartana na política, o PRD acabará por ser uma espécie de nuvem passageira na vida política portuguesa.

Soares comentará que Eanes tomou o gosto pelo poder político. "Fundou um partido e patrocinou um candidato a Presidente[125], na esperança de o ter como sucessor. Imaginaria vir um dia a ser Primeiro-Ministro? (...) Diziam os gregos que a ambição cega os homens".

O carácter ambíguo do comportamento político do presidente militar leva este a perder terreno a favor de um projeto conservador-liberal do PSD e do CDS que se virá a corporizar na Aliança Democrática. No entendimento de Mário Soares "sem se assumir como presidencialista, tentou sempre (o General Ramalho Eanes) intervir na vida política e nas decisões políticas como se fosse presidencialista" (Portela, 1980). o que levou Marcelo Rebelo de Sousa a concluir que o período eanista permitiu que a "mesma matriz constitucional que favoreceu entre 1976 e 1982 a existência de situações de coabitação perdurou, para além de 1982, até 1985 em conflito com uma conceção decorrente da revisão constitucional, mais favorável à confluência entre o Chefe de Estado e

---

[125] Refere-se a Francisco Salgado Zenha.

a maioria parlamentar" (Rebelo de Sousa, 1987). Presidente com dificuldade de se relacionar com o sistema partidário, Eanes nunca conseguiu uma lógica de confluência com a lógica eleitoral presidencial no qual, em nosso entender, é possível encontrar quatro fases:

1ª. Parlamentar
- I e II Governos Constitucionais saíram do quadro da Assembleia da República de coabitação superveniente, quer como minoritário ou com incidência parlamentar[126];
2ª. Iniciativa presidencial
- III, IV e V Governos Constitucionais;
3ª. Parlamentar
- VI (coabitação superveniente)[127], VIII e VIII Governos Constitucionais, de novo de coabitação originária com maioria parlamentar pré-eleitoral;
4ª. Após a Revisão Constitucional de 1982
- IX [128] e X Governos Constitucionais de coabitação.

Lembremos que o Presidente Eanes, em vários momentos, não aceitou encontrar no quadro parlamentar as soluções governativas possíveis que permitiam uma geometria variável para a ultrapassagem de crises políticas. Conheceu sete primeiros-ministros e deu posse a dez governos.

Assim aconteceu:

a) Queda do II Governo quando não aceitou que Soares formasse um novo governo de base minoritária;
b) Após a demissão do IV Governo, quando não deixou Soares formar governo com base numa coligação com os deputados dissidentes do PSD;
c) Queda do IX Governo (PS/PSD): não deixou constituir Soares novo governo minoritário;

---

[126] Ambos os partidos tinham apoiado o Presidente Eanes na sua candidatura, não sendo assim uma fórmula de coabitação "pura".

[127] Os partidos da AD também tinham apoiado Eanes, em 1976, e depois distanciaram-se dele.

[128] Apesar de o Partido Socialista ter apoiado a reeleição presidencial, contudo o seu líder Mário Soares afastou-se do apoio a Eanes autossuspendendo-se. O PSD não apoiou Eanes.

d) Em 1983 não permitiu a Victor Crespo que formasse Governo com base na maioria da AD no Parlamento[129].

Eanes viveu, assim, três coabitações com uma estrutura fundacional diferente e de geometria variável. A primeira, entre 1976-1980, começou com uma identificação entre a maioria presidencial e, no plano do parlamentar, oscilou até atingir a rutura com a institucionalização dos governos de iniciativa presidencial, como o parece apontar o memorando negocial do PSD para a constituição do II Governo. Na sequência das eleições intercalares de 1979 começa um período de coabitação em que, tendo apoiado o Presidente, em 1976, os partidos da AD já não se reviam naquele antigo candidato.

No período de 1980-1985/6, Eanes vive uma terceira coabitação de modelo tradicional, onde a maioria presidencial nada tinha a ver com a maioria parlamentar, mesmo no referente ao período em que Soares liderou o Governo do Bloco Central.

Ramalho Eanes voltou, quase trinta anos depois da revisão constitucional de 1982, outra vez a defender o reforço dos poderes presidenciais com o regresso ao "modelo originário do sistema de governo semipresidencial" e com uma solução melhor do que a atual em que "o Executivo dependia simultaneamente da Assembleia e do Presidente"[130] e adiantava "se um Governo que é legítimo não governa capazmente, o Presidente não tem capacidade para atuar". Um conselho que o Presidente Cavaco Silva não quis seguir em relação ao II Governo de José Sócrates, optando por deixar o Parlamento agir.

Contudo, Eanes exerceu um poder moderador tentando corrigir os defeitos de um sistema partidário ainda a nascer e de um sistema eleitoral formatado para não permitir maiorias parlamentares. Joaquim Aguiar vem mesmo a denominar de "orientação moderadora" (Aguiar, 1258: 1996) e creditar a Eanes a perceção que a adesão de Portugal à

---

[129] Em 1987, o Presidente Mário Soares, com uma maioria parlamentar de PS, PRD e PCP disposta a viabilizar um novo governo, dissolveu também o parlamento.
Em 2004 existindo uma maioria parlamentar a sustentar o governo Santana Lopes, o Presidente Jorge Sampaio optou por dissolver a Assembleia da República.
[130] In *Diário Económico* de 26 de junho de 2010. Ramalho Eanes falava numa conferência de evocação sobre o Governo de iniciativa presidencial de Lurdes Pintassilgo.

CEE iria condicionar o exercício dessa função presidencial moderadora devido ao facto que o País passava a integrar uma comunidade de outros onze Estados.

9. O X Governo Constitucional – Cavaco I e a passagem de testemunho presidencial

Graças ao "fenómeno" do PRD (obteve 18% dos votos), que retirou ao eleitorado do Partido Socialista, atirando-o para o seu pior resultado de sempre, 20,8%, o PSD de Cavaco Silva vence as eleições legislativas, a 6 de outubro, com 29,8% dos votos.

Cavaco toma posse a 6 de novembro e forma um Executivo minoritário, o mais pequeno em democracia, com 14 Ministros e uma maioria relativa em deputados inferior àquela que Eanes tinha recusado a Mário Soares [131]

O candidato presidencial do PSD, Freitas do Amaral, apressou-se a escrever a Cavaco Silva para o sossegar sobre as condições institucionais da estabilidade governativa e a reafirmar o seu entendimento da necessidade de "pôr termo ao conflito entre o Presidente da República e o Governo" e "confirmo que não se mantém a intenção de dissolver a Assembleia da República após a minha eleição apenas para o efeito de obter um Governo maioritário, nem a possibilidade de demitir o Governo apenas por ser minoritário" (...) tendo boa nota das garantias quanto "à manutenção dos poderes presidenciais atualmente previstos na Constituição" (Cavaco Silva, 100: 2002).

As evidentes simpatias de personalidade levaram a que, no momento de conclusão de mandato presidencial, entre Eanes e Cavaco Silva pouco ou nada de relevante aconteceu salvo o primeiro-ministro convidar o Presidente da República para almoçar, com o governo, em 4 de março de 1986. Ironia do destino, Eanes ia, finalmente, a S. Bento quando o seu mandato estava a terminar e na noite das eleições presidenciais via o primeiro-ministro, de novo, a elogiá-lo pelo seu comportamento em relação ao Governo.

Cavaco Silva, em jogada de antecipação, procurou dizer que o seu governo "era defensor de um bom relacionamento com o Presidente da

---

[131] Tive oportunidade entre 1985-1991 de ser deputado à Assembleia da República, pelo círculo eleitoral do Porto.

O PRESIDENCEANISMO

República, que deseja manter com Mário Soares, que se preparava para tomar posse" (Cavaco Silva, 117: 2002). O primeiro-ministro esperava do novo Presidente que este se aproximasse da figura presidencial em sistema de governo parlamentar optando por uma magistratura "arbitral", no dizer de Duverger, enquanto o Presidente Soares vai optar por uma "magistratura de influência".

Enquanto Mário Soares irá vencer as eleições presidenciais de 1986 e 1991, abrindo um novo ciclo no sistema político português e nas relações entre o Presidente e o Primeiro-Ministro, o Partido Socialista vai ficar uma década afastado do poder.

Capítulo II
História de uma certa forma de Monarquia Republicana[132]
O Presidente Mário Alberto Nobre Lopes Soares
(1986-1996)

"O Presidente da República, uma vez eleito, deverá ser o Presidente de todos os Portugueses. Nesse sentido, deverá estar atento aos direitos da minoria, ou seja, da oposição, que nunca poderão ser postos em causa. O Presidente da República não tem que fazer política com os partidos, tem que garantir que os partidos exerçam a sua atividade nos termos que a Constituição consagra e no respeito pela vida parlamentar."

" Não, não é esse o papel do Presidente da República. Em primeiro lugar, o Presidente da República, nos termos do semipresidencialismo da nossa Constituição, não deve ser um interventor político. Deve-se distanciar disso"

MÁRIO SOARES
Soares responde a Artur Portela (1980)
Lisboa, Edições António Ramos, p. 23

---

[132] Aníbal Cavaco Silva, na sua autobiografia política, refere que o Presidente Mário Soares tinha inclinação para uma certa grandeza monárquica, por força da influência do presidente francês François Mitterrand.

1. X Governo Constitucional – Cavaco I na I coabitação

Como atuou o Presidente em regime de estabilidade parlamentar assegurado por duas maiorias absolutas de um só partido [133]?

Com o Presidente Mário Soares e o Primeiro-Ministro Cavaco Silva (1986-1996) a coabitação política foi a necessária ou a possível? Será interessante analisar o reajustamento do regime democrático e o modelo de funcionamento do sistema semipresidencial quando a maioria parlamentar foi de centro-direita, de um só partido político, o PSD, e o Presidente eleito por uma maioria "republicana, laica e de esquerda". As duas maiorias não convergiam na sequência lógica da revisão constitucional de 1982 e na eleição presidencial de 1986, onde o presidente era originário do interior do sistema partidário mas não parecia tornar mais fácil a confluência de maiorias (presidencial-parlamentar).

Muito próximo no tempo, em dezembro de 1985, o antigo primeiro-ministro francês Jacques Chaban-Delmas declarava que em "caso de coabitação, o Governo governa e o Presidente preside" (Duverger, 45: 1986), o que poderia tranquilizar o primeiro-ministro Cavaco Silva, pois como defendem Gomes Canotilho e Vital Moreira, devido às regras do "parlamentarismo racionalizado" do nosso sistema semipresidencialista, este distanciava-se de outros modelos congéneres já que o presidente não pode governar nem substituir-se ao Governo (Duverger, 1978)[134].

No período do seu mandato presidencial de dez anos Mário Soares esteve, durante quase todo o tempo, em coabitação política com o Primeiro-Ministro, Aníbal Cavaco Silva, alertando com ênfase para o efeito pernicioso das maiorias absolutas. Na reta final do seu mandato, para "ajudar" ou condicionar na sua ação política o secretário-geral do

---

[133] **1987** – Eleições: maioria absoluta PSD.
XI Governo Constitucional – Cavaco Silva.
1991 – Eleições: maioria absoluta PSD.
XII Governo Constitucional – Cavaco Silva.
1995 – Eleições: maioria relativa PS.
XIII Governo Constitucional – António Guterres.

[134] Duverger, M. (36: 1978) enunciava que neste sistema de governo o presidente não tinha todo o poder governamental, mas dispunha ainda de poderes de arbitragem, de pressão ou mesmo de substituição.

HISTÓRIA DE UMA CERTA FORMA DE MONARQUIA REPUBLICANA

Partido Socialista, António Guterres, promoveu o congresso "Portugal, que futuro?"[135].

Mário Soares foi o primeiro presidente civil (Braga da Cruz, 252: 1994), desde 1926, e definia-se como "republicano, socialista e laico", o que permitiu a "civilização da função" no que Braga da Cruz considerou "um corte com os resquícios de legitimidade castrense à tentativa da sua perpetuação no quadro partidário" (Braga da Cruz, 252: 1994). Esta sintonia de afinidades foi evidente quando no final do mandato presidencial o primeiro-ministro António Guterres o convidou para presidir a uma sessão do Conselho de Ministros, pese embora a opinião convicta de Vital Moreira, quando considera que o presidente não "é parte diretamente envolvida, por mais proximidade política que tenha em relação a um dos contendores" (Gomes Canotilho e Moreira, 29: 1991)[136].

Contudo, o Presidente Soares também dissolveu o Parlamento, quando decidiu não aceitar o então Secretário-Geral do PS, Vítor Constâncio, para liderar um Governo PS-PRD. Com esta atitude Soares mostrou que não era um presidente alinhado com uma estratégia partidária e permitiu assim a "inclinação do sistema de governo: a do reforço entre a Assembleia da República e o Executivo" (Santana Lopes, 128: 2001)[137]. Soares provou que não queria ser um presidente, a exemplo do último Presidente do Estado Novo, Américo Tomás, "corta-fitas" ou um presidente "executivo" com excesso de protagonismo político.

Soares acentuou durante o seu primeiro mandato a neutralidade política do cargo, nomeadamente quando aceitou a indicação do General Soares Carneiro como Chefe do Estado-Maior General das Forças Armadas([138]). No final desse primeiro mandato, Soares foi reeleito com 70,4% dos votos, o que indiciava a importância que os portugueses reconheciam ao modo como exerceu o mandato em Belém.

---

[135] Ficou também célebre um jantar, no segundo mandato, no restaurante Aviz, cheio de críticas ao Governo.

[136] Gomes Canotilho, J. J. e Moreira, V. (1991). Este trabalho foi solicitado pelo Presidente Mário Soares e procurava fixar os poderes presidenciais, nomeadamente em matéria de política externa e defesa nacional.

[137] Em 19 de julho de 1987, o PSD tornava-se no primeiro partido a obter uma maioria de 148 deputados em 250. O autor deste trabalho foi um deles, ao ser eleito pelo círculo do Porto.

[138] Lembramos que foi o candidato presidencial da Aliança Democrática em 1980.

Já no segundo mandato, Soares iria acentuar a sua conflitualidade com o governo porque o poder moderador não podia significar na sua conceção um simples conjunto de "poderes meramente simbólicos e de representação" (Soares, 1990).

Cavaco Silva considerou que o termo coabitação "entrou no léxico político português para traduzir a convivência do Governo social--democrata (...) com o presidente socialista Mário Soares, dividindo a coabitação à portuguesa em duas fases: "a do primeiro mandato de Mário Soares, de 1986-1991, e a segunda, depois da sua reeleição, para um segundo mandato" (Cavaco Silva, 287: 2002). Esta segunda fase foi muito mais agitada.

A relação do futuro presidente com o primeiro-ministro começou institucionalmente ainda antes da tomada de posse presidencial. Soares convidou Cavaco para almoçar porque estava convencido que as divergências, aprofundadas com a campanha eleitoral, eram agora coisa do passado. "A situação era agora, após a minha eleição como Presidente da República, inteiramente diferente daquela que vivêramos quando nos tínhamos combatido como líderes de partidos rivais" (Avillez, 312: 2010). De acordo com a sua leitura da Constituição, Soares aguardava a demissão de Cavaco Silva "apesar de lhe ter insinuado a intenção de o renomear Primeiro-Ministro" (Avillez, 312: 2010). Igual a Sá Carneiro, Cavaco não lhe fez a vontade. Como "nunca tivera uma visão presidencialista da Constituição" (Avillez, 313: 2010), o Presidente Soares não desejava uma situação de atrito entre os dois órgãos de soberania, pois tinha preferido o caminho da "acalmia política e da prudência" (Avillez, 313: 2010), até porque no seu entendimento as instituições e o seu regular funcionamento não são compatíveis com "fatores subjetivos ou humorais" (Avillez, 321: 2010).

O Primeiro-Ministro só esperava dificuldades da atuação do Presidente Soares, contudo o próprio admitiu que "o relacionamento entre o Governo e o Presidente correu bem melhor do que (...) imaginara (....) só no segundo mandato de Mário Soares o Governo sentiu os obstáculos deliberadamente criados pela Presidência da República à sua atividade e as ações de desgaste por ela fomentadas" (Cavaco Silva, 288: 2002).

Cavaco Silva falava em "cooperação frutuosa" para qualificar o relacionamento entre o governo e o presidente, tendo de imediato escrito ao novo Presidente para, salvaguardando qualquer tipo de desconfiança, dar o exemplo de Ramalho Eanes com quem tinha mantido um "relacionamento exemplar" (Cavaco Silva,289: 2002). Soares responderia que queria "assegurar a estabilidade política e a paz social" podendo o Governo contar "com a sua solidariedade" (Cavaco Silva, 289: 2002).

Frente a frente estava o Presidente Mário Soares, antigo Secretário--Geral do Partido Socialista, cuja muito disputada maioria presidencial – pela primeira vez obrigou a uma segunda volta das eleições – se tinha esgotado na noite da vitória, e a maioria, ainda que relativa no parlamento, de suporte ao governo. Mário Soares sabia que comunistas e socialistas o iriam sempre condicionar e para isso necessitou de conquistar "distância" porque "dissolver o parlamento seria colocar em risco o que tinha acabado de conquistar" (Aguiar, 1273: 1996).

2. XI Governo Constitucional – Cavaco II na I coabitação

A 3 de abril de 1987, uma moção de censura do PRD obteve os votos da oposição à esquerda do governo, o que implicou a demissão do Governo. Era a primeira vez que um governo era derrubado na Assembleia da República pela aprovação de uma moção de censura.

A gestão da crise passou para as mãos do Presidente, ausente em viagem oficial ao Brasil.

O Primeiro-Ministro entregou então em Belém um memorando (Cavaco Silva, 2002)[139] preparado por Durão Barroso, com a sua leitura dos acontecimentos e onde deixava claro que um "Governo formado contra a vontade do maior partido, o PSD, seria inevitavelmente visto como uma solução de pendor presidencialista, arrastando uma indesejável corresponsabilização do Presidente da República". O primeiro-ministro sabia que o presidente tinha com ele "relações cordiais, embora distantes e impessoais" ou não tivessem sido, como Soares admitiu, os tempos do governo minoritário "os melhores" (Avillez, 21: 1997). O Presidente da República, na gestão desta crise, onde não pretendia dar um prémio ao PRD do General Eanes, ouviu personalidades, os partidos

---

[139] O memorando intitulava-se *Argumentos político-institucionais a favor da dissolução da Assembleia da República, na sequência da aprovação de uma moção de censura ao X Governo Constitucional*, referido em Cavaco Silva, A. (270: 2002).

políticos e reuniu o Conselho de Estado, duas vezes, uma das quais para se pronunciar em concreto sobre a dissolução do parlamento. A votação foi clara: onze conselheiros votaram a favor e seis contra.

Soares convocou, assim, o país para novas eleições, que se realizaram em 19 de julho de 1987, onde o PSD vai obter a primeira maioria absoluta de um só partido na história da democracia com 50,2% e 148 deputados.

Ia começar, em regime de coabitação, um dos ciclos mais estáveis e ativos desta III República[140].

De um lado, um Presidente eleito com uma maioria de esquerda[141]. Do outro, uma Assembleia da República a suportar um Governo com uma significativa maioria à direita.

Cavaco Silva reuniu-se com o Presidente da República 310 vezes, sem contar com as reuniões dos outros órgãos, como o Conselho de Estado ou o Conselho Superior de Defesa Nacional, onde o Primeiro-Ministro informava o Presidente da República sobre os problemas da governação e trocavam impressões sobre a política nacional e internacional (Cavaco Silva, 287: 2002). Por vezes, existia "alguma tensão", mas com mútuo respeito institucional.

Para Cavaco Silva era fundamental, logo de entrada, acertar com o presidente o código de conduta institucional deixando claro que o "Presidente devia tratar dos assuntos da política interna e externa do País com o primeiro-ministro e não com os ministérios", sendo a exceção as questões de protocolo com o Ministério dos Negócios Estrangeiros e as questões do processo legislativo com a Presidência do Conselho de Ministros (Cavaco Silva, 290: 2002). Na política externa o Presidente devia articular com o governo, a quem cabia constitucionalmente a competência, de modo a que o Pais só tivesse uma política, afastando as diplomacias paralelas. Os aspetos mais complicados em matéria de negócios estrangeiros estavam nas questões relacionadas com as últimas

---

[140] Cavaco Silva só trabalhou quatro meses com o Presidente Eanes. Mário Soares só trabalhou quatro meses com o Primeiro-Ministro António Guterres.

[141] Em bom rigor, o Presidente Soares precisou de muitos votos da área do PSD que, nestas eleições presidenciais, sofreu alguma fratura com militantes como Helena Roseta, Rui Oliveira e Costa, Valentim Loureiro e a própria Juventude Social-Democrata a manifestarem a sua simpatia pelo candidato. O eleitorado presidencial tem demonstrado independência.

parcelas do Império, Macau[142] e Timor, e que estiveram, muitas vezes, na origem de tensão entre os dois órgãos de soberania.

Apesar do esforço em criar regras de funcionamento entre Belém e S. Bento torna-se evidente constatar que o forte perfil de ambos condicionou este período político; aliás, como reconhecia o Presidente Soares, "a Assembleia da República transformou-se, progressivamente, de órgão fiscalizador, numa caixa-de-ressonância do partido maioritário" (Avillez, 39: 1997). O Presidente entendeu, então, para contrariar o "presidencialismo de primeiro-ministro" que Adriano Moreira referia, que deveria utilizar "o direito de veto, a fiscalização exercida, como deve ser, de forma discreta, o envio de mensagens à Assembleia da República" (Avillez, 39: 1997)[143], defendendo um maior pluralismo.

O Presidente da República não se dispensou de receber algumas das forças vivas no auge de crises que envolveram o governo, como no caso do Ministro Miguel Cadilhe, da Ministra da Saúde, Leonor Beleza, dando audiência ao Bastonário da Ordem dos Médicos (Avillez, 62-63: 1997) ou do Ministro da Justiça, Fernando Nogueira, todos a serem alvo de conflitos sócio-profissionais.

Contudo, o Presidente evidenciava algumas áreas de desgaste com o Governo no caso das Forças Armadas, através da sua Casa Militar, reclamando mais dinheiro para os militares e para o seu regime retributivo.

O Presidente Soares, nesta fase, não aceitava "poderes meramente simbólicos e de representação", até porque estava convicto da sua posição no xadrez político, como o demonstrou de um modo claro na segunda fase da coabitação política, onde os exemplos são vários, como o aumento dos pedidos de fiscalização preventiva da constitucionalidade, equacionando, em mensagem à Assembleia da República, a possibilidade de referendar o Tratado de Maastrich, a que se opunha o governo, ou na continuação das suas sucessivas "presidências abertas".

O Presidente queria atuar como válvula de segurança do sistema e "ajudar o Governo e evitar que entrasse em derrapagem" (Cavaco Silva,

---

[142] Soares nomeou Governador de Macau primeiro Pinto Machado e, depois, Carlos Melancia, que não conseguiram concluir os seus mandatos. Na nomeação de Rocha Vieira, o Presidente decidiu comprometer o Governo, como refere Cavaco Silva nas suas memórias.

[143] No seu livro *Intervenções 4* Soares manifestaria o seu desacordo com esta fórmula do antigo presidente do CDS.

321: 2002), convencido que estava de uma certa governamentalização do sistema semipresidencialista.

1991 irá ser um ano de eleições presidenciais e legislativas. A primeira coabitação entre Soares-Cavaco criou, de certo modo, um problema novo ao sistema de governo face à consensualização de atuação do presidente.

A dúvida seria se o PSD iria avançar com um candidato próprio, criando uma dificuldade ao funcionamento da coabitação. Cavaco tinha três argumentos para contrariar a tese de um candidato com apoio social-democrata:

a) O Presidente não tinha colocado obstáculos às escolhas dos membros do Governo e facilitava as remodelações governamentais.

b) A coabitação entre o Governo e Mário Soares pode ser considerada "**quase harmonia institucional** em comparação com os conflitos e as guerrilhas que tinham marcado os mandatos do general Ramalho Eanes" (Cavaco Silva, 326: 2002).

c) A decisão do Presidente de convocar eleições antecipadas em Julho de 1987 tinha sido um ato favorável ao PSD.

Em abril de 1990, Cavaco Silva propõe ao Congresso do PSD a não apresentação de um candidato próprio no caso de Mário Soares se recandidatar. O seu objetivo eram as legislativas do ano a seguir onde se iria definir, no desafio europeu de 1992, o papel de Portugal.

Prevendo que Mário Soares pudesse ser mais intervencionista no segundo mandato, Cavaco Silva faz aprovar, no Congresso do PSD, em que justifica o porquê de não apresentar um candidato próprio, uma moção em que define expressamente a sua leitura do papel presidencial.

O Presidente da República deve:

"– Ser o garante do regular funcionamento das instituições democráticas e desenvolver uma colaboração ativa com o Parlamento e o Governo, sem interferir nas suas competências, respeitando escrupulosamente a Constituição;

– Ser um elemento estabilizador da vida política portuguesa, ajudando a criar condições de estabilidade política, paz social e concórdia nacional;

HISTÓRIA DE UMA CERTA FORMA DE MONARQUIA REPUBLICANA

- *Favorecer soluções políticas estáveis e empenhar-se no desenvolvimento de um clima de confiança que permita o investimento, que estimule o trabalho, a criatividade e o espírito empresarial;*
- *Ter conduta marcada pela isenção e independência em relação às forças político-partidárias;*
- *Contribuir para o reforço da solidariedade nacional e social;*
- *Não ser um contrapoder relativamente ao Governo, garantindo-lhe antes a solidariedade institucional e favorecendo a criação de condições que estimulem o desenvolvimento, o progresso e a modernidade"*(Cavaco Silva, 329: 2002).

Cavaco Silva antevia esse desejo do Presidente Soares que, quando se recandidatou para um segundo mandato, anunciou logo "a intenção de ter uma maior intervenção (que sempre julguei desejável) quer em política externa quer em matéria de defesa nacional" (Soares, 16: 1995)[144].

Em 13 de janeiro de 1991, Mário Soares era reeleito Presidente da República com 70,4% dos votos.

Em outubro de 1991, o PSD ganhava de novo as legislativas e com um resultado surpreendentemente melhor (Lima, 2004)[145], 50,4%.

Duas maiorias expressivas e com vontade de mostrar ao País a sua capacidade política.

Como iria funcionar o sistema de governo semipresidencial?

3. XII Governo Constitucional – Cavaco III na II Coabitação

Cavaco, nesta segunda coabitação com Soares, vê confirmados os seus receios de vontade de protagonismo do Presidente e confessa nas suas memórias que

> "os governos têm tendência para olhar com desconfiança para algumas atitudes do Presidente da República e interpretá-las como obstrução à sua

---

[144] Soares, M. (1995). O livro republica uma entrevista de Mário Soares a Mário Bettencourt Resende, diretor do *Diário de Notícias*, em 26 de novembro de 1994, que ficou célebre pelo comentário do primeiro-ministro dizendo que a não leu porque estava no lugar do Pulo do Lobo.

[145] Sobre os momentos que antecederam a campanha eleitoral em 1991 e a eventual tensão política entre Soares e Cavaco ver Lima, F. (176-185: 2004).

atividade, podendo surgir desencontros ou momentos de tensão entre os dois órgãos de soberania. É provável que a conflitualidade se acentue quando, de um lado, está um Governo com pressa de fazer, determinado a levar por diante as mudanças necessárias à modernização do País e, do outro, um Presidente oriundo do principal partido da oposição, com gosto pelo jogo político, apetência de protagonismo. (...) (Cavaco Silva, 403: 2004)

A primeira dificuldade aconteceu num terreno que o Presidente Soares dominava: a política externa. Um "inocente" convite das autoridades mexicanas ao Presidente da República de Portugal para participar na Cimeira Ibero-Americana, em Guadalajara, em julho de 1991, abria aquilo que Cavaco Silva considerava "um problema novo e melindroso", a emissão de convites simultaneamente ao chefe do Estado e ao primeiro-ministro" (Cavaco Silva, 406: 2004).

O problema seria, mais tarde, solucionado, com o governo mexicano a sugerir tratamento idêntico ao do governo espanhol e segundo o antigo primeiro-ministro não existiu qualquer diferença na atuação de ambos (Cavaco Silva, 407-408: 2004), ficando assim explicado porque ainda hoje Portugal se faz representar na Cimeira Ibero-Americana com uma dupla presença institucional.

Aquando da assinatura dos acordos de paz para Angola, entre o MPLA e a UNITA, ainda na fase da I coabitação, Soares tinha manifestado o seu desconforto em não ter um papel mais relevante, ele que, curiosamente, não tinha, em 1985, convidado o Presidente Eanes para assinatura do acordo de adesão de Portugal às Comunidades Europeias.

Soares considera que compete ao Governo a direção da política interna e externa e não sendo Chefe do Executivo não deixava de afirmar que o facto de o "Presidente da República ficar sistematicamente afastado das negociações europeias desequilibrava um pouco os poderes entre os dois órgãos de soberania" em favor do Primeiro-Ministro (Avillez, 238-239: 1997).

O clima entre Soares e Cavaco foi nesta segunda coabitação de grande tensão permanente, o que se compreende quase como um teste de resistência ao sistema de governo semipresidencial, desde logo por serem duas maiorias expressivas. Contudo a maioria presidencial tinha uma fatia muito significativa da maioria parlamentar, o que colocava esta

II coabitação com um conjunto de ingredientes muito diferentes da primeira. O Presidente Soares estava apostado em desgastar o governo para permitir que o PS de Guterres tivesse uma hipótese no ciclo do pós-cavaquismo.

Os episódios desta II coabitação sucederam-se nas mais variadas áreas: desde a comunicação social, com direito a mensagem à Assembleia da República, até à crise das relações com os jornalistas em S. Bento[146] vários foram os momentos dessa desconfiança mútua.

Os vetos políticos e os pedidos de inconstitucionalidade, as presidências abertas, como a de Lisboa em 1993, eram o corolário de uma hipótese que a comunicação social chegou a enunciar de uma eventual dissolução do parlamento com base num famoso jantar do Restaurante Aviz, no Chiado.

Cavaco lembraria ao Presidente que a "cooperação institucional é uma estrada de duas vias e implica reciprocidade e respeito pelas competências de cada um" (Cavaco Silva, 435: 2004) e na abertura do Congresso "Portugal que futuro?" estava longe, algures no Pulo do Lobo.

Logo de seguida, o Presidente abriu uma crise institucional a propósito de não aceitar a recondução do General Mendes Dias como Chefe de Estado-Maior da Força Aérea, levando o primeiro-ministro, por carta, a manifestar a sua surpresa às razões da não-aceitação do nome do general e considerar que essa atitude não "favorecia a estabilidade política e institucional" (Cavaco Silva, 435: 2004).

Cavaco define a última polémica com o Presidente Soares a propósito de alterações que pretendeu introduzir na orgânica do Governo com a passagem de Fernando Nogueira, após a sua eleição como Presidente do PSD, a vice-primeiro-ministro. O Presidente decidiu ouvir os partidos e os parceiros sociais para saber se essa saída era justificação para dissolver a Assembleia da República. Em carta ao Presidente (Avillez, 352-354: 1997)[147] Cavaco lembrava que lhe competia a escolha e proposta dos membros do governo.

A partir daqui, Presidente e Primeiro-Ministro reuniram mais onze vezes e onde se tratou de assuntos de política externa. Cavaco já não

---

[146] Aliás, na sua autobiografia política, que vimos seguindo, Cavaco invoca várias situações difíceis com o Presidente Soares.

[147] Em 8 de março de 1995, Soares contradiz esta tese em Avillez, M. J. (352-354: 1997).

seria um fator preponderante na definição de uma alternativa para a política interna e, talvez por isso mesmo, a intensidade do conflito institucional diminuía à medida que o seu mandato e a respetiva legislatura se aproximavam do seu final.

Soares manteve assim uma presidência com o mesmo primeiro-ministro mas com dois tipos de coabitação diferentes, onde a desconfiança presidencial, herdada de Eanes, continuava presente. Ao querer ser eleito para um segundo mandato, procurou afirmar-se como um "árbitro e moderador" através de uma "magistratura de influência" que, muitas vezes, se pareceu mais com uma "magistratura de interferência" emanada de uma forte personalidade política digna de um dos pais fundadores da democracia portuguesa.

4. XIII Governo Constitucional – António Guterres I no fim do soarismo presidencial

Eleito a 1 de outubro de 1995 e ficando muito próximo da maioria absoluta, com 112 deputados, o socialista António Guterres naturalmente foi convidado pelo Presidente Soares para formar Governo. Um presidente, um governo a que só faltava uma maioria.

O Primeiro-Ministro, António Guterres, irá convidar o Presidente Soares para presidir simbolicamente, como uma forma de prémio de carreira, a um Conselho de Ministros.

Após uma campanha eleitoral presidencial interessante, em que o antigo Primeiro-Ministro Cavaco Silva concorreu com o apoio da direita parlamentar, PSD-CDS, e o antigo Presidente da Câmara Municipal de Lisboa, Jorge Sampaio com o apoio da esquerda, este venceu e tornou-se no terceiro Presidente da República eleito da III República[148].

---

[148] Nas eleições legislativas de 1991, Cavaco Silva tinha derrotado Jorge Sampaio, então secretário-geral do Partido Socialista.

Capítulo III
No Vértice do Triângulo Constitucional

O Presidente Jorge Fernando Branco Sampaio

(1996-2006)

> *"A função presidencial, pelas suas características, competências e poderes, permite e aconselha uma visão para além do imediato e do conjuntural. O Presidente ouve e contacta todos os sectores representativos da sociedade portuguesa (...) de tudo faz uma síntese, que corresponde a uma leitura da realidade, em cada momento. É com base nela e nos valores e princípios que defende que se pronuncia sobre as grandes questões da vida nacional e internacional, numa perspectiva de prazo, medindo as consequências e avaliando as evoluções."*
>
> Jorge Sampaio (1997)
> Prefácio de *Portugueses*
> Volume II, Lisboa, INCM, p.16

Como atuou o Presidente, no seu primeiro mandato, com uma quase maioria absoluta?

O Presidente Jorge Sampaio (1996-2006) acabou por ver concretizado, na mesma área política, o "sonho" de Sá Carneiro – "um presidente, um governo e uma maioria"[149].

---

[149] **1999** – Eleições: maioria relativa PS.
XIV Governo Constitucional – António Guterres.
2001 – Eleições: maioria pós-eleitoral.

A COABITAÇÃO POLÍTICA EM PORTUGAL NA VIGÊNCIA DA CONSTITUIÇÃO DE 1976

Sampaio reforçou a componente parlamentar de maturidade do sistema de governo semipresidencial quando afirmou que "a marca do exercício da função presidencial no funcionamento do sistema é tão determinada pela forma como se utilizam as competências expressamente definidas no texto constitucional, como pelas consequências daquilo que tem sido designado como magistratura de influência, ou seja, pelo desenvolvimento de uma iniciativa e presença quotidianas na vida política" (Sampaio, 2000).

O Presidente Sampaio viria a alterar esta leitura dos poderes presidenciais no momento em que demitiu o governo de Pedro Santana Lopes, no final de 2003, usando como argumento o artigo 123º da Constituição, considerando que estava em causa o normal funcionamento das instituições democráticas[150].

Jorge Sampaio escrevia, enquanto candidato presidencial, que "a experiência mostra que os autores da Constituição tiveram pleno sucesso (...). O sistema de governo português, de certo modo original, no contexto dos sistemas do governo europeus e extraeuropeus, tem provado bem"; continuando, rejeitava a ideia de um sistema de eleição indireta do Presidente ou a adulteração do poder de dissolução da AR, assumindo o compromisso de defender a "manutenção do sistema semipresidencial na especial configuração que os portugueses escolheram e têm ajudado a modelar ao longo de quase 20 anos" (Sampaio, 7-9: 1995).

No entendimento do candidato, competia à Assembleia da República o "papel principal na definição do Governo" e, por isso, o Presidente deve respeitar o quadro da Assembleia da República e a vontade do povo português expressa em eleições legislativas, não devendo agir como chefe da maioria ou da oposição.

XV Governo Constitucional – Durão Barroso.
XVI Governo Constitucional – Pedro Santana Lopes.
2004 – Eleições: maioria absoluta PS.
XVII Governo Constitucional – José Sócrates.
[150] O Governo Santana Lopes, PSD-CDS, que gozava de uma maioria parlamentar, contudo tinha sido muito contestado na sequência da saída do Primeiro-Ministro Durão Barroso para Bruxelas, .

No seu primeiro mandato, o Presidente Sampaio não teve dificuldades de relacionamento com António Guterres apesar de estar perante uma situação atípica de um governo perto do limiar da maioria absoluta de um só partido. Sampaio observou que o centro do debate político estava em S. Bento, com os conflitos parlamentares a marcarem o ritmo governamental, como o estabelecimento de portagens, a coincineração de resíduos, ou a fixação de propinas nas Universidades, que permitiram a criação de maiorias conjunturais negativas, para não falar do momento, sempre decisivo, da aprovação do Orçamento de Estado. Sampaio utilizou 75 vezes a figura do veto político, desde a lei das vagas adicionais, em dezembro de 1996, as portagens do Oeste, em 1998, o ato médico, em 1999, O Casino de Lisboa, em 2002 e a lei-quadro dos municípios em 2003.

Jorge Sampaio foi ainda o primeiro Presidente da República a promover a realização de referendos, previstos na Constituição desde 1989. Pela primeira vez, em junho de 1998 realizou-se no caso da despenalização da interrupção voluntária da gravidez e, em novembro do mesmo ano, sobre a oportunidade de regionalização.

Intuía a importância de saber distinguir as situações de governo minoritário ou com maioria absoluta na Assembleia da República, "em que o Governo é formado por uma única força política ou em que se sustenta numa coligação interpartidária (...)", porque no primeiro caso, "a sua preocupação se centrava na manutenção do equilíbrio, separação e interdependência entre os vários poderes" (Sampaio, 16: 1999).

Aliás, o Presidente Sampaio, que viveu as duas realidades, considerava, no caso de um governo de maioria absoluta, o "equilíbrio no funcionamento do sistema exige uma maior atenção à transparência, igualdade e imparcialidade no exercício do poder, à prevenção dos abusos, à proteção das minorias e à preservação das possibilidades efetivas de alternância democrática" (Sampaio, 21: 1999).

O primeiro período de tempo, de quatro anos, do governo de António Guterres (1995-1999) acabou por ser mobilizado pelo desígnio nacional da adesão ao euro, a moeda única europeia. Este momento foi designado por Jorge Reis Novais (Novais, 197: 2010) como o período dos "anos de maturidade" do sistema de governo.

A COABITAÇÃO POLÍTICA EM PORTUGAL NA VIGÊNCIA DA CONSTITUIÇÃO DE 1976

Com a presidência de Sampaio iria começar, assim, um novo ciclo de atuação política no relacionamento institucional, nesta forma de uma coabitação de "confluência" como demonstrou com a sua ida a cumprimentar, na noite das eleições, o vencedor António Guterres (Gabriel, 112-118: 2007).

A exemplo dos seus antecessores, o Presidente Sampaio também viveu uma crise política com a demissão do Almirante Fuzeta da Ponte de Chefe de Estado-Maior General das Forças Armadas. Esta situação não teve a sua origem no governo, mas antes numa leitura da Lei de Defesa Nacional por parte do militar, com a qual o Presidente não concordava. O facto de o governo não ser rápido na obtenção de uma solução institucional obrigou o Presidente a declarar a "perda de confiança política e funcional no almirante CEMGFA", assinando a 6 de março de 1998 o seu decreto de exoneração (Gabriel, 182-183: 2007)[151].

Neste mandato presidencial as questões de defesa nacional e a deslocação de Forças Armadas para o exterior do território nacional, em cenários de conflito, motivaram uma presença ativa do Chefe de Estado, o que levou o governo, por vezes, a tornear o assunto, em certas circunstâncias, com o envio de forças da PSP e da GNR para cenários de conflitos como foram Timor-Leste ou o Iraque. O Presidente Sampaio, na sua declaração, a 19 de março de 2003, foi objetivo:

> "tendo em conta a inexistência de um mandato expresso das Nações Unidas, as Forças Armadas portuguesas não participarão neste conflito, não colaborarão nele, nem Portugal fará parte da coligação que se criar. Foi esta a minha posição desde a primeira hora para o caso de não haver uma resolução específica do Conselho de Segurança." (Gabriel, 190: 2007)

Antes, em 1999, no Kosovo, Portugal tinha já enviado militares na operação NATO, no que foi considerado por Mário Soares e Almeida Santos como uma violação da Constituição porque o Conselho de Estado não foi ouvido. No entendimento presidencial a simples audição e o respetivo parecer favorável do Conselho Superior de Defesa Nacional era suficiente além das informações ao Parlamento. O assunto terminou aí.

---

[151] O Prof. Veiga Simão era o Ministro da Defesa Nacional.

Se o primeiro governo de António Guterres procurou atingir o grande desígnio nacional da adesão de Portugal à moeda única europeia, onde as questões da convergência nominal do escudo para o euro dominaram a cena política e, consequentemente, as discussões em volta do Orçamento de Estado e a necessidade da sua consequente aprovação, já o segundo Governo Guterres, enquadrado noutra realidade institucional, vai ter um tempo de vida relativamente curto.

1. XIV Governo Constitucional – António Guterres II e uma nova crise política

O período presidencial de Jorge Sampaio vai ficar marcado pela coabitação inicial com o governo do Partido Socialista onde, pela primeira vez, um presidente e um governo e uma quase maioria se encontravam na liderança dos órgãos de soberania em Portugal.

Ao vencer as eleições, em 10 de outubro de 1999, cumprindo os quatro anos do mandato da anterior legislatura, o Partido Socialista conseguia uma particularidade, tinha o mesmo número de deputados que toda a oposição junta e ficou, assim, a um deputado da maioria absoluta. No Parlamento, o governo socialista vai utilizar um deputado do CDS-PP, o famoso deputado "limiano"[152], Daniel Campelo, para fazer passar o Orçamento de Estado de 2001.

O governo seguia, assim, o exemplo onde o Presidente tinha manifestado a ideia de que é aos partidos que incumbe, ainda mais "numa situação de inexistência de uma maioria absoluta na Assembleia da República, a responsabilidade de aproveitar as virtualidades dessa situação no sentido de reformas consensualizadas e amplamente discutidas e participadas" (Sampaio, 19: 1979).

O Governo, confirmada a adesão ao euro, terminando um momento de grande empenho político na construção de uma nova união monetária, e ultrapassado que estava o ciclo de fortes investimentos em obras públicas, como a Expo-98 e o Euro 2004, estava desgastado.

As eleições autárquicas de finais de 2001 dão uma profunda derrota eleitoral ao Partido Socialista, perdendo importantes câmaras munici-

---

[152] Assim conhecido pelo seu empenho na defesa regional da fábrica de fabrico de queijo com o nome limiano. Daniel Campelo era deputado eleito pelo círculo de Viana do Castelo.

A COABITAÇÃO POLÍTICA EM PORTUGAL NA VIGÊNCIA DA CONSTITUIÇÃO DE 1976

pais, e levam o primeiro-ministro a pedir a demissão ao Presidente para evitar a "entrada no pântano" do país. Para trás ficavam as demissões de membros do Governo como Fernando Gomes ou Armando Vara e, com este, Luís Patrão, no famoso caso da Fundação para a Prevenção Rodoviária. "Sampaio mostrava-se preocupado com a degradação da situação política (...) e as sucessivas crises governamentais e desentendimentos visíveis no núcleo duro do partido que o suporta" (Gabriel, 147: 2007) e em plena campanha presidencial não deixou de exercer as suas competências "para garantir a prevalência do equilíbrio constitucional de poderes e prosseguir a transparência, estabilidade e aperfeiçoamento da vida democrática" (Sampaio, 1999)[153].

Perante uma vontade tão decisiva do chefe do Governo, o Presidente Sampaio vai convocar eleições legislativas porque tinha consciência da necessidade de "restaurar a confiança dos cidadãos no sistema político (...) para garantir a eficácia do papel do Estado" (Sampaio, 19: 1996)[154].

O Presidente sabia que lhe cumpria "trabalhar com todas as maiorias e com todos os governos legítimos", contudo avisava que o "princípio da cooperação institucional não pode ser sinónimo de unanimidade" (Sampaio, 1996)[155].

Ao vencer as eleições legislativas, a 17 de março de 2002, garantindo uma maioria parlamentar pós-eleitoral, em coligação com o CDS/PP (119 lugares distribuídos entre os dois partidos numa relação de 105 deputados sociais-democratas e 14 centristas), o PSD voltava ao governo sete anos mais tarde.

O Presidente Sampaio vai convidar Durão Barroso a formar Governo, na expectativa de cumprir o mandato da legislatura.

Afinal, como afirmou, "não há maiorias presidenciais" (Sampaio, 1996)[156]. O Presidente Sampaio queria ser, sem exceção, o Presidente de todos os portugueses.

---

[153] Sampaio concorria então contra Joaquim Ferreira do Amaral, antigo Ministro das Obras Públicas apoiado pelo PSD e pelo CDS/PP:

[154] Sampaio, J. (1996). *Discurso na sessão solene de posse de Presidente da República*, Assembleia da República, 1996, março, 9, (http://jorgesampaio.arquivo.presidencia.pt).

[155] Sampaio, J. (1996). *Discurso na sessão solene de posse de Presidente da República*, Assembleia da República, 1996, março, 9, (http://jorgesampaio.arquivo.presidencia.pt).

[156] Sampaio, J. (1996). *Discurso na sessão solene de posse de Presidente da República*, Assembleia da República, 1996, março, 9, (http://jorgesampaio.arquivo.presidencia.pt)

2. XV Governo Constitucional – Durão Barroso em coabitação

A 6 de abril de 2002, José Manuel Durão Barroso, antigo Ministro dos Negócios Estrangeiros de Cavaco Silva, tomava posse, consciente da situação em que Portugal se encontrava. Estava o país a viver uma significativa "crise política, crise económica, crise de confiança nas suas próprias capacidades" (Durão Barroso, 15: 2004). Portugal vivia a angústia de um procedimento da União Europeia por violação do Pacto de Estabilidade e Crescimento, começando a viver o seu primeiro ciclo de austeridade consecutiva numa tentativa de equilíbrio das contas públicas.

O primeiro-ministro prometia ao Presidente "colaboração leal" e expressava "respeito e consideração" (Durão Barroso, 22: 2004).

Num governo dominado pela vontade de colocar ordem nas contas públicas, obrigando o Presidente a dizer que existia mais vida para além do défice orçamental, os acontecimentos de 11 de setembro de 2001 iriam ter um impacto multiplicador decisivo para a sua sorte institucional. Ao criar condições para a realizar e ao assinar a declaração da Cimeira do Atlântico – compromisso para a solidariedade transatlântica – nos Açores, na Base das Lajes, em 16 de março de 2003, Durão Barroso dava o primeiro passo para sair em direção a Bruxelas, e ao alto cargo de Presidente da Comissão Europeia, substituindo o italiano Romano Prodi.

A eleição de Barroso era para Portugal muito importante pela visibilidade que oferecia ao país. Sampaio já anteriormente sabia da possibilidade de António Guterres poder ser convidado para tal função e a sua alternativa para primeiro-ministro poderia passar por António Vitorino. O então primeiro-ministro recusou essa possibilidade.

O Presidente Sampaio não pretendia eleições, mas equacionou essa possibilidade e a indicação do substituto de Durão Barroso abriu uma hipótese que merecerá ser analisada mais à frente neste trabalho.

Marcelo Rebelo de Sousa colocou, no programa que então tinha na TVI, a questão: "ao votarem, os portugueses não votam num partido em abstrato, as eleições são cada vez mais escolhas para o cargo de primeiro-ministro (...) quem teve legitimidade na vitória eleitoral do PSD, em 2002, foi Durão Barroso e mais ninguém" (Gabriel, 174: 2007).

Contudo, há quem entenda que a escolha de Santana Lopes acabou por reforçar o regime semipresidencialista porque a "gestão que

Sampaio fez das crises evidenciou o imenso poder do Presidente" e, por isso, não "parlamentarizou o sistema" nem "degradou a função e os poderes do Presidente" (Gabriel, 33: 2007).

Durão Barroso sugeriu ao Presidente o então Presidente da Câmara Municipal de Lisboa, Santana Lopes, para lhe suceder, mesmo contra a opinião interna no PSD, a começar por destacados militantes como Manuela Ferreira Leite, Marcelo Rebelo de Sousa ou Aníbal Cavaco Silva.

Paulo Portas foi a Belém optar por dizer ao Presidente Sampaio que não existia nenhuma factor de crise institucional e tal só aconteceria se houvesse uma rutura na coligação.

O Presidente tinha explicado no prefácio ao seu livro *Portugueses*, volume VI, em 2002 que, no seu entender, era necessário "que o interesse nacional exige uma relegitimação da representação parlamentar, quando se convença que a composição parlamentar deixou definitivamente de corresponder à vontade do eleitorado" (Sampaio, 162: 1999).

O PSD tinha sofrido uma pesada derrota eleitoral nas eleições para o Parlamento Europeu e isso parecia ser suficiente para justificar a dissolução da Assembleia da República porque, no dizer de Jorge Novais, citado pelo assessor presidencial, João Gabriel, "o nosso sistema é semipresidencialista e o Presidente deve estar atento a todos os sinais. Aí está a razão da eleição direta por sufrágio universal. Para ter a última palavra em momentos de crise ou vazio de poder" (Gabriel, 163: 2007).

O Presidente ainda ouviu o Conselho de Estado, mas sem proceder a qualquer votação, uma condição obrigatória formal para poder dissolver.

Santana Lopes iria suceder a Durão Barroso. Entretanto Ferro Rodrigues demitia-se da liderança do Partido Socialista e iria começar a coabitação de "conflito" mais curta e difícil de um Presidente com um Governo.

3. XVI Governo Constitucional – Santana Lopes no fim da coabitação

A 9 de Julho de 2004, o Presidente Jorge Sampaio dirigia-se ao País para, na sequência do pedido de demissão do Primeiro-Ministro, Durão Barroso, interrompendo assim o seu mandato, dizer que a sua decisão é sempre livre e autónoma.

NO VÉRTICE DO TRIÂNGULO CONSTITUCIONAL

O Presidente tinha ponderado a hipótese de dissolver a Assembleia da República ou nomear um novo Primeiro-Ministro e, para tal, ouviu o Conselho de Estado, antigos presidentes e primeiro-ministros, mas não existia uma linha consensual sobre a solução de saída da crise política.

Jorge Sampaio valorizava "a importância da estabilidade política enquanto fator de desenvolvimento nacional e o regular funcionamento das instituições democráticas" porque não "compete ao Presidente da República governar. Mas já lhe compete garantir as condições de regularidade, legitimidade e autenticidade democráticas de todo este processo" (Sampaio, 2004)[157].

Nada parecia justificar interromper o mandato da Assembleia da Republica a dois anos do final da legislatura. A atual maioria tinha garantido ao Presidente ter condições para constituir um novo governo e o então Primeiro-Ministro Durão Barroso tinha defendido a continuidade da legislatura. Confessava Barroso que "o ponto-chave é este, não vou para Bruxelas se houver eleições. Haja o que houver. Se vir que há eleições em Portugal, recuso o cargo" (Santana Lopes, 17: 2006).

Nesse sentido, ao Presidente restava a questão da legitimidade para justificar a sua decisão. Como os resultados de referência eram as eleições parlamentares de 2002 e o acordo pós-eleitoral PSD-CDS/PP se mantinha, decidiu "dar oportunidade" à maioria de formar um novo Governo, mas deixava um aviso claro que permanecia "fiel à sua obrigação constitucional de garantir o regular funcionamento das instituições democráticas" e mantinha intacto o seu núcleo de poderes, outorgados pela Constituição, incluindo o "poder de dissolução da Assembleia da República"[158].

Recusava o Presidente ser o notário da democracia representativa, mas antes o seu garante e considerando o momento difícil que se vivia, entendia que não se poderiam realizar desvios nas políticas de defesa externa, de justiça, de consolidação orçamental e sobre a Europa, entendeu fazer o convite ao novo Presidente do PSD.

Tinha chegado a hora de Pedro Santana Lopes que, enquanto membro da I Comissão de Revisão Constitucional, em 1981, entendia que

---

[157] Sampaio, J. (2004). *Comunicação ao País*, Palácio de Belém, 9 de julho de 2004.
[158] Seguimos de perto o texto Sampaio, J. (2004). *Comunicação ao País*, Palácio de Belém, 9 de julho de 2004.

o "poder de nomeação do primeiro-ministro, num sistema do tipo do nosso, é um dos poderes-chave no que toca à evolução que esse mesmo sistema tenha, quanto à acentuação do pólo presidencial ou parlamentar" (Santana Lopes, 5: 2006).

No Palácio de Belém é certo que muitos dos conselheiros presidenciais entendiam que a maioria tinha obtido uma derrota nas eleições ao Parlamento Europeu e que, como recordou Jorge Novais, "a estabilidade não pode ser um valor constitucional acima do juízo de oportunidade política que o Presidente devia fazer" (Gabriel, 176: 2007). Contudo, a leitura constitucional não vai no sentido de o Presidente usar o poder de dissolução para derrubar governos, mas antes para garantir o funcionamento das instituições e por isso Sampaio foi mais sábio do que o "Parlamento de Belém" [159] que representa o círculo de influência que rodeia o Presidente da República e com uma agenda política própria.

Aníbal Cavaco Silva escrevia ao mesmo tempo, como que antecipando a decisão futura do Presidente Jorge Sampaio, no *Expresso*, que

> "a lei da economia, conhecida como lei de Gresham, poderia ser transposta para a vida partidária portuguesa com o seguinte enunciado: os agentes políticos incompetentes afastam os competentes. Segundo a lei de Gresham a má moeda expulsa a boa moeda" (Cavaco Silva, 2004)[160].

Com este quadro de contestação começava a coabitação entre um presidente socialista e um primeiro-ministro que não tinha sido sequer

---

[159] É assim que João Gabriel se refere ao ciclo de conselheiros presidenciais que o Presidente Sampaio ouviu. Santana Lopes enumera no seu livro os nomes. Próximos do Presidente como João Ferreira do Amaral, Ferro Rodrigues, Correia de Campos, Nuno Brederode dos Santos, Vera Jardim, João Cravinho e Carlos César foram a favor. Outros como Mário Soares, António Guterres, Almeida Santos, João Salgueiro também, enquanto que Ramalho Eanes, Vitor Constâncio, Gomes Canotilho, Fernando Marques da Costa, Maria de Jesus Serra Lopes, Nunes de Almeida nada deixaram transparecer da sua opinião, Maria de Lurdes Pintassilgo queria uma terceira via, Mota Amaral, Pinto Balsemão e Cavaco Silva lacónicos, Rui Machete e Miguel Cadilhe pela estabilidade e Jorge Miranda informando que ambas as soluções eram constitucionais. Falta dizer que a sua legitimidade não reside no voto dos portugueses e, por isso, é só uma opinião, por mais válida que seja.

[160] Cavaco Silva, A. (2004). "Os políticos e a lei de Gresham", *Expresso*, 27 de novembro de 2004.

uma hipótese de legitimidade eleitoral, mas que sabia o desejo presidencial de pretender um outro nome alternativo[161].

A solução de dar posse a um novo governo, com Pedro Santana Lopes como primeiro-ministro, foi classificada por Jorge Miranda (Miranda, 2004)[162] como correta. A defesa da dissolução parlamentar, por causa da demissão do primeiro-ministro vencedor das eleições de 2002[163] e da derrota da coligação governamental nas eleições europeias de junho de 2004, abriria um precedente perigoso porque seria a utilização desta figura constitucional para derrubar governos pelo tal critério de oportunidade política.

Ora, o que a nossa história constitucional provava era que a dissolução tinha sempre associada a si uma forte razão institucional à qual a Assembleia da República não conseguia já dar resposta.

Em 1983, Eanes não aceitou Vítor Crespo porque a maioria estava esgotada.

Em 1985, a solução era natural com o fim da coligação PS/PSD.

Em 1987, a dissolução foi consequência da moção de censura ao governo e ao facto do Presidente não ter aceite um governo com origem na maioria que votou a referida moção.

Em 2002, a dissolução surge na sequência do pedido de demissão do primeiro-ministro, sem indicação de um nome alternativo e com todos os partidos a reclamarem eleições legislativas.

"Longe de diminuir a sua capacidade de manobra – embora sem a aumentar – a decisão do Presidente Jorge Sampaio de 9 de Julho preser-

---

[161] O próprio Presidente Jorge Sampaio o confessou na sua fotobiografia, como Presidente da República, numa edição do Museu da Presidência da República.

[162] Miranda, J. (2004). "Demissão do primeiro-ministro e dissolução do Parlamento", *Público*, 3 de agosto de 2004.

[163] As eleições parlamentares não são eleições para eleger o primeiro-ministro, mas sim para eleger deputados da Assembleia da República. Contudo, esta ideia de legitimidade eleitoral própria do primeiro-ministro tem desde 1985 sofrido uma aceleração constante ao evidenciar, de eleição em eleição, a importância do perfil do candidato a primeiro-ministro. O próprio Presidente Sampaio reconheceu que não somos uma democracia de primeiro-ministro mas que a pessoa escolhida era **controversa** e, por isso, o povo deveria ser chamado a pronunciar-se.

vou, pois, o sistema de governo semipresidencial e respeitou o seu compromisso de garante das instituições republicanas" (Miranda, 2004)[164].

Sampaio justificou, mais tarde, que deu posse a Santana Lopes independentemente de temer o populismo porque, apesar de o governo ser contestado e ter más sondagens de opinião, isso não implicava com o regular funcionamento das instituições democráticas. O Presidente tinha assistido a dois primeiro-ministros pedirem para sair e defendia a estabilidade do sistema, por isso "contra o PS e contra os meus amigos" considerou que se devia evitar "mais uma dissolução, mais quatro meses perdidos" (Sampaio, 2010)[165], admitindo contudo, na sua análise dos poderes presidenciais, que foi longe demais no discurso da tomada de posse do governo quando defendeu uma certa orientação programática-governamental em certas áreas.

Como afirma um constitucionalista que viveu esta fase presidencial muito de perto, "o Presidente da República conserva e pode exercer uma prerrogativa de avaliação (...) sobre as condições políticas de formação, mas também da subsistência dos Governos em funções" (Novais, 259: 2010).

Os quatro meses de governo Santana Lopes são um verdadeiro estudo de caso pelas circunstâncias desenvolvidas em volta da sua atuação.

De julho a novembro de 2004 acumularam-se os episódios que criaram as condições para um "caldo" de "trapalhadas políticas" que esteve na origem da demissão do governo, pelo Presidente, e a consequente dissolução da Assembleia da República, onde gozava de uma confortável maioria parlamentar.

À dissolução da Assembleia "fria, consensual, incontroversa" (Novais, 260: 2010) com o fim do governo Guterres II, segue-se um momento onde o Presidente vai dar a conhecer, ao Primeiro-Ministro, o que entende sobre a sua capacidade institucional de vencer a crise económica e das finanças públicas e se afirmar como credível.

Logo na cerimónia de tomada de posse – em relação ao previsto, começou com uma hora de atraso – as coisas não correram bem: uma

---

[164] Miranda, J. (2004). "Demissão do primeiro-ministro e dissolução do Parlamento", *Público*, 3 de agosto de 2004.

[165] Sampaio, J. (2010). Entrevista ao Jornal *Público*, 2010, março, 21, onde defendeu o sistema semipresidencial e explicou a dissolução da AR.

troca de secretários de Estado à última hora e as hesitações de Santana Lopes na leitura do seu discurso e que este justificou com a extensão do texto (Santana Lopes, 135: 2006).

Santana Lopes viu sair o diretor da PSP, Mário Morgado, e da Polícia Judiciária, Adelino Salvado, assistiu ao abandono de Cardoso e Cunha da administração da TAP, ao envio de um navio de guerra, pelo Ministro Paulo Portas, para não deixar entrar em águas nacionais um navio de uma organização não governamental holandesa e às dificuldades de arranque do ano escolar pela falta de colocação de professores.

Ao nível político interno, a guerra ente o Ministro Rui Gomes da Silva e Marcelo Rebelo de Sousa a propósito dos comentários deste na TVI, o atraso nas reformas estruturais, com o Presidente a pedir uma gestão das finanças públicas mais exigente, e a falta de sintonia entre o Governador do Banco de Portugal e o Ministro das Finanças obrigam o Primeiro-Ministro a uma pequena remodelação governamental. O artigo de Cavaco Silva sobre a competência na política e a demissão do Ministro Henrique Chaves, acusando Santana Lopes de "grave inversão dos valores de lealdade e verdade"[166], fazem o resto.

Santana Lopes tinha a perceção que não conseguiria concluir o mandato (Santana Lopes, 130: 2006), contudo estava longe de adivinhar que Sampaio, a 30 de novembro, comunicaria ao País que iria ouvir os partidos com representação parlamentar e o Conselho de Estado, nos termos do artigo 133º da Constituição da República. "E assim foi o final do XVI Governo Constitucional: uma conversa de quarto de hora com o Presidente da República. Depois separámo-nos" (Santana Lopes, 418: 2006).

Sampaio veio, mais tarde, a justificar a sua aparente indecisão como um processo para dar mais tempo ao PSD para encontrar uma outra figura para primeiro-ministro, pois tinha tentado explicar à maioria parlamentar as suas maiores reservas tendo em conta o perfil do candidato proposto.

O Presidente estava consciente de que se as eleições tivessem repetido a anterior maioria só lhe restava a renúncia à presidência, como afirma no prefácio do livro *Portugueses IX*: "tivesse o povo português dado razão à maioria parlamentar e a posição do Presidente, cujo ato

---

[166] *Público*, 25 de fevereiro de 2006.

de dissolução se revelara, afinal, inútil e prejudicial, ficaria extraordinariamente enfraquecida".

Santana Lopes veio dizer que um dos seus erros foi deixar a "influência presidencial" crescer no sistema de Governo, apesar de não querer contribuir para a "presidencialização" do sistema de governo e "para a cumplicidade de Jorge Sampaio nas responsabilidades governativas" (Santana Lopes, 130: 2006).

A crise, anunciada em novembro, materializou-se com a dissolução e a marcação eleições legislativas, em dezembro desse ano, na mais controversa das seis dissoluções da Assembleia da República verificadas na vigência da Constituição de 1976, pois evidencia o papel decisivo que o Presidente tem em todo o sistema de governo.

O Presidente Sampaio foi acusado de usar a dissolução como uma pena sancionatória contra o Governo, o que é recusado pelo seu constitucionalista de serviço ao escrever que é um poder livre do Presidente que "pode invocar para o exercer e dos fins que pretenda atingir" (Novais, 278: 2010) de acordo com artigo 195º nº 2 da Constituição.

Com efeito, quer em 1983 com Eanes, quer em 1987 com Soares, também Sampaio, em 2004, decidiu contra a maioria parlamentar. A grande diferença contudo podemos encontrá-la no facto de que o presidente não deixou a crise chegar ao parlamento, como aconteceu em 1985 com o fim da coligação do bloco central ou, mesmo, com a moção de censura do PRD em 1987.

Esta mesma diferença seria justificada, de um modo curioso, como a afirmação de um poder de iniciativa presidencial na afirmação da matriz portuguesa de semipresidencialismo "tanto do estatuto passivo do Presidente da República de sistema parlamentar, clássico ou racionalizado, como do estatuto adormecido do Presidente da República da matriz austríaca de semipresidencialismo" (Novais, 282: 2010).

Longe da matriz francesa do semipresidencialismo, Sampaio introduziu um fator de afirmação de uma matriz portuguesa de semipresidencialismo que foi aceitar antecipar uma crise política fora do seu ambiente natural: o parlamento. O Presidente estava ciente dos riscos que corria, pois colocou a hipótese de renúncia, e aproveitando o seu estatuto de legitimidade democrática interpretou autenticamente o seu conceito de interesse nacional fazendo uma avaliação negativa do governo em funções ou da solução governativa que lhe é proposta pelo Primeiro-Ministro ou pela maioria parlamentar. Contudo, o constitucionalista Jorge Reis Novais ainda lhe acrescenta uma nota subjetiva, a possibilidade de o Presidente dissolver "porque discorda da continuidade ou não acredita na viabilidade do Governo" (Novais, 289: 2010).

A resposta eleitoral dos portugueses deu razão ao Presidente quando o PS, pela primeira vez na sua história, conseguiu atingir uma maioria absoluta.

"O poder real que emerge de todas estas situações de crise decididas com a dissolução do Parlamento é, afinal, esse poder presidencial, não escrito, mas real de decidir sobre a vida dos Governos", o qual fica só balizado pelos limites jurídicos e políticos a que esse mesmo poder de dissolução está constitucionalmente submetido.

Como afirmou Jorge Sampaio, "o Presidente modera, não governa; sugere, mas não se imiscui" (Sampaio, 2010)[167].

Para o nosso sistema de governo o problema tem estado nas constantes sugestões presidenciais ao primeiro-ministro, nas suas consequências na afirmação de um *soft power* presidencial com implicações no modelo de relacionamento institucional.

4. XVII Governo Constitucional – Sócrates Absoluto

Com as eleições de 20 de fevereiro de 2005, o Partido Socialista obtém uma maioria absoluta de 121 deputados, correspondente a 45,03% dos eleitores. O dramatismo de que se rodearam estas eleições, aliado à necessidade de redução do peso do aparelho do Estado no PIB, e ao cumprimento das metas orçamentais com Bruxelas levaram a que o eleitorado flutuante concentrasse o voto no PS, e muitos eleitores abstencionistas foram também votar, para penalizar o PSD.

A relação entre o Presidente Sampaio e o governo de José Sócrates assentou na concretização de um velho sonho de Francisco Sá Carneiro: um presidente, um governo e uma maioria. O pouco tempo desta "coabitação de confluência" socialista não deixa, assim, grande história.

Em março de 2006, Cavaco Silva torna-se o IV Presidente da República e o primeiro da área política da direita PSD/CDS. Vai começar uma outra coabitação assente na ideia de "cooperação estratégica".

---

[167] Sampaio J. (2010) *Expresso*, 7 de agosto, 2010.

Capítulo IV
A Cooperação Estratégica

O Presidente Aníbal António Cavaco Silva
(2006-2011)

"No quadro de um sistema de governo semipresidencial, como o português, o Presidente da República não exerce funções governativas, mas dispõe de um conjunto de poderes constitucionais substantivos que o configuram como um órgão de soberania ativo, cujas atribuições não se circunscrevem a uma dimensão meramente formal, representativa ou simbólica (...) e consciente do seu papel moderador e das especiais exigência constitucionais que recaem sobre a sua função (...)

ANÍBAL CAVACO SILVA (2010)
In *Fiel aos compromissos*
Lisboa, Aletheia Editores, p. 21

Sendo o primeiro Presidente eleito de direita, como foi a sua ideia de "cooperação estratégica" com a esquerda?

A coabitação (Rebelo de Sousa, 11: 1987)[168] entre Cavaco Silva e José Sócrates mostrou a preponderância da componente parlamentar quando o primeiro-ministro goza de uma clara maioria parlamentar. Isso mesmo

---

[168] Os elementos definidores de coabitação podem ser encontrados em Rebelo de Sousa, M. (1987).

aconteceu com o veto e posterior confirmação da Assembleia da República quanto ao Estatuto Orgânico da Região Autónoma dos Açores. No caso do veto, e consequente reapreciação pelo parlamento, do Estatuto dos Açores, o Chefe de Estado não só enviou uma mensagem à Assembleia da República justificando a sua atitude, como utilizou a televisão para esclarecer os portugueses.

Os acontecimentos de maior fragilidade do governo permitiram ao Presidente emergir com posições mais ativas no sistema político.

A esse propósito, por exemplo, foi o caso dos vetos presidenciais sobre o "segredo de Estado", "a concentração dos meios de comunicação social" ou o "financiamento dos partidos políticos", os quais o parlamento decidiu acatar.

Cavaco Silva foi o primeiro Presidente eleito com o apoio do centro-direita e teve uma esquerda muito dividida entre o antigo Presidente Mário Soares como candidato com apoio do Partido Socialista e Manuel Alegre, da mesma área política. Contudo, o Presidente Cavaco Silva teve oportunidade, quando estava em pré-campanha, de deixar claro que era "importante que a natureza híbrida do sistema semipresidencial não envolva uma partilha do poder executivo, contrariamente ao que acontece em França. A atividade executiva do Presidente da República deve ser muito limitada" (Cavaco Silva, 2005)[169].

O primeiro mandato do Presidente Cavaco Silva feito em coabitação com o governo de José Sócrates com maioria absoluta é, no nosso entendimento, um mandato cauteloso. O Presidente tinha sido muito crítico da governação do PS, tendo sido o autor do "monstro" para se referir ao Orçamento de Estado e vinha, desde 2000, a analisar com frequência, nos *media*, a atuação dos vários governos (Gonçalves, 2005)[170].

Ainda antes de ser Presidente da República, Cavaco Silva viu a atuação do Primeiro-Ministro José Sócrates ser, muitas vezes, comparada com a sua no estilo de governação, o que criou condições para uma menor crispação entre presidente e primeiro-ministro quando começou a funcionar a coabitação plena.

---

[169] Cavaco Silva, A. (2005). "Novas democracias e semipresidencialismo", *Expresso*, 10 de setembro de 2005.

[170] A este propósito, o livro de Goncalves, V. (2005). *A agenda de Cavaco Silva*, evidencia bem as polémicas nos *media* e as revelações do Professor Cavaco Silva.

Jorge Reis Novais, consultor para assuntos constitucionais do Presidente Sampaio e do Primeiro-Ministro José Sócrates, considerou o primeiro mandato do Presidente Cavaco Silva como "substancialmente falhado", referindo que a ideia de cooperação estratégica se aproximava mais da conceção semipresidencialista francesa porque o objetivo do Presidente seria "garantir o equilíbrio e o regular funcionamento do sistema" e não ajudar o Governo ou a oposição (Castanheira, 2011)[171]. Jorge Reis Novais acusa mesmo Cavaco Silva de ajudar a oposição, quando Manuela Ferreira Leite liderava o PSD, no caso das alegadas escutas a Belém, como um exemplo de quebra do "dever de lealdade institucional do Presidente com o Governo e de violação do dever constitucional de imparcialidade", tese que não recolheu grande impacto na doutrina pelo simples facto de que todos os anteriores inquilinos de Belém podem ser acusados do mesmo desejo.

Se a característica específica que costuma marcar os primeiros mandatos presidenciais é uma atitude cautelar que crie condições à reeleição do presidente, acusar o Presidente Cavaco de não se afirmar como um presidente moderador, imparcial e suprapartidário parece exagerado.

Neste primeiro mandato o Presidente Cavaco, muitas vezes, mediou a criação de condições para Portugal aparecer a uma só voz no contexto da União Europeia e, já num quadro de governo minoritário, na aprovação dos Orçamentos de Estado e do Programa de Estabilidade e Crescimento.

Na prática presidencial de Cavaco Silva houve quem visse, como Maria José Nogueira Pinto, um novo presidencialismo, considerando que seria melhor para o país ter um "sistema presidencialista" (Nogueira Pinto, 2009)[172], quando se referia à vontade de o Primeiro-Ministro, José Sócrates, querer "fragilizar o Presidente" nas questões do Estatuto dos Açores. Contudo, o Presidente, sempre que podia, reafirmava que "não devo interferir na governação" (Cavaco Silva, 2010)[173].

---

[171] Seguimos o artigo Castanheira, J. (2011). "Os poderes dos Presidentes", Revista *Atual* do jornal *Expresso*, 21 de janeiro de 2011.

[172] Nogueira Pinto, M. J. (2009). "Um novo presidencialismo", *Diário de Notícias*, 26 de janeiro de 2009.

[173] Cavaco Silva, A. (2010). *Público*, 6 de maio de 2010.

O Presidente Cavaco Silva terá oportunidade, após a sua reeleição em 2011, de viver um outro tipo de coabitação em que José Sócrates lidera já um governo minoritário a quem já falta o fôlego político de outros momentos.

O seu primeiro mandato será por si definido, no prefácio dos seus *Roteiros*, como "um mandato coerente" onde alertou para a difícil situação financeira que o País vivia, e assumiu-se como um "referencial de equilíbrio e de estabilidade" não "alimentando divisões", contudo "o Presidente não governa nem legisla, mas pode apontar caminhos capazes de levar o País a aproveitar as suas potencialidades" (Cavaco Silva, 2011).

1. XVIII Governo – Sócrates minoritário

A 26 de outubro de 2009, José Sócrates toma posse como Primeiro-Ministro minoritário na sequência das eleições legislativas em que obteve 97 deputados.

Perto das eleições para a Presidência da República, Cavaco Silva fazia o balanço do seu primeiro mandato e avisava que se tinha esforçado para evitar uma crise política ao tentar uma coligação governamental e a chamar ao diálogo os partidos políticos sobre o Orçamento de 2011, empenhando a oposição numa cultura de responsabilidade, até porque o Presidente não podia convocar novas eleições antes de 9 de março[174].

O seu trunfo político seria a afirmação da estabilidade como marca de água do seu mandato. Era o único Presidente que ainda não tinha dissolvido a Assembleia da República, contudo iria, em breve, cair pela base este seu argumento com o agravar da crise económica e financeira mundial e particularmente na zona euro.

As suas relações com José Sócrates eram de "absoluta normalidade", mas salientava que se devia falar sempre verdade "para que as pessoas possam comportar-se de uma forma que ajude a resolver os problemas nacionais e não a agravá-los."

A coabitação estava tensa entre o Presidente e o Primeiro-Ministro, tendo o então Ministro da Defesa, Augusto Santos Silva, entrado aber-

---

[174] Seguimos a entrevista ao *Expresso*, em 23 de outubro de 2010, onde fazia o balanço do mandato e anunciava a sua recandidatura.

tamente ao ataque ao candidato Cavaco Silva, na campanha eleitoral, a propósito do caso BPN.

A partir da posse do Presidente, em março, a relação institucional começou a alterar-se em função do agravamento da crise económica e financeira, com a recusa do Governo em pedir ajuda externa e o surgimento de novas lideranças nos partidos da oposição. A dúvida seria saber se o Presidente da República intervinha como Sampaio, dissolvendo a Assembleia, ou aguardava a existência de uma crise política. Antes, o seu discurso de posse tinha sido lido como uma verdadeira "declaração de guerra".

Com a retirada do apoio do PSD e CDS/PP à viabilização de mais um Programa de Estabilidade e Crescimento e o pedido de ajuda externa que o governo Sócrates solicitou, abriu-se uma crise política a que se seguiu a dissolução da Assembleia da República e a convocação de eleições para 5 de junho de 2011.

Jorge Miranda justifica duas leituras para os poderes do Presidente da República: uma no plano político ou do sistema de governo – a dissolução da Assembleia da República – e outra no plano do poder moderador (Miranda, 2010)[175], considerando que o Presidente tem um poder relevante que é a nomeação do primeiro-ministro e deveria ter forçado um governo de coligação porque não é constitucionalmente obrigado a nomear quem o partido mais votado indica (Miranda, 2010)[176].

Alguns constitucionalistas salientaram que, no seu primeiro mandato, Cavaco Silva tinha uma visão muito limitada ou restritiva dos seus poderes, o que o Presidente sempre reforçou ao afastar a ideia de governos de iniciativa presidencial (Cavaco Silva, 2010)[177], deixando assim claro, durante a campanha eleitoral, que a dissolução da Assembleia da República só em situações extraordinárias, "tendo em conta o controlo e fiscalização do Executivo exercido pela Assembleia da República, a quem o Governo responde politicamente" (Cavaco Silva, 2011)[178].

---

[175] Miranda, J. (2010). "Revisão constitucional e poderes do Presidente da República", *Expresso*, 7 de agosto de 2010.
[176] Miranda, J. (2010). Entrevista ao *Expresso*, 14 de agosto de 2010.
[177] Cavaco Silva, A. (2010). Declarações à Agência Lusa em Mafra, 2010, 12 de julho.
[178] Cavaco Silva, A. (2011). *Expresso*, 15 de janeiro de 2011.

Vital Moreira (Moreira, 2011)[179] veio defender a necessidade de que só "uma assumida norma de equilíbrio, contenção e *self-restraint* é que podia resguardar o PR de subjetivismos reativos" que seria o exercício do poder moderador consubstanciado na prática constitucional de três décadas.

A 21 de junho de 2011 tomava posse o XIX Governo Constitucional, assente numa maioria parlamentar PSD-CDS/PP com 132 deputados, e tendo como Primeiro-Ministro Pedro Passos Coelho.

Uma conclusão parece evidente um século após a instauração da República: "é fundamental que a classe política, pela força do exemplo, dê aos Portugueses motivos para acreditarem na sua República"[180].

[179] Moreira, V. (2011), entrevista no *Público*, 5 de abril de 2011.
[180] Discurso do Presidente da República nas cerimónias do 5 de outubro de 2010.

Parte IV
O Presidente, o Governo e a Assembleia da República no Sistema Político

"Soares exprimiu a sua preocupação sobre as relações não totalmente harmoniosas com o PM. Falou das possibilidades de repensar o papel do PR (.) e de acentuar a influência do papel do Presidente no sistema político português (...) estava preocupado com a falta de pluralismo em Portugal e com o facto que as maiorias governativas não funcionam necessariamente melhor que as coligações governativas."

MARIATHERESA FRAIN
in "Relações entre o Presidente e o Primeiro-ministro em Portugal: 1985-1995"
Análise Social (volume XXX), Lisboa: Instituto de Ciências Sociais
da Universidade de Lisboa

Capítulo I
O Consenso e o Conflito na Origem
do Impasse do Sistema Político

A perspetiva aqui em análise, aquela que nos interessa e à ciência política, é sobre o funcionamento empírico do sistema de governo e não tanto a análise do modo como o sistema de governo está definido constitucionalmente, que é tarefa primária da esfera de estudo no direito constitucional.

Desde 1867, com Walter Bagehot e a sua obra clássica, *The English Constitution*, onde se usa, pela primeira vez, a expressão "presidencial", referente ao sistema de governo norte-americano, para designar o grande rival do sistema inglês de governo e, desse modo, abrir o sempre eterno debate entre as duas formas de governo (Bagehot, 12: 2001). É a diferença que a doutrina anglo-saxónica prefere chamar *law in action* – *law in the books*, como a prática político-institucional que está aqui em equação. Naquilo que Paulo Otero denomina "Constituição oficial" e "Constituição não oficial" (Otero, 418-424: 2003), Bagehot vai procurar fundar uma metodologia do melhor sistema (*the best system approach*), com as suas virtudes e defeitos, num quadro de procura do melhor modelo esquecendo o seu contexto temporal e espacial. Esta situação adquirida vai-se manter até à terceira vaga de democratização aberta, de acordo com Samuel Huntington, com Portugal e com a ajuda da intervenção doutrinal inovadora de Maurice Duverger.

O equilíbrio entre os três órgãos políticos – o Presidente da República (Freire e Pinto, 2010)[181], o Governo[182] e a Assembleia da República[183] – está no vértice do triângulo institucional, que articula a nossa vida democrática e permite afirmar a diferença da sua estrutura institucional entre os órgãos de soberania. Segundo Maurice Duverger, em consequência os seus "conflitos só podem ser regulados pelo povo" (Duverger, 72: 1978). Em caso de impasse sobre qual seria o tipo de eleição que deveria prevalecer: a presidencial ou a legislativa?

O próprio Duverger deixava a solução:

> "o presidente só exprime uma parte do povo, a que votou por ele e que não ultrapassa, em muitos países, a metade dos cidadãos. Em contrapartida, o conjunto dos deputados representa a totalidade do povo, dado que nesse caso a minoria figura ao lado da maioria. O diálogo permanente dos deputados constitui a própria essência da vida parlamentar que reflete, assim, toda a vida nacional. Isto concede ao parlamento uma preeminência de direito e faz com que seja ele o alicerce principal do regime semipresidencial, apesar da eleição do chefe de Estado por sufrágio universal" (Duverger, 74: 1978).

---

[181] Seguimos aqui Freire, A. e Pinto, A. (2010) e Gomes Canotilho, J. J. e Moreira, V. (1991).

[182] Em especial sobre o papel do Primeiro-Ministro, ver Pulido Valente, V. e Portas, P. (1990). "O primeiro-ministro: estudo sobre o poder executivo em Portugal", *Análise Social*, (volume XXV, nº 107), Lisboa: Instituto de Ciências Sociais da Universidade de Lisboa; Rodrigues, L. (2000). *A natureza jurídica sui generis do Conselho de Ministros*, Scientia Iuridica, Tomo LIX, Braga e Rodrigues, L. (1997). *Le Premier Ministre*, Pouvoirs, nº 83, Paris. Sobre o Governo em geral, Valle, J. (2004). *A Participação do Governo no Exercício da Função Legislativa*, Coimbra: Coimbra Editora; Lobo, M. (2001). *A Presidência do Governo: a politização dos serviços do Primeiro-Ministro português desde 1976* em, *A Reforma do Estado em Portugal – Atas do I Encontro Nacional de Ciência Política*, Lisboa: Bizâncio, e Lobo, M. (2005). *Governar em Democracia*, Lisboa: Imprensa de Ciências Sociais.

[183] Para mais desenvolvimento ver Sá, L. (1994). *O lugar da Assembleia da República no sistema político*, Lisboa: Caminho; Bandeira, C. L. (2002). *Da legislação à legitimação: o papel do Parlamento Português*, Lisboa: Imprensa de Ciências Sociais; Freire, A. *et al.* (2002). *O Parlamento Português: uma reforma necessária*, Lisboa: Imprensa de Ciências Sociais; Teixeira, M. (2009). *O povo semi-soberano: partidos políticos e recrutamento parlamentar em Portugal*, Coimbra: Almedina; Belchior, A. (2010). *Democracia e representação partidária*, Lisboa: Lisboa: Imprensa de Ciências Sociais.

Concordamos, assim, com Vitalino Canas quando este defende que

"o equilíbrio do sistema requer que o Chefe do Estado, num contexto de preeminência de direito do parlamento e do Governo, disponha de poderes arbitrais de conflitos, de moderação e de intermediação, de compensação da fragilidade de minorias políticas, de resolução de crises ou de superação de momento patológicos do funcionamento do sistema." (Canas, 95-112: 2007)

Um sistema político de governo, em que os poderes presidenciais de *direção* política deixaram de ser evidentes, após a revisão constitucional de 1982, tem visto os poderes presidenciais de *moderação e de arbitragem* aumentarem, intervindo na vida pública, muitas vezes de uma forma cada vez mais acentuada quanto mais são os sinais externos de perturbação social nos sistemas político e económico.

A questão dos "poderes consideráveis do Presidente" que Maurice Duverger (que procuramos concretizar, no caso português, a este propósito nos quadros 5 e 6) invocava para a definição dos critérios do semipresidencialismo foi criticada por Elgie (Elgie, 1999) porque não deixava de ser uma definição vaga e cuja fundamentação conduz a um semipresidencialismo sempre que um presidente eleito diretamente tenha de coexistir com um primeiro-ministro e um governo responsáveis perante o parlamento.

Em Portugal, inicialmente foi a consolidação das instituições democráticas que condicionou o papel presidencial na disputa com o governo. O conflito tem estado mais vezes presente do que o consenso, principalmente sempre que se invoca a necessidade de reformas estruturais consideradas como decisivas para o desenvolvimento do país.

QUADRO 5:   QUADRO 6:

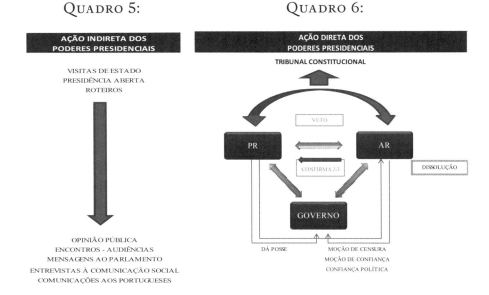

FONTE: António Tavares 2012

Condicionado pelo momento pré-constitucional plasmado no texto de 1976, foi necessário esperar pela revisão de 1982 para se mexer na estrutura do sistema político e pela revisão de 1989 para alterar o modelo económico, já que as principais forças políticas do "arco da governação" não se conseguem entender na construção de acordos de regime que assegurem o surgimento de políticas nacionais que permitam estabilidade na sua ação governativa.

A coabitação política entre o presidente e o governo mostra que o sistema de governo tem funcionado numa lógica de tensão política à qual não é alheia a estrutura de desenvolvimento da intervenção política assumida pelos partidos políticos e o sistema eleitoral, com uma sociedade civil bastante débil consubstanciada numa grande dependência do Estado que se expressa numa economia sem resultados sociais.

Nesta III República[184], com uma democracia e as suas instituições a atingir a idade madura de quarenta anos, parece evidente não ter ainda

---

[184] A referência à III República justifica-se, já que no nosso entender existiu sempre uma continuidade de regime republicano no país, mesmo quando a República se despolitizou no salazarismo.

Portugal conseguido acertar num equilíbrio de relacionamento[185] entre o Presidente da República e o Primeiro-Ministro que consiga sobreviver às situações de crise económica e social que se atravessam, na necessária evolução do sistema partidário e da compaginação do perfil dos homens que ocupam os dois importantes cargos.

Contudo, na sombra da atividade de qualquer governo, seja com maioria absoluta, em coligação maioritária ou com uma maioria relativa no Parlamento fica sempre a pairar "a posição de alta visibilidade, menos pressionada e poderosa do Presidente" (Frain, 653-678: 1995).

Essa posição e o papel do Presidente da República, cuja eleição pelo voto popular não podemos, aqui e agora, esquecer, onde a sua legitimidade política lhe permite entrar no jogo, sempre visto da bancada, e criticar os jogadores (leia-se os partidos) num processo sistémico que se tem estendido a toda a comunidade política.

Este facto poderá fazer justificar se é possível fazer então uma distinção valorativa entre as eleições presidenciais e as eleições legislativas. Seguindo Reif-Schmitt, fazer uma distinção entre eleições "com base na importância que os eleitores lhes atribuem e que essa distinção tem implicações previsíveis relativamente aos tipos de continuidades e desvios dos padrões de comportamento eleitoral e de resultados globais que deverão ser observados" (Gómez e Magalhães, 891-922: 2005). Nas eleições legislativas, consideradas como de "primeira ordem", estariam em jogo o controlo do aparelho governamental enquanto nas eleições de

---

A I República, entre 1910-1926, teve 45 governos com uma duração média de 4 meses, com 30 Presidentes de Ministérios (equivalente a Primeiro-Ministro) e 7 parlamentos, dos quais 4 dissolvidos por intervenção militar.

Dos 8 Presidentes da República só um conclui o mandato, António José de Almeida (1919-1923).

A II República esteve dividida entre 1926-1933 na forma de uma Ditadura Militar e entre 1933-1974 com a institucionalização do Estado Novo.

A quem defenda que por ser uma ditadura não merece ser considerada República, o artigo 5º da Constituição de 1933 definia Portugal como uma República, a exemplo do artigo 1º da Constituição de 1911 e do artigo 1º da Constituição de 1976.

[185] O próprio relacionamento institucional e prática política recente mostram essa situação. A este propósito, o prefácio de um dos últimos livros de *Roteiros* do Presidente Cavaco Silva e as suas relações com o então Primeiro-Ministro José Sócrates, onde acusa este de deslealdade política.

"segunda ordem", pelo contrário, como no caso do Parlamento Europeu, das eleições regionais e locais ou a eleição do Presidente da República, por exemplo, não era esse controlo que estava em causa e logo seriam menos motivadoras para uma participação mais ativa do eleitorado.

Serão as eleições presidenciais em Portugal umas eleições de segunda ordem? Tal não parece ser o caso. Desde logo porque não temos ainda conhecimento da eleição de um presidente "fraco" ou sem perfil para a função[186]. Todos deixaram a sua expressiva marca no mandato presidencial. Mesmo o atual Presidente, Cavaco Silva, tenta deixar essa marca ainda que seja no seu segundo mandato. Primeiro dissolvendo a Assembleia da República e, depois, mesmo com um governo do PSD-CDS, intervindo no processo de criação de um acordo de concertação social, conforme foi reconhecido pelo Primeiro-Ministro Pedro Passos Coelho.

Como muito bem refere, a este propósito, F. Lucas Pires, existe uma "substancial autonomia das duas eleições e dos dois eleitorados. A eleição presidencial é mais bipolarizada, mais personalizada e mais desideologizada" (Lucas Pires, 307: 1989).

O sistema político de governo começou todavia a mudar a sua fisionomia após as duas maiorias absolutas consecutivas de Cavaco Silva (1987-1991), com implicações no próprio funcionamento da Assembleia da República, sempre vista com desconfiança pelo eleitorado. O seu processo operacional sofreu um forte impacto com a reestruturação das funções de intervenção entre o funcionamento em plenário, até 1985, como o local de preferência de exercício da função legislativa, para um novo papel, mais ativo, das comissões especializadas a que se junta um apurado escrutínio do governo com debates na Assembleia, com destaque para as perguntas quinzenais ao primeiro-ministro e o debate chamado Estado da Nação (Bandeira, 151-158: 1996).

Foi também durante esse ciclo político que se sentiu de uma maneira clara a mudança de comportamento do presidente, do primeiro mandato para o segundo mandato, onde já não tem qualquer hipótese de reeleição.

---

[186] Pese embora as sucessivas dúvidas de muitos analistas políticos. A este propósito o artigo in *Público*, 10 de março de 2012, "Politólogos defendem que Sócrates não tinha de informar Cavaco".

O Presidente Mário Soares, que tinha feito do equilíbrio uma das traves-mestras do seu primeiro mandato presidencial, ao ponto de o PSD se ver obrigado a apoiá-lo, evidenciou uma clara diferença de atuação no segundo mandato, ao ponto de o Primeiro-Ministro, Cavaco Silva, se ver impelido, no Congresso do PSD em novembro de 1992, a dizer que as "forças de bloqueio ao governo têm um rosto" e que não aceitaria a passagem de uma "magistratura de influência" a uma "magistratura de interferência" e pedindo mesmo ao Presidente da República que "se comporte como os mais altos magistrados dos outros países europeus"[187].

Ao repto cavaquista respondeu o Presidente Soares que se deveria ter em conta a legitimidade do presidente que "consubstancia os poderes que a Constituição lhe confere para apreciar os atos do próprio governo. Não deve, por isso, tentar condicionar o Presidente da República" (Soares, 32-33: 1993).

Este conflito institucional, muitas vezes, impede o consenso necessário ao desenvolvimento de políticas nacionais, nomeadamente na área da economia e na conceção do papel do Estado, e é, em situação de coabitação, ainda mais marcante o seu traço distintivo de impasse e de desconfiança.

O que o nosso sistema de governo parece querer aceitar é que pode existir uma maioria sem um presidente e um presidente sem uma maioria na afirmação de um dualismo que, em muitas circunstâncias, se tem evidenciado como uma clivagem institucional, sempre procurando afastar a ideia da governamentalização da maioria presidencial.

Depois da aventura e do fracasso do Partido Renovador Democrático (PRD) após a presidência de Ramalho Eanes, por seu turno, todos os presidentes têm procurado, mostrando que aprenderam com essa lição, evitar intervir ativamente na tentativa "de presidencializar os partidos políticos" de onde são originários.

Esta dialética de vontades retira o espaço natural de intervenção ao parlamento reduzindo o seu papel a uma câmara de ressonância do *feedback*, como David Easton chamava, a propósito da "caixa" de funcionamento do sistema político.

---

[187] *Semanário* de 21 de novembro de 1992.

A COABITAÇÃO POLÍTICA EM PORTUGAL NA VIGÊNCIA DA CONSTITUIÇÃO DE 1976

A tradição parlamentar portuguesa foi, de modo geral, bicameralista até que a Constituição de 1976 a interrompeu ao institucionalizar o atual sistema monista. A crise de representação parlamentar parece aconselhar a que seja repensada esta situação[188].

Aliás, no I Pacto MFA-Partidos previa-se a perspectiva bicameralista com uma primeira Câmara política de deputados, com uma legitimidade eleitoral democrática e uma câmara político-militar – a Assembleia do MFA – dotada de uma legitimidade revolucionária.

Esta ideia foi afastada no II Pacto MFA-Partidos por uma estrutura semipresidencialista onde a legitimidade militar era exercida pelo Conselho da Revolução. Braga da Cruz (Braga da Cruz, 475-488: 2001) afirma que o Conselho da Revolução era uma espécie de Câmara Alta, sem legitimidade democrática, e que a revisão constitucional de 1982 eliminou de uma forma consensual assumida pelos partidos do chamado "arco da governação"[189].

Ganha, assim, um particular sentido o papel do Parlamento, que em Portugal não goza de grande prestígio institucional, deixando de ter um contributo decisivo e apagando-se quando existe uma maioria parlamentar de um só partido. Mesmo em situações de coligação, neste caso sempre à direita, assistimos a que o número de atos legislativos com origem no governo é superior aos do parlamento, tendo o governo a iniciativa de propor e não possuindo, quase sempre, o parlamento a capacidade técnica para contestar as soluções constantes dos projetos normativos governamentais.

Quando o deputado constituinte Carlos Mota Pinto propôs que se chamasse à assembleia legislativa "pura e simplesmente Assembleia da República" justificava de um modo lapidar essa escolha porque "é o órgão colegial que exprime e traduz a República (...) está em paralelismo com a designação Presidente da República" (Ferreira, 2010).

Expressão que, antecipando o lugar cimeiro do parlamento como casa da democracia, vem, pela via do paralelismo, repor uma ideia de equilíbrio institucional que, muitas vezes, falta na vida política portuguesa.

---

[188] O PSD já procurou, por exemplo, introduzir na Constituição a criação do Senado como uma segunda câmara.

[189] Como partidos do "arco da governação" denominam-se os que participaram em governos constitucionais: PS, PSD e CDS.

Diz a nossa Constituição que o governo é responsável politicamente perante a Assembleia da República, mas, na prática, quando existe uma maioria sólida, como foi com os governos de Cavaco Silva e José Sócrates muito evidente, a responsabilidade política parlamentar do executivo é um mero exercício teórico. À oposição parlamentar resta-lhe, quase sempre, procurar os *media*, com destaque para a televisão, para fazer valer o seu ponto de vista e chamar a atenção presidencial.

Propostas por grupos organizados de cidadãos, as candidaturas presidenciais não deixam de seguir um guião previamente preparado pelos apoios partidários. Com exceção do primeiro Presidente, Ramalho Eanes, todos os demais têm tido uma orientação vincadamente partidária, Soares e Sampaio do Partido Socialista e Cavaco Silva do Partido Social Democrata.

Esse apoio pode oscilar do primeiro para o segundo mandato, onde Eanes e Soares conheceram apoios diferentes e mesmo Soares, numa nova tentativa eleitoral, não conseguiu sequer o pleno no Partido Socialista.

Contudo, desde Jorge Sampaio, e agora com o Presidente Cavaco Silva, é possível descortinar que os líderes partidários deixaram de ser os "homens do Presidente" para terem uma agenda política própria.

A designação adotada pelo Professor Adriano Moreira que as situações de governo maioritário de um só partido permitem um "presidencialismo de primeiro-ministro" (Moreira, 1989) deixa de fazer sentido quando, como é o momento atual, em situações de "emergência nacional" parece fazer emergir com muita mais força o papel moderador do Presidente da República.

Esta situação é passível de ser comprovada, também, num outro cenário onde existe uma maioria de coligação no Parlamento, mas em que o primeiro-ministro tem um perfil político mais problemático e o seu governo fica transformado numa avaliação permanente como o que aconteceu com Pedro Santana Lopes.

O próprio confessou que "deixou crescer a influência presidencial no sistema de Governo" e deu o exemplo da movimentação dos embaixadores para afirmar que nada ganhava "com o afrontamento institucional" e, por vezes, haveria mesmo um espírito de cumplicidade na senda, aliás, do conselho avisado de Durão Barroso: "procura envolver o Presidente nas tuas decisões" dando a este a sensação que "poderia governar um pouco" (Santana Lopes, 130-131: 2006).

Num outro contexto, António Barreto considerava o semipresidencialismo "desvirtuado, dele sobejando, no essencial, a eleição direta do Presidente e a faculdade de dissolução do Parlamento" e adiantava que poderia o sistema de governo ter caminhado no sentido de uma "parlamentarização" o que não seria o caso, pois no seu entender tinha-se assistido a uma "governamentalização" desse mesmo sistema (Barreto, 154: 1992). O mesmo autor questionava, então, se não se devia devolver mais poderes ao parlamento, o que implicaria na sua opinião "a revogação do semipresidencialismo, o reequilíbrio dos três órgãos de soberania e, eventualmente, o reexame do método de eleição do Presidente da República" (Barreto, 155: 1992).

Nos estudos comparados de sistemas de governo, o modelo de semipresidencialismo português aparece já referenciado dentro de um subtipo, no quadro geral do semipresidencialismo, desde que Shugart e Carey (Shugart e Carey, 1992) o referem, depois de 1982, como um modelo premier-presidencial, em contraposição ao modelo presidencial-parlamentar, antes da revisão, onde os poderes presidenciais eram mais vincados.

Esta redução dos poderes presidenciais, após 1982, aparece, também, noutros autores como G. Sartori, Pedro Santana Lopes e Durão Barroso ou António José Fernandes, denominando o nosso sistema de governo como semiparlamentar. No caso de Gomes Canotilho e Vital Moreira, optaram antes pela fórmula de "um governo parlamentar condicionado por um elemento presidencial", a qual, no nosso entendimento, sintetiza com muito acerto o sistema de governo português.

Terá então, atualmente, a Assembleia da República um papel subalterno?

Alguns autores falam assim de um défice legislativo que se transferiu, aparentemente de um modo quase silencioso, da esfera parlamentar para a esfera do governo, o qual deveria ser compensado pelo aprofundamento da "função de controlo" parlamentar. (Queiroz, 98: 2009)[190]

---

[190] Sobre a atividade em geral do parlamento ver Ramos; J. (2005) e Valle, J. (2004) nomeadamente a parte referente ao processo de discussão e aprovação do Orçamento de Estado, pp. 113-135.

A Assembleia da República, contudo, exerce, cada vez mais, uma maior fiscalização da ação governativa, através das comissões parlamentares especializadas e dos debates com a presença do primeiro-ministro, e a consequente mediatização veio permitir aos cidadãos-eleitores acompanharem a sua agenda política de muito perto.

Cristina Queiroz pretendeu ver, na ausência de investidura parlamentar do governo pela Assembleia da República, de acordo aliás com o artigo 187º da Constituição, um resquício de um "sistema presidencialista da efetivação da responsabilidade" onde o "acento tónico é posto na presidência e não no parlamento" (Queiroz, 98: 2009). Naquilo que veio a definir como a autonomização e o reforço do executivo no que designa como um fenómeno de "governamentalismo" (Queiroz, 175: 2007) num "não-parlamentarismo", onde o que seria prevalecente seria o "motor-governo" e não a Assembleia da República.

Como já referimos, é uma tese que devemos afastar, apoiados em António José Fernandes, que vê aqui um "sistema para-parlamentar", mais próximo do parlamentarismo racionalizado de André Gonçalves Pereira, ou em Gomes Canotilho e Vital Moreira, quando falam de "um sistema de base parlamentar" onde se encontra a responsabilidade do Governo perante o Parlamento e a separação do mesmo Governo em relação ao Presidente da República. O nosso sistema não corresponde ao sistema presidencial puro porque não "existe identidade entre o Governo e o Presidente da República, nem independência entre este e a Assembleia da República (pois esta pode ser dissolvida por aquele)" (Gomes Canotilho e Moreira, 11-12: 1991) .

Consolidado o sistema de governo, após os anos turbulentos de institucionalização do regime democrático, aliados ao facto de o sistema partidário ter conseguido forjar três soluções maioritárias de governo de um só partido e ainda quatro coligações maioritárias para governos estáveis e coerentes, afirmando uma maturidade do modelo partidário, deixaram, assim, de existir novas tentações de um maior reforço dos poderes presidenciais.

A situação do sistema de governo nas suas relações não deveria, no entender de Gomes Canotilho e Vital Moreira, ser propícia à existência do conceito de "coabitação política" à francesa, lido como uma divergência entre a maioria presidencial, que se esgotaria após a eleição do

A COABITAÇÃO POLÍTICA EM PORTUGAL NA VIGÊNCIA DA CONSTITUIÇÃO DE 1976

Presidente da República, e a maioria governamental ou de suporte ao governo.

Contudo, podemos falar deste conceito, de uma maneira portuguesa, porque, não intervindo o presidente no campo partidário, no âmbito da disputa maioria-oposição (Silva Leitão, 1987)[191], não deixa de, indiretamente, ao assumir-se como um bombeiro do sistema, ir apagar fogos que muitas vezes deixou ou aceitou incendiar. É o tal facto de condicionamento presidencial que vem influenciar o funcionamento do sistema parlamentar.

No sistema de governo parlamentar puro assistimos, também, a algum papel do Presidente da República em situações de forte crise social e económica, o que foi evidente, recentemente, na Grécia e na Itália, onde os respetivos Chefes de Estado, em regra apagados na intervenção, foram chamados a uma posição mais relevante para justificar a nomeação de novos governos, para enfrentar a situação de crise da zona euro, onde a escolha do primeiro-ministro não resultou de nenhum ato eleitoral[192].

Gianfranco Pasquino justificava esta intervenção presidencial em modelo parlamentar puro refugiando-se na experiência de Giuliano Amato, para dizer que quando os partidos políticos são fracos a possibilidade de o presidente participar proporcionalmente na solução política aumenta (Pasquino, 2012)[193].

Perdidos os poderes presidenciais de "direção ou controle político" emergem os "poderes de moderação" ou de "arbitragem" que vão ao encontro da "válvula de segurança" de que falava Francisco Lucas Pires (Lucas Pires, 228: 1989). Quando existem crises políticas, em cenário de maiorias esses poderes acentuam-se, não sendo maiorias eleitorais, são meramente "maiorias parlamentares", em geral coligações pós-eleito-

---

[191] Sobre o exercício da oposição política no debate sobre o Estado contemporâneo ver Silva Leitão, J. M. (1987)

[192] A maioria das seis dezenas de governos formados em Itália na vigência da Constituição de 1946 é também um exemplo que define um sistema de governo parlamentar: não resultaram de atos eleitorais.

[193] Pasquino, G. (2012, março, 10) *Three Italian Presidents and their accordion*, disponível em www.psa.ac.uk.pdf. Amato é professor de Direito Constitucional e foi, por duas vezes, Presidente do Conselho de Ministros italiano.

rais, como foi o caso, por exemplo, da intervenção de Jorge Sampaio na dissolução do Parlamento e no fim do Governo de Pedro Santana Lopes porque, como oportunamente observou Manuel de Lucena, o obrigou a "uma conceção da Presidência algo oposta à que anteriormente adotara" e "menos sintonizada com a alma "parlamentar" do nosso semipresidencialismo que nele tem predominado desde a revisão constitucional de 1982" (Lucena, 16: 2006).

Neste caso, a experiência portuguesa de 2002-2004 mostrou bem como não devemos fazer interpretações minimalistas do papel presidencial no sistema político (Costa, 175-216: 2009) porque o ato em si não se pode assumir como meramente discricionário da vontade presidencial, porque no dizer de Jorge Bacelar Gouveia "conduziria ao absurdo de abrir as portas à "presidencialização" do sistema de governo português" (Gouveia, 123: 2007) para dirimir um conflito político, reforçar ou mudar uma maioria parlamentar ou, no limite, comprometer a responsabilidade política do Chefe de Estado.

As relações entre o Presidente da República e o governo, neste caso o primeiro-ministro, oscilam, muitas vezes, entre os "poderes de reação", onde o veto político ganha expressão, ou os "poderes de ação" como é o caso da dissolução do parlamento, pelo meio, só restam "os poderes de moderação" quando o Presidente balança entre fazer o consenso ou abrir o conflito na sua leitura política da sociedade em geral e, em particular, dos seus eleitores.

Até agora não foi ainda possível conjugar uma "confluência estratégica" entre um Presidente com uma liderança carismática, como é o caso, por exemplo, de Cavaco Silva, e uma maioria parlamentar absoluta onde o primeiro-ministro tenha a plena confiança presidencial. São evidentes os sinais de falta de sintonia entre o Presidente e o Primeiro-Ministro Passos Coelho e o seu governo, sendo exemplo bastante o envio para o Tribunal Constitucional para verificação de constitucionalidade da lei do enriquecimento ilícito ou de artigos da Lei do Orçamento de Estado para 2013. Essa atitude presidencial não teve o apoio ou a compreensão do PSD.

Ora, esse oscilar varia entre as duas fases de "força presidencial ou de apagão presidencial", sendo que o protagonismo presidencial tem tendência para aumentar em cenários de crise fazendo da nossa adoção por um sistema de governo semipresidencial uma fatalidade condicionada pelo momento histórico da sua escolha.

Esta situação de impasse parece servir muitas vezes de base para o apelo à necessidade de emergência de uma IV República, como uma forma de superar a "crise permanente" que Portugal tem vivido, quer pela imperatividade da mudança do sistema económico e da necessidade de transformação do Estado social, bem como dos frequentes e adiados debates em torno das alterações ao sistema eleitoral[194].

Portugal tem vivido, desde 1976, períodos em que a crise política é mais acentuada ainda pela presença da crise económica e financeira do país, o que tem permitido coincidir em momentos críticos de funcionamento do regime democrático.

Em 1978, 1983 e 2011, assim aconteceu com a intervenção, na primeira e segunda vez, do Fundo Monetário Internacional e, mais recentemente, com a presença também da Comissão Europeia e do Banco Central Europeu naquilo que se convencionou chamar "troika".

Estamos a assistir, atualmente, no nosso sistema de governo, a um momento de afirmação e de reforço do governo e do Primeiro-Ministro perante o Presidente da República apoiado no modelo de um certo "parlamentarismo disciplinado", na curiosa definição de Michel Debré[195], como é o caso do funcionamento da maioria parlamentar de apoio ao Governo.

O Presidente goza de uma arma poderosa, a dissolução da Assembleia da República, a qual pode usar como um instrumento presidencial contra o Governo. Esta é uma arma de um uso só e limitado no tempo. Em contrapartida não tem iniciativa referendária, não preside ao Conselho de Ministros, nem tem qualquer "domínio reservado" em política externa e de defesa. Resta-lhe o exercício do direito de veto,

---

[194] No final do mês de janeiro de 2012, por exemplo, como um sintoma desse mal-estar, foi publicado um manifesto de apelo de regresso ao regime monárquico como uma forma alternativa à República subscrito por Gonçalo Ribeiro Telles e Miguel Esteves Cardoso. O primeiro-ministro, Passos Coelho, num dos debates parlamentares, deixou claro que o Governo só reuniria por vontade própria ou desejo da maioria parlamentar de apoio.

[195] Michel Debré é considerado o pai da Constituição francesa de 1958 e foi Primeiro-Ministro entre 1959-1962.

O CONSENSO E O CONFLITO NA ORIGEM DO IMPASSE DO SISTEMA POLÍTICO

fundado em razões de oportunidade jurídica ou política, conforme o artigo 136º da Constituição.

A questão da referenda ministerial na Constituição de 1976 é considerada por certos autores, no âmbito do sistema de freios e contrapesos entre Governo e Presidente da República, também como uma forma de "controlo político dos atos deste último sujeitos a referenda", levando a que as relações entre os dois órgãos não sejam "isentas de reflexos ao nível do próprio relacionamento entre o Governo e a Assembleia da República" (Freitas do Amaral e Otero, 69: 1997).

Ainda de um outro modo, o facto de o Presidente da República ser eleito por sufrágio universal permite-lhe não cair na armadilha institucional de não conclusão dos mandatos na I República[196]. Com efeito, na vigência da Constituição de 1976, até agora todos os presidentes não só concluíram os seus mandatos como também, nos termos constitucionais, renovaram os mesmos com o apoio do eleitorado (Otero, 2004)[197].

A imagem presidencial não se desgasta com a mesma frequência da Assembleia da República e do governo, sendo que, neste caso, a figura do Primeiro-Ministro emerge de um modo particular porque é uma função sempre ingrata já que consiste em acertar nele a impopularidade da governação, da qual o Presidente se afasta deixando claro que essa responsabilidade não lhe pode ser imputada (Portelli, 21-31: 1997).

Enquanto a imagem do parlamento português é, hoje, substancialmente mais evoluída e consolidada institucionalmente, depois do impacto das maiorias absolutas do período de 1985-1995 e das suas posteriores variáveis de outras maiorias (Bandeira, 151-158: 1996), assumindo-se como o "local por excelência da superação ou contenção pacífica dos conflitos" (Lobo Antunes, 77-95: 1988).

Em Portugal, a experiência tem demonstrado que mesmo quando o presidente eleito tem um passado de líder partidário, como foi o caso de Soares, Sampaio e Cavaco, este tem tido a inteligência de, na noite eleitoral, terminar com a maioria presidencial evitando uma perigosa deriva

---

[196] Faria, C. (2000). "A renúncia de Teixeira Lopes", revista *História*, nº 31, dezembro de 2000, pp. 28-31, e Farinha, L. (2000). "Presidentes da I República", *História*, nº 31, dezembro de 2000, pp.18-27.

[197] Sobre a renúncia presidencial, Otero, P. (2004).

presidencial. O modelo do Presidente da República, no nosso sistema de governo, tem sido sempre de um perfil presidencial "suprapartidário, independente, nacional e imparcial"(Novais, 41: 2010).

No nosso sistema de governo é, assim, consensual que quem governa é o Governo, o que leva já muitos autores, como vimos ainda presos à definição original de Maurice Duverger, de semipresidencialismo, a tentar procurar encontrar outra fórmula mais consensual para a sua caracterização institucional.

Contudo, ciente do *"tertium genus* dos sistemas de governo em democracia" em Portugal "não há bicefalia de executivo: o Executivo é uno, reside e é exclusivamente exercido pelo Primeiro-Ministro que lidera um Governo próprio, dele, independente do Presidente da República" (Novais, 41: 2010).

A afirmação que "a política não é uma atividade de governar, mas sim a determinação da forma e da matéria do governo; e não existe lugar para a 'política' quando essa forma e matéria estão predeterminadas e são consideradas como imunes à escolha e à mudança" (Oakeshott, 24: 1995), mostra bem que esta arte de governar ganha particular destaque em situação de crise económica, financeira e social, sendo decisiva a escolha do perfil dos atores principais.

Percebemos que o Presidente da República escolhe o primeiro-ministro num ato jurídico-constitucionalmente discricionário, mas também sabemos que escolhe sempre o nome indicado pelo partido vencedor das eleições. Quando procura não o aceitar, como foi no caso de Pedro Santana Lopes, por Jorge Sampaio, sabe que não pode fazer passar um governo com outro primeiro-ministro, que tenha contra si a maioria dos deputados no Parlamento.

Gomes Canotilho e Vital Moreira falam mesmo de "um direito de participação" do Presidente quando este sugeria nomes para determinadas pastas governamentais, como o fez Jorge Sampaio em relação a Pedro Santana Lopes, no caso do perfil do titular do Ministério das Finanças (Gomes Canotilho e Moreira, 49: 1991).

Esta capacidade de poder influenciar a constituição do governo não foi seguida muito pelo seu sucessor. O atual Presidente optou por uma leitura constitucional restrita, reservando-se através da figura de poder demitir o Governo naquilo a que estes mesmos autores chamam "estado de necessidade constitucional" (Gomes Canotilho e Moreira, 51: 1991) quando está em causa o regular funcionamento das instituições. Esta verdadeira limitação jurídico-constitucional, a qualquer tipo de abuso ou desvio de poder por parte do presidente, esquece uma variável importante.

E se a instituição em causa é a própria Presidência da República? Quem a avalia?[198]

Em Portugal, a figura de uma certa "soberania do Primeiro-Ministro" está em perfeita sintonia com a chamada "governamentalização do sistema parlamentar moderno", conduzindo a um cada vez mais "Estado assente no partido governamental" (Otero, 1992)[199].

Contudo, no quadro do nosso sistema de governo, porque o Presidente da República não dispõe de uma zona de reserva exclusiva, como o seu congénere francês, tem usado muitas vezes a política externa e a política de defesa nacional como uma zona de conflitualidade, ou pelo menos propícia à sua intervenção, com o Governo. O Chefe de Estado dispõe, nestas duas áreas da política governamental, de poderes específicos, a este propósito como se refere nos artigos 123º, 136º e 138º da Constituição,

O Presidente nomeia os embaixadores e recebe as credenciais dos embaixadores acreditados em Lisboa, perante a presença do Ministro dos Negócios Estrangeiros, o que mostra a confluência dos dois órgãos do Estado, bem como as chefias militares, o que não acontece noutras áreas do Estado e como referem Canotilho e Vital Moreira "trata-se de poderes substanciais e não meramente formais e que, pela sua relevân-

---

[198] A este propósito não deixa de ser curiosa a atuação de um certo apagamento progressivo do Presidente Cavaco Silva neste seu segundo mandato perante o Governo de Pedro Passos Coelho.

[199] Esta é uma tese querida a Paulo Otero em Otero, P. (1992). "Sistema eleitoral e modelo político-constitucional", *Revista Jurídica da Associação Académica da Faculdade de Direito de Lisboa*, nº 16 e 17, Lisboa, p. 115 e (2001) *A Democracia Totalitária*, Cascais: Principia, e sintetizada pelo antigo primeiro-ministro, António Guterres, como "no jobs for the boys". Octávio Amorim Neto e Marina Costa Lobo defendem idêntica posição sobre o fortalecimento do poder do primeiro-ministro em detrimento dos ministros, "O semipresidencialismo português revisitado: uma avaliação do papel do presidente na política nacional,1976-2006" ver Lobo, M. e Amorim, N. (2009). *O semipresidencialismo nos países de língua portuguesa*, Lisboa: Imprensa de Ciências Sociais, pp. 25-48.

cia, colocam as relações externas e a defesa num lugar à parte no que concerne à participação do Presidente da República na direção institucional do Estado" (Gomes Canotilho e Moreira, 79: 1991).

A Constituição, como diz Jorge Miranda, "não autoriza a política externa *qua* tal e não a separa, horizontal ou verticalmente, de quaisquer outros sectores da política do País" (Miranda, 35-42: 1980) e após a revisão constitucional de 1982 esta zona potencial de conflito ficou ainda mais clara.

Com efeito, durante a presidência de Ramalho Eanes existiram conflitos que provocaram mesmo a demissão de um Ministro dos Negócios Estrangeiros, como José Medeiros Ferreira, porque ainda se vivia um tempo de equívocos e onde se considerava, no quadro do princípio da interdependência dos órgãos de soberania, a necessidade de uma "concertação prática entre Presidente e Governo no domínio da política externa" (Miranda, 41: 1980).

Na presidência de Mário Soares este evidenciou a sua mágoa de ter sido afastado da cerimónia final, em 1991, dos acordos de paz de Angola (Cavaco Silva, 244: 2004)[200]. A revisão constitucional, ao introduzir a obrigatoriedade de o primeiro-ministro manter informado o Presidente "acerca dos assuntos respeitantes à condução da política interna e externa do país" (artigo 204 nº1 al c), esclareceu qualquer dúvida a este propósito afastando a ideia de qualquer prerrogativa presidencial neste domínio.

Aliás o facto de, desde Jorge Sampaio, existir o chamado Grupo de Arraiolos, onde só têm assento os chefes de Estado sem poderes executivos, reforça ainda mais esta ideia, mas não deixa de permitir continuar a especular onde pode ir o atual Presidente no seu esforço institucional de representação do país num cenário de crise económica[201].

Alguns autores dão relevo a esta ideia ao apelarem a um conjunto de valores, fora da esfera dos juristas ou dos politólogos, para se construir uma outra teoria dos poderes presidenciais assente numa "ver-

---

[200] Também Lima, F. (2004), pp. 161-162, e Avillez, M. J. (1997), p. 332.

[201] Como ficou evidente com o discurso de posicionamento do país que o Presidente Cavaco Silva procurou apresentar perante as dúvidas dos outros Chefes de Estado pela possibilidade de incumprimento de Portugal no quadro do programa de assistência internacional.

tente simbólica que não descortina nem nos enunciados assépticos da letra da Constituição nem nas tipologias quantitativas ensaiadas pelos cientistas políticos." (Araújo, 69: 2010)

O Presidente Jorge Sampaio pugnou, sem êxito, por uma clarificação, por via legislativa, do seu estatuto de comandante supremo das Forças Armadas. Foi com este mesmo estatuto que impediu o envio de militares portugueses para o Iraque, como o Primeiro-Ministro Durão Barroso desejava. (Gabriel, 179: 2007) A nossa posição na aliança atlântica – NATO – não tem sido motivo de divergência, bem como a Comunidade de Países de Língua Portuguesa – CPLP –, nas relações entre o Presidente e os partidos do "arco da governação" (PSD/CDS e PS).

As funções de representação nacional, no quadro do protocolo de Estado, são uma ideia, talvez, mais assertiva do que a mera representação da República, conforme o artigo 120º da Constituição. Preenchem o imaginário do perfil presidencial numa conceção de "arco de presidencialidade" (Araújo, 72: 2010), dando-lhe uma dimensão mais vincada para o aspeto simbólico e, por vezes, oculto dos poderes presidenciais.

No final é o que justifica a dignidade da intervenção do Chefe do Estado. A este propósito, este órgão de soberania tem estado, quase sempre, à margem do processo de integração ou aprofundamento na União Europeia no que, neste caso, como alerta António Araújo (2010), leva a um esbater das fronteiras entre a política interna e a política externa no que respeita aos assuntos comunitários.

Este esbatimento poderá a curto prazo ser uma nova zona de conflito entre Governo e Presidente[202] como, aliás, Mário Soares lembra: "o facto de o Presidente da República ficar sistematicamente afastado das negociações europeias desequilibra um pouco os poderes entre os dois órgãos de soberania" (Avillez, 239: 1997)[203].

---

[202] No quadro das conferências intergovernamentais ou de representação, no quadro da União Europeia, é curioso salientar que o único Chefe de Estado presente é o francês. Todos os representantes nacionais estão ao nível de Primeiro-Ministro, o que permite concluir num reforço do Executivo no quadro do sistema de governo.

[203] Jorge Miranda defendeu que em próxima revisão constitucional seria importante que o Presidente participe de um modo mais expresso no processo de construção da União Europeia, quer através de um dever qualificado de informação pelo Governo e mesmo, sob proposta do Governo, a nomeação dos titulares portugueses de cargos não

Contudo, como já referimos, a Cimeira Ibero-Americana e as Cimeiras da CPLP são os únicos fóruns internacionais onde Portugal se faz representar ao nível conjunto de Presidente e Primeiro-Ministro.

Com o desaparecimento das questões de Macau e Timor, onde o Presidente da República tinha ainda uma latitude e autonomia próprias, este deixa de ter um espaço formal, com dignidade reservada na Constituição, para ficar a aguardar a informação que o governo entenda fazer chegar ao seu conhecimento.

A plasticidade do sistema de governo, *no papel do Presidente*, deixa-lhe, sempre, um campo para a sua agenda política, seja nas questões europeias, nas relações internacionais de defesa ou no relacionamento na CPLP.

O ajustar do perfil presidencial deve fazer o seu caminho, umas vezes envolvendo conjunturalmente a nossa diáspora no mundo, outras funcionando como promotor de Portugal no domínio económico ou cultural, mesmo no apelo e à atenção ao nosso desígnio nacional que é o mar.

O consenso, por vezes tenso, que se tem pautado nas áreas da política externa e da defesa nacional, na coabitação Presidente e Primeiro-Ministro é, no dizer do filósofo italiano Gianni Vattimo, "um consenso por mera ausência de conflito" (Araújo, 73: 2010) porque assim manda a cautela institucional.

Finalmente, as viagens do Estado ao estrangeiro revelam, muitas vezes, potenciais momentos de afirmação presidencial perante o Governo.

O quadro dessas viagens externas de representação nacional revela ainda alguns dados curiosos da utilização; por exemplo, quer Ramalho Eanes quer Cavaco Silva viajam menos do que Mário Soares e Jorge Sampaio, que mostram um vigor acentuado, com menor pendor no primeiro mandato, e mais expansivo no segundo mandato. Estas viagens de Estado, muitas vezes, devido à tipologia das comitivas permitem as mais variadas interpretações e respetivas especulações.

---

eletivos. Como ficou evidente na relação entre Cavaco e Sócrates a propósito do PEC IV. Miranda, J. (2010). *Revisão constitucional e poderes do Presidente da República*, Expresso, 7 de agosto de 2010.

O CONSENSO E O CONFLITO NA ORIGEM DO IMPASSE DO SISTEMA POLÍTICO

Quadro 7:

Nº VIAGENS POR PRESIDENTE E MANDATO														TOTAL Viagens 1º e 2º
		1º Mandato					2º Mandato							
1977/1985	General Ramalho Eanes	1977	1978	1979	1980		TOTAL	1981	1982	1983	1984	1985	TOTAL	30
		3	4	5	4		16	2	5	2	3	2	14	
1986/1996	Dr. Mário Soares	1986	1987	1988	1989	1990	TOTAL	1991	1992	1993	1994	1995	1996	TOTAL	130
		6	5	8	15	10	44	10	15	18	23	18	2	86	
1996/2006	Dr. Jorge Sampaio	1996	1997	1998	1999	2000	TOTAL	2001	2002	2003	2004	2005	2006	TOTAL	149
		7	17	10	19	12	65	12	20	12	15	20	5	84	
2006/2011	Prof. Cavaco Silva	2006	2007	2008	2009	2010	TOTAL	2011					TOTAL	30
		6	5	8	3	5	27	3					3	

FONTE: António Tavares

Alguns autores começam agora, de um modo intenso, a falar numa outra metamorfose que atinge o sistema de governo semipresidencialista: a chamada "governamentalização do sistema parlamentar"[204] assenta na figura da "presidencialização do primeiro-ministro", frisando, como o faz o politólogo irlandês Eoin O'Malley (O' Malley, 2007)[205], que a figura do primeiro-ministro ainda precisa de muita precisão institucional.

Um dos contributos da ciência política, nesta análise comparada com o direito constitucional, será ajudar a romper com uma visão estática normativista e acentuar este novo paradigma com uma leitura mais proativa das relações interinstitucionais.

Em Portugal mostra-se, cada vez mais, um acentuar da preponderância do governo no ritmo e na marcação da agenda política do parlamento, deixando, muitas vezes, à Oposição os temas de agenda denominados como "fraturantes", parecendo evidenciar uma crise da instituição parlamentar como a suprema "Casa do Povo e da democracia". Crise essa que depende menos da configuração institucional de um dado sistema

---

[204] É o caso de Paulo Otero.
[205] O' Malley, E. (2007), "The power of Prime-Ministers: results of an expert survey", *International Political Science Survey*, nº 28, disponível em em www.webpages.dcu.ie.

de governo do que da confluência histórica de fatores de diversa índole como a emergência do Estado de partidos (Freire *et al.*, 22:2002). As funções tradicionais dos parlamentos estão em acentuado declínio, como no caso da produção legislativa, cada vez mais governamentalizada, passando a exercer, antes, outros papeis, como no caso da discussão do Orçamento do Estado (Bandeira, 159-205:2002), ponto alto da vida parlamentar como *policy-making,* ou na afirmação do direito de petição, de iniciativas de aproximação eleitos-eleitores ou num maior controlo governamental através de comissões de inquérito.

Contudo, a relação entre o "partido-governo" e o "partido-no-parlamento" é de uma efetiva dependência que se materializa com a disciplina partidária e acentua numa lealdade quase absoluta ao líder partidário, que é exigida aos deputados e funciona como quase garantia da sua futura permanência nas listas candidatas. Esta é a principal característica que permite explicar a importância do primeiro-ministro no sistema de governo português semipresidencial ou, como já referimos e Adriano Moreira lhe chamou, no "presidencialismo de primeiro-ministro".

Na articulação entre o Governo e o Parlamento, a figura do Ministro dos Assuntos Parlamentares ganha uma relevância acrescida sendo, quase sempre, uma figura de primeiro plano do partido da maioria que a exerce. Em regra, a segunda figura do "partido governamental", como o foi com António Almeida Santos (PS) (1983-1985), nos Governos Cavaco Silva com Fernando Nogueira (1985-1987), António Capucho (1987-1990), Dias Loureiro (1990-1995), no Governo Guterres com António Costa, Jorge Coelho, Governo Durão Barroso com Nuno Morais Sarmento, Governo Pedro Santana Lopes com Rui Gomes da Silva, Governos Sócrates com Augusto Santos Silva e Jorge Lacão e no Governo Pedro Passos Coelho com Miguel Relvas.

Tendo o governo capacidade de produzir decretos-lei, estes são levados à promulgação presidencial num manifesto equilíbrio entre os agentes políticos no sentido de evitar um "governo dividido responsável por um bloqueamento entre o poder executivo e o poder legislativo, fruto de maiorias opostas" (Freire, 47: 2000), situação afastada na nossa vida política, mas que a figura do veto político, em determinadas conjunturas, como vimos, pode complicar.

Luís Barbosa Rodrigues acaba, mesmo, de um modo original por defender a eleição direta do primeiro português no sentido de "reforçar a legitimidade democrática" (Rodrigues, 515-526: 2010) fazendo uma espécie de "fenómeno eleitoral uno de duplo efeito", sendo designado Primeiro-Ministro o líder do partido vencedor, num fenómeno muito próximo do praticado em Israel.

Na prática e no "sentido real", que não no "sentido formal", das campanhas eleitorais legislativas as coisas já se passam, de certo modo, desta maneira[206]. Aliás, esta foi uma das justificações para retirar legitimidade a Pedro Santana Lopes. "Efetivamente, uma das principais críticas ao governo de Santana Lopes era a sua falta de 'legitimidade eleitoral'. O facto de Santana Lopes não ter sido 'eleito' nas legislativas de 2002 parece ter pesado na decisão de Sampaio dissolver o parlamento em Dezembro de 2004" (Jalali, 258: 2007).

Não existe um requisito constitucional para aferir da credibilidade de um governo, mas existe sempre um requisito político, o que vem reforçar a ideia de que a "dissolução de 2004, ao ser feita contra um primeiro-ministro que não tinha legitimidade eleitoral, reforça esta noção da existência de uma legitimidade eleitoral pessoal de um primeiro-ministro" (Jalali, 259: 2007).

Marina Costa Lobo mostra que a escolha do primeiro-ministro está sempre subjacente em qualquer campanha eleitoral e, principalmente, após a campanha legislativa de 2005, onde se centrou, ainda mais, nas personalidades dos hipotéticos candidatos a primeiro-ministro (Lobo, 2009).

O governo torna-se o órgão preponderante dentro do sistema governativo, retirando ao parlamento a centralidade legislativa e política que o liberalismo oitocentista lhe oferecia, motivado pelo acentuar do tal "Estado de Partidos", onde, muitas vezes, a diferença das políticas a implementar não se consegue encontrar. Entre o PS e o PSD essa diferença fica muitas vezes reduzida a uma mera letra?

---

[206] Contudo, não vemos qualquer vantagem na proposta da eleição direta do primeiro-ministro porque, ao não alterar os poderes presidenciais no atual modelo, só iria contribuir para criar mais dificuldades ao desenvolvimento do sistema político e de governo ao não prever qualquer válvula de escape.

Esta situação acentua-se de uma forma muito vincada nas questões de integração europeia onde o governo adquire um poder informal, não previsto na Constituição, de iniciativa de revisão constitucional, negociando textos convencionais em Conselho Europeu que implicam procedimentos de revisão extraordinária da Constituição e obrigando o parlamento a ir a seu reboque institucional[207].

O primeiro-ministro tornou-se o eixo nuclear do sistema governativo e a Constituição reconheceu-lhe autonomia orgânica motivada por uma conjugação de fatores como a sua vontade de líder partidário condicionando a vontade da maioria parlamentar e invertendo o modelo parlamentar clássico numa quase perfeita subversão.

Num cenário de uma maioria absoluta, o primeiro-ministro goza de uma grande folga política, pois quando não quer uma determinada orientação política proposta pela Oposição a sua maioria no parlamento limita-se a rejeitar.

O protagonismo da figura do primeiro-ministro no funcionamento do sistema de governo acaba, como aliás Marina Costa Lobo o evidenciou, em consubstanciar as eleições legislativas num processo indireto da escolha do chefe de governo, cujo perfil vai conflituar com o Presidente da República, retirando capacidade de encontrar consenso nacional nas grandes políticas.

O papel do líder do partido governamental ganha uma grande relevância, numa profunda tradição do sistema político português, independentemente da área política, deixando de depender dos seus deputados[208]. Contudo, ao mesmo tempo, no interior partidário, são estes como mais fiéis adeptos o seu principal suporte, que se consagra no que se define como o "aparelho partidário", no que Paulo Otero define como "Estado de partido governamental" (Otero, 217: 2001), que permite as nomeações para cargos públicos do que António Guterres denominou "no jobs for the boys", criando e desenvolvendo uma admi-

---

[207] A polémica de introduzir na Constituição limites ao défice orçamental, como pretendia a Chanceler Merkel, só não se concretizou porque o Partido Socialista não aceitou concorrer para a maioria constitucional de 2/3 exigida.

[208] Relembre-se aqui a situação do sistema inglês e o exemplo da primeira-ministra Margeret Thatcher afastada pelo seu grupo parlamentar. Em Portugal, em regra, quando perde umas eleições o líder partidário é de imediato substituído.

nistração paralela e introduzindo, assim, uma conceção antidemocrática no sistema de governo[209].

QUADRO 8:

NOMEAÇÕES PARA GABINETES E CARGOS DIRIGENTES	
António Guterres (1995-1999)	5597
José Manuel Durão Barroso (2002-2004)	2804
Pedro Santana Lopes (Julho-Dezembro 2004)	1034
José Sócrates (2005-2009)	2373

FONTE: Jornal *Público*, 8 de Fevereiro 2010

Esta situação crítica, vivida pelo sistema de governo, pode atingir níveis perigosos para a democracia, levando a um certo tipo de "caudilhismo" de primeiro-ministro, que promove a necessária réplica do Presidente da República para manter abertas zonas de escape para a vitalidade e fortalecimento do sistema porque

"não existe uma verdadeira separação de poderes, pois ele acumula na realidade o poder legislativo e o poder executivo, sendo o poder judicial débil e fraco, como manda a tradição francesa tão apreciada. Evidentemente que existem algumas limitações práticas, o Presidente pode sempre incomodar um pouco, o Tribunal Constitucional pode criar dificuldades aqui e ali, mas a total instrumentalização do Parlamento chega a ser chocante." (Garoupa, 2009)[210].

O perfil presidencial tende a adaptar-se, na conjuntura temporal, conforme o momento que o país vive e, no caso atual, é evidente que

---

[209] A opinião pública está, hoje, muito por causa dos órgãos de comunicação social, mais sensível à questão das nomeações políticas, o que obrigou o Governo Passos Coelho a ter muito cuidado nessa matéria. Entre 1995-1999 António Guterres nomeou 5597 dirigentes para a administração pública.

[210] Garoupa, N. (2009). *A aberração constitucional*, 28 de novembro de 2009, disponível em www.inverbis.net/opiniao/aberracao-constitucional.html.

após Cavaco Silva ter dissolvido a Assembleia da República e com a eleição de um governo PSD/CDS, conjugou-se, pela primeira vez na nossa história constitucional, um presidente, um governo e uma maioria parlamentar de direita em início de ciclo político, mas cuja sintonia não tem sido tão perfeita, ao contrário que alguns autores receavam (Novais, 2010)[211].

Esta situação motivou, desde logo, algumas análises sem qualquer fundamento, que não seja só o especulativo que a política permite, com dirigentes da Oposição – PS – a falarem numa deriva constitucional na relação entre Belém e S. Bento, alegando que o Presidente governava por interposta pessoa[212] porque recebia todas as semanas os Ministros das Finanças (Pulido Valente e Portas, 1990)[213], dos Negócios Estrangeiros e da Economia, o que levava o antigo primeiro-ministro, Pedro Santana Lopes (Santana Lopes, 2011)[214] a falar de uma verdadeira "cooperação estratégica ativa" justificada pelo momento de exceção que Portugal atravessa. Alertava para o facto de que enquanto primeiro--ministro, só o Ministro da Justiça foi a Belém por causa dos indultos e no caso particular do Ministro das Finanças, Bagão Félix, ressalvou que este tinha lá estado consigo. Acentuando a diferença entre o sistema português e francês, onde o Chefe de Estado preside ao Conselho de Ministros, expressava a ideia de quem governa é o executivo e, pese embora ninguém a ter desejado, a fórmula um presidente, um governo e uma maioria está a ser posta à prova, neste momento em que Portu-

---

[211] O que é o caso de Jorge Reis Novais, que estava preocupado com a chegada de Cavaco Silva a Belém, levantando incertezas e sombras sobre o sistema, pois na sua opinião seria uma hipótese de Presidente sem perfil presidencial.

[212] No jornal *i*, de 3 de agosto, os socialistas acusam Cavaco de ter criado governo de iniciativa presidencial. Antes, a propósito do discurso de tomada de posse do Presidente Cavaco Silva e o seu impacto no II Governo José Sócrates, um dirigente socialista veio perguntar, num artigo de opinião, se fazia sentido manter a eleição direta do Presidente (Sócrates, J. (2011), "O lugar do Presidente", *Expresso*, 30 de abril de 2011).

[213] Torna-se evidente o papel de destaque que o Ministro das Finanças assume em cada governo. No dizer de alguns autores, "o primeiro-ministro acabou várias vezes por ser um agente do ministro das Finanças, impondo a política das Finanças aos restantes ministérios", Pulido Valente, V. e Portas, P. (333-349: 1990).

[214] Santana Lopes, P. (2011), jornal *Sol*, 22 de julho de 2011.

gal tem "alguma" da sua soberania suspensa por força do programa de ajustamento financeiro.

Este enquadramento institucional de sintonia na definição de políticas de consenso nacional, no chamado arco da governação, apresenta-se como fundamental para ultrapassar a situação que Portugal atravessa, uma vez que as frequentes situações de "coabitação" têm conduzido, muitas vezes, a um contrapoder presidencial face ao binómio governo--maioria parlamentar. A separação de poderes só se afirma, então, como consistente e sólida quando o Presidente assegura que deve ser o árbitro que a Nação reclama, em regra nos seus momentos mais difíceis, evitando a oscilação entre as duas cabeças do poder, para usar a expressão de Arend Lijphart.

Como refere Sartori, existe um *crossing parliament* (Sartori, 161: 1997) (o parlamento cruzado) onde o paradoxo de governar através da função legislativa é sempre um problema comum quer ao sistema de governo parlamentar, quer ao sistema de governo presidencialista (incluindo a variável semipresidencialista).

No seu trabalho sobre o *Poder dos Primeiro-Ministros*[215], Eoin O'Malley (O'Malley, 2007) definia, com a ajuda de cientistas políticos dos países em questão[216], por exemplo, a evolução dos poderes de influência do primeiro-ministro português de acordo com o referido no quadro 9 cujo resultado nacional está próximo da média geral.

QUADRO 9:

O' MALLEY: O PODER DOS PRIMEIROS MINISTROS	
Médias de Influência dos Primeiro Ministros por País	
País	Resultados PM
Canadá	8,24
Austrália	6,98
Malta	7,16

[215] O' Malley, E. (2007). "The power of Prime-Ministers: results of an expert survey", *International Political Science Survey*, nº 28, pp. 7-27.

[216] Estiveram envolvidos 413 inquéritos para 262 respostas, não estando envolvidos análises anteriores a 1980.

A COABITAÇÃO POLÍTICA EM PORTUGAL NA VIGÊNCIA DA CONSTITUIÇÃO DE 1976

Inglaterra	6,80
Grécia	7,10
Espanha	6,92
Luxemburgo	6,50
Portugal	6,20
Alemanha	6,29
Noruega	5,72
(total)	0,94
Irlanda	6,08
Dinamarca	5,77
Nova Zelândia	6,15
Israel	6,21
Bélgica	6,05
Holanda	6,09
Finlândia	5,76
Suécia	6,01
Austria	5,42
Itália	4,98
Japão	4,61
Islândia	3,75
Total	**Média**
Escala PM	6,13

Os problemas da "coabitação" e o sucessivo conflito latente, numa situação de dificuldades económicas e sociais, implicam muita cautela e equilíbrio na gestão do sistema de governo e nas suas eventuais modificações.

Pese embora, por vezes, os tímidos apelos a que o Presidente se venha a assumir como o protagonista de uma nova República, a IV, impondo, provavelmente, ao país uma nova Constituição[217] nunca terem vin-

---

[217] Cautelosamente, e bem, os constituintes de 1976 não deram capacidade de iniciativa de revisão constitucional ao Presidente da República, reservando tal tarefa para os deputados à Assembleia da República.

O CONSENSO E O CONFLITO NA ORIGEM DO IMPASSE DO SISTEMA POLÍTICO

gado, alguns autores[218] defendem que, no atual quadro da III República, e perante a ausência de respostas dos partidos políticos e de uma "coerente reforma constitucional", a tendência deveria ser alternativa e assente no "reforço do poder político do Presidente da República".

A prática constitucional repudia este desejo e mostra, ao contrário, uma cada vez maior parlamentarização do nosso sistema de governo, o que é evidente quando existem maiorias parlamentares e, paradoxalmente, muito mais eficazes quando funcionam em ambiente de coligação. O quadro 10 evidencia que a tendência da evolução e das metamorfoses do nosso sistema de governo, após 1982, é de pendor parlamentar deixando ao Presidente da República a obrigação de saber interpretar a Constituição que jurou defender.

QUADRO 10:

PRESIDENTE	RAMALHO EANES	MÁRIO SOARES	JORGE SAMPAIO	CAVACO SILVA
MANDATO	1976-1986	1986-1996	1996-2006	2006-2016
DESIGNO NACIONAL	Transição Poder Militar - Poder Civil	Adesão à Europa	Euro Moeda Única	Défice Orçamental
REVISÃO CONSTITUCIONAL	1982 Sistema Político	1989 - Parte Económica 1992 - Ajustamento à União Europeia	1997 - EU 2001 - TPI 2004 - EU 2005 - EU	
INTERVENÇÃO EXTERNA DE APOIO ÀS FINANÇAS PÚBLICAS	1978 - FMI 1983 - FMI			2011 - TROIKA BCE/EU/FMI
TENDÊNCIAS DO SISTEMA POLÍTICO	Pendor Presidencial	Pendor Parlamentar	Pendor Parlamentar	Pendor Parlamentar
USO DO PODER DE DISSOLUÇÃO DO PARLAMENTO PELO PRESIDENTE DA REPÚBLICA	1979 1983 1985	1987	2001 2004	2011

FONTE: António Tavares, 2012

O Presidente da República, com exceção da coabitação Sampaio--Santana Lopes, tem mostrado que, em situações de maioria parlamen-

---

[218] Neste caso, por exemplo, Fernando Marques da Costa no artigo já referido.

tar, sabe utilizar a Constituição, preservando-se institucionalmente, mas sem se alhear nunca da intervenção política, a qual, na sua matriz *informal* pode ser difícil para o Governo.

Devemos para isso saber ler o prefácio do livro *Roteiros VII*, do Presidente Cavaco Silva escrito em março de 2013.

Parte V
A Ideia de Estabilidade Política Face à Ideia de Crise Institucional

"O Primeiro-Ministro não informou previamente o Presidente da República da apresentação do Programa de Estabilidade e Crescimento às instituições comunitárias, tratou-se de uma falta de lealdade institucional que ficará registada na história da nossa democracia."

ANÍBAL CAVACO SILVA (2012)
in Prefácio de *Roteiros VI*
Lisboa, INCM, p. 19

Capítulo I
Os Motivos Justificativos
para o País Real Compreender

A história da forma republicana do Estado, no seu período entre 1910-1926, está recheada de alguns momentos em que o papel do Presidente é desafiado para uma maior intervenção política procurando compreender o outro Portugal mais profundo e rural sempre distante da capital – Lisboa.

Na I República existiu esse sentimento e basta lembrar o apelo de um dos seus fundadores, Machado dos Santos, ao Presidente Manuel de Arriaga, a propósito do Governo Azevedo Coutinho, de "intervenha, Sr. Presidente da República, antes que o povo tome a palavra" (Gaspar de Freitas, 127: 2001).

Nos cerca de quarenta anos desta III República (1974) a estabilidade política tem oscilado de um modo vincado, quase sempre em função das dificuldades económico-financeiras do país, as quais já motivaram três intervenções internacionais.

Entre esta narrativa constitucional, em que assenta o nosso sistema de governo, e a teia semântica da opinião publicada quem pode ter razão? A evolução da ação política está a desgastar o modelo de governo ou, pelo contrário, este consegue introduzir ou encontrar novos fatores de correção que permitam a estabilidade e deste modo evitar a crise política num tempo de crise económica e social?

O facto de um Presidente da República[219] ter acusado, de um modo expresso, um seu primeiro-ministro de deslealdade institucional veio colocar na ordem do dia, de novo, a questão da autonomia do primeiro--ministro e da capacidade de intervenção presidencial na relação entre ambos.

Para alguns autores[220], como António Costa Pinto e Marina Costa Lobo, nada obrigava o Primeiro-Ministro, José Sócrates, a informar o Presidente da República, Cavaco Silva, sobre a questão particular do programa de estabilidade e crescimento (PEC IV), a apresentar junto da União Europeia, em Bruxelas, pese embora a Constituição prever que o chefe do governo deve informar o Presidente sobre as questões de política interna e externa.

Contudo, neste caso concreto, tudo parece apontar para a necessidade de funcionar um princípio de lealdade institucional, uma vez que estavam em causa medidas de austeridade a negociar com a União Europeia e que vieram a concluir num pedido externo de assistência financeira ao Estado português.

Se o governo deixou de responder politicamente ao Presidente, desde a revisão constitucional de 1982, também é verdade que uma questão como a que pode implicar uma transferência informal de soberania não pode ser vista como algo que escapa ao dever básico de informação institucional que as relações entre órgãos de Estado implicam.

O Presidente Cavaco Silva foi muito crítico do comportamento político do Primeiro-Ministro, José Sócrates, deixando claro que a sua ideia de uma cooperação estratégica era, naquele contexto político, frágil e o seu discurso já muito débil.

Na tomada de posse presidencial para o segundo mandato, o Presidente Cavaco Silva evidenciava já um distanciamento institucional, quando se referia à necessidade de uma mudança de atitude com o propósito de evitar, aquando da discussão do Orçamento para 2011, uma crise política.

---

[219] Já antes Ramalho Eanes e Pinto Balsemão tinham concordado gravar as suas conversas semanais em Belém.

[220] Num artigo publicado no jornal *Público*, 10 de março de 2012, vários politólogos defenderam que Sócrates não tinha de informar Cavaco.

OS MOTIVOS JUSTIFICATIVOS PARA O PAÍS REAL COMPREENDER

Basta dizer que o Presidente Cavaco Silva, eleito com o apoio do bloco PSD/CDS, apreciou no seu primeiro mandato, onde coabitou com os I e II Governo de José Sócrates, com maioria absoluta e relativa, respetivamente, 2160 diplomas e destes promulgou 2119, vetou 15 e pediu a fiscalização da constitucionalidade a 12.

De entre os diplomas promulgados, 398 tinham sido aprovados pela Assembleia da República e os restantes 1721 foram apresentados pelo Governo.

No mesmo período de tempo, o Presidente da República exerceu o veto político relativamente a 14 diplomas da Assembleia da República e a um diploma do Governo.

Requereu, ainda, ao Tribunal Constitucional a fiscalização preventiva da constitucionalidade de 10 diplomas da Assembleia da República, 6 dos quais vieram a ser objeto de veto por inconstitucionalidade, na sequência das decisões daquele Tribunal.

O Presidente da República apresentou ainda mais dois pedidos de fiscalização sucessiva da constitucionalidade ao Tribunal Constitucional.

A estatística referente aos diplomas submetidos à apreciação do Presidente da República, no período entre 9 de março de 2006 e 8 de março de 2011, apresenta o seguinte quadro[221]:

QUADRO 11:

1. Diplomas promulgados	**2119**
Diplomas da A.R.	398
Diplomas do Governo	1721
2. Vetos políticos	**15**
Diplomas da A.R.	14
Diplomas do Governo	1

---

[221] Fonte: Presidência da República em 31 de outubro de 2011. O autor agradece o apoio do Dr. Diogo Gaspar, dos serviços de apoio da Presidência da República, na obtenção desta informação.

3. Pedidos de fiscalização preventiva da constitucionalidade	**10**
Vetos por inconstitucionalidade	6
Diplomas da A.R.	6
Diplomas do Governo	0
Decisões da não inconstitucionalidade	4
Diplomas da A.R.	4
Diplomas do Governo	4
4. Pedidos de fiscalização sucessiva da constitucionalidade	**2**
Diplomas da A.R.	2
Diplomas do Governo	0

FONTE: Presidência da República

Em período semelhante de mandato, o Presidente Eanes vetou, em média, 2,1 diplomas por ano, no caso das três primeiras legislaturas, com 10 diplomas vetados ao Governo PS e, também, com o CDS, 5 aos Governos AD e 1 ao Governo de Bloco Central.

Já o Presidente Mário Soares vetou, em média, 2,9 diplomas, sendo todos a governos do PSD, totalizando 25 diplomas.

Finalmente, o Presidente Jorge Sampaio vetou, do mesmo modo, 2,3 diplomas, dividindo entre 11 diplomas referentes a Governos Guterres e 10 no tocante aos Governos Durão Barroso e Santana Lopes.

No quadro de verificação da constitucionalidade das leis por presidente, Soares enviou 43 diplomas contra 16 de Jorge Sampaio, tendo, no final, o Tribunal Constitucional dado razão em cerca de 70% dos diplomas à preocupação presidencial.

Na avaliação desta relação de dupla direção, entre a estabilidade política que o sistema de governo reclama e a frequência de crises institucionais, implica também saber se o Governo deve refletir a estabilidade política e ter a confiança da maioria dos parlamentares ou reduzir-se, como pergunta Jorge Miranda, meramente a "uma câmara de registo das decisões do Presidente da República"? (Miranda, 395-397: 1976)

O inverso, ou seja, o Presidente da República acabar por ser um mero "notário do Governo", permite-lhe " numa confluência de identidades de maioria" (Blanco de Morais, 66: 2011) não disputar o mesmo centro político, isto é, a liderança de um espaço político partidário, como foi no caso de Sampaio-Sócrates.

Entre uma "cooperação estratégica" ou uma "magistratura de influência", expressões que no entender de Joaquim Aguiar são suficientemente elásticas para permitir um "verdadeiro poder de marca divina" (Aguiar, 1276: 1996), o que resta na relação entre presidente e primeiro--ministro?

A resposta parece ser que o que fica, antes, é o exercício presidencial constante de uma "magistratura de interferência", com um forte sinal de desconfiança emitido por quem aspira a ser o presidente de todos os portugueses, mas tem acabado, e a exceção, mesmo assim, terá sido Mário Soares, como um modo permanente de instabilidade tão ao gosto de uma sociedade urbana, à volta da capital Lisboa, mas a viver de um complexo provinciano assente num imaginário rural dividido entre um círculo vicioso do sistema político e um círculo não virtuoso do sistema económico cujos resultados são evidentes para o modelo de desenvolvimento de Portugal.

O Presidente da República aparece como alguém que tem sempre procurado querer ser uma figura central no funcionamento do sistema de governo, criando as condições de iniciativa, quando assim o considera, para intervir na cena política evidenciando o seu desacordo com o primeiro-ministro e com as respetivas políticas governamentais.

Aliás, o atual Presidente da República, Cavaco Silva, tem afirmado querer ser o "Presidente do inconformismo e da esperança"[222] num momento inédito, pelas condições de inserção europeia, em que o sistema de governo semipresidencialista passa por uma dupla prova de fogo de resistência e de sobrevivência, num ciclo político iniciado em 2011, com o pedido de resgaste de Portugal junto da CE/BCE e FMI.

---

[222] Cavaco Silva, Prefácio de *Roteiros IV.*

Quando o Presidente exerce o seu direito de veto, o qual como já vimos pode revestir também uma atitude política, no momento da promulgação de um diploma, a Constituição oferece-lhe uma grande capacidade de escolha no que parece ser o corolário lógico do sistema de governo semipresidencial, "na sua função notarial", já que o mesmo também é corresponsável relativamente a cada diploma.

Em regra, o veto legislativo assume dois momentos, como veto jurídico e veto político, expresso ou tácito, em função da forma, ainda que a nossa Constituição, após 1982, não permita o chamado "veto de bolso".

Como defende Jorge Miranda, o "veto político é cumulável ou acrescentável à fiscalização preventiva e a fiscalização preventiva não pode vir depois do veto político" (Miranda *et al.*, 275-290: 1986).

Aqui chegados vamos socorrer-nos de um dos autores mais críticos do sistema presidencialista e, também, do sistema de governo semipresidencialista, Juan Linz, para precisar o significado desta tensão, com laivos de uma intriga sistemática, que pode envolver o nosso sistema de governo porque aparece associado a "intrigas que retardam o processo de decisão e conduzem a políticas contraditórias devido à oposição entre presidentes e primeiros-ministros" (Linz e Valenzuela, 55: 1994).

São estas políticas contraditórias e de contrapoder que conduzem ao impasse no sistema de governo em Portugal. Por um lado, o primeiro-ministro tem as competências governamentais (artigo 201º da CRP), e por outro, o Presidente tem os poderes de controlo e fiscalização política.

O sistema parece querer ser perfeito, mas tem gerado muita instabilidade política quando estão em causa reformas estruturantes para o país, como no caso da economia ou da justiça[223].

Esta dupla situação implicou ainda, a nosso ver, a criação de sucessivos impasses no sistema político que só são ultrapassados em momentos definidos como históricos onde, na sequência da evolução do nosso sistema de governo, se conjugaram as maiorias absolutas de Cavaco Silva (1987-1991) com a prática presidencial de Mário Soares (1986-1991), no

---

[223] Na atual conjuntura só o facto de o país estar submetido a um memorando de entendimento tem permitido a execução de políticas como a nova lei do arrendamento urbano, que, noutras condições, inevitavelmente poderia sofrer o veto político do Presidente.

que levou Adriano Moreira (Moreira, 1989) a definir como um "presidencialismo de primeiro-ministro" devido à concentração da ação política em S. Bento e não já no Palácio de Belém.

Esta análise conduziu Maurice Duverger (Duverger, 142-149: 1992) a referir o risco que o Presidente corre quando não se identifica com a maioria, acabando "reduzido a um estatuto simbólico".

Será, então, como diz Pedro Magalhães (Magalhães, 489-506: 2001) que a arma dos fracos está reduzida ao veto político e à litigância do Presidente da República para evidenciar o seu desacordo com o Governo e o Primeiro-Ministro?

Na situação de uma forte maioria parlamentar e com uma liderança expressiva do primeiro-ministro parece só restar ao Chefe de Estado usar a tal arma dos fracos que é o veto político, a que se poderia acrescentar, em nossa opinião, o estatuto de envio de mensagens presidenciais à Assembleia da República.

O veto político, essa figura reforçada pela revisão de 1982, é entendido, segundo Amorim Neto, como um "mecanismo *ex post* para controlar o governo e o parlamento" (Lobo e Amorim, 42: 2009) já que implica, em muitos casos, legislação de relevo como a legislação eleitoral ou a referente às Forças Armadas ou o recurso ao Tribunal Constitucional, necessitando de uma maioria parlamentar de 2/3 para ultrapassar esse veto.

O uso dos poderes "legislativos" presidenciais face à Assembleia da República e dos mesmo poderes face ao governo, é mais evidente em momentos de coabitação do que de confluência entre o presidente e a maioria parlamentar no exercício pleno do artigo 139º da Constituição, onde o Parlamento tem de obter uma maioria qualificada para o ultrapassar e o governo não tem nenhum meio alternativo para lhe fazer frente.

Basta referir que no período de coabitação Soares-Cavaco foram inúmeros os diplomas que foram objeto de veto presidencial, envolvendo interesses de classes com impacto na vida social do país. Desde os militares, com a chamada Lei dos Coronéis, até à comunicação social, com a lei sobre a Alta Autoridade para a Comunicação Social, os estudantes e a lei das propinas, ou outros casos, como a lei sobre o controlo dos rendimentos dos titulares de cargos políticos.

Ao nível da fiscalização preventiva os poderes "legislativos" do Presidente tem um relevo acrescido e, muitas vezes, com prejuízo para o desenvolvimento e consolidação das formas democráticas alternativas de exercício de cidadania como foi no caso da limitação de mandatos consecutivos para autarcas.

O Presidente Soares solicitou a intervenção do Tribunal Constitucional no domínio da legislação eleitoral e esta questão particular foi, então, recusada e, mais tarde, com outros protagonistas, acabou por ser aprovada. Quem ganhou com o atraso de uma medida que permitia alterar a lei eleitoral para as autarquias locais?

Situação idêntica poderíamos avocá-las durante o período institucional de coabitação entre Eanes e Sá Carneiro sobre a necessidade de alterar os limites constitucionais entre o sector público e privado, aqui ainda no âmbito da chamada Comissão Constitucional, que tiveram de aguardar dez anos, até à revisão de 1989, que alterou substancialmente a parte económica do texto constitucional.

O exercício das competências constitucionais, através da figura do veto, mostra bem que o Presidente tem, muitas vezes, uma leitura das funções constitucionais assente na desconfiança no controlo parlamentar dos atos do governo e é mais sensível ao apelo de certos grupos organizados de interesses (Vitorino, 369-386: 1989).

O Tribunal Constitucional assume-se, ainda, como um órgão de recurso na procura de alternativas institucionais entre o presidente e o primeiro-ministro e um auxiliar precioso do poder moderador quando evidencia uma resposta favorável às dúvidas presidenciais.

Criado na revisão constitucional de 1982, o Tribunal Constitucional[224] nunca conseguiu escapar às acusações de contribuir para uma

---

[224] A este propósito também Costa, J. (1989). *O Tribunal Constitucional português: a sua origem histórica*; Mendes, A. (1989). *O Conselho da Revolução e a Comissão Constitucional na fiscalização da constitucionalidade das leis* (1976-1983); Almeida, N. (1989). *O Tribunal Constitucional e o conteúdo, a vinculatividade e os efeitos das suas decisões*, em Baptista Coelho, M. (Orgs.) *Portugal e o sistema político e constitucional 1974-1987*, Lisboa: Imprensa de Ciências Sociais, pp. 913-972. Ainda Araújo, A. (1995). "A construção da justiça constitucional portuguesa: o nascimento do Tribunal Constitucional", *Análise Social*, (nº 134), Lisboa: Instituto de Ciências Sociais da Universidade de Lisboa; Magalhães, P. e Araújo, A. (1998). "A justiça constitucional entre o direito e a política: o comportamento judicial no Tribunal Constitucional português", *Análise Social*, (nº 145), Lisboa: Instituto de Ciências Sociais da Universidade de Lisboa, pp. 7-53; Santos, A. (2011). *Papel político do Tribunal Constitucional*, Coimbra: Coimbra Editora.

judicialização[225] das decisões políticas e para o exercício dos chamados poderes negativos do Presidente da República, os poderes que Gomes Canotilho e Vital Moreira denominam "poderes de veto ou de bloqueio" (Gomes Canotilho e Moreira, 53: 1991)

Aqui chegados, como podemos compreender qual o papel do Tribunal Constitucional que, no dizer de Carlos Blanco de Morais, está a precisar de "uma inadiável reforma" (Blanco de Morais, 2012)[226] no sentido do equilíbrio da sua "relação de mediação" com o presidente e o governo?

A composição do Tribunal Constitucional tem sido sucessivamente referida como uma das situações que mais têm contribuído para avaliar a (im)parcialidade de um tribunal que tem, na sua base de formação, uma forte indicação de origem partidária.

Aliás, Sofia Amaral Garcia, Nuno Garoupa e Verónica Grembi (Garcia, Garoupa e Grembi, 2012)[227], num estudo da Universidade do Illinois, sustentavam que os juízes do Tribunal Constitucional "votariam segundo linhas partidárias" em situações de fiscalização preventiva da constitucionalidade e que são sensíveis às suas filiações políticas bem como à presença ou não do seu partido de referência no exercício da ação governativa.

Acresce ainda o facto, na atual legislatura, que a Assembleia da República não conseguiu eleger os juízes do Tribunal Constitucional à primeira tentativa, por falta de consenso entre os partidos do arco da governação, o que implicou uma intervenção decisiva da sua Presidente, Assunção Esteves, obrigando os partidos a entenderem-se previamente para facilitar o processo de eleição e a sua respetiva credibilização.

A própria Presidente da Assembleia da República foi juíza do Tribunal Constitucional, a par de outros nomes significativos da cena polí-

---

[225] Existe um aforismo americano que diz "direito constitucional é o que os juízes dizem acerca da Constituição".

[226] Blanco de Morais, C. (2012). "A inadiável reforma do Tribunal Constitucional", jornal *Expresso*, 28 de abril de 2012.

[227] Garcia, S., Garoupa, N. e Grembi, V. (2012). *Judicial Independence and Party Politics in the Kelsenian Constitutional Courts: The case of Portugal*, disponível em www.ssrn.com. Pereira, C. (2012). *Origem Social dos Juízes do Tribunal Constitucional – 35º Aniversário da Constituição de 1976* (volume II), Coimbra: Coimbra Editora, pp. 387-420.

tica, como António Vitorino, Jorge Campinos ou Vital Moreira, o que evidencia bem a força política partidária na base da sua constituição.

É certo que, a propósito deste "incidente institucional", voltou-se recentemente a discutir a importância da necessidade de um Tribunal Constitucional ou, mesmo, a defender, ainda que seja uma tese minoritária, a sua "transformação" em secção especializada do Supremo Tribunal de Justiça. Contudo, tudo parece indicar não ser este um assunto de rutura no consenso político português e que belisque a sua importância como órgão de soberania (Ventura, 2003)[228].

Contudo, podemos falar de um "pecado original", como Ana Catarina Santos (Santos,75: 2011) refere citando Marcelo Rebelo de Sousa, no modo de designação dos juízes do Tribunal Constitucional?

Na revisão constitucional de 1982 houve uma preocupação clara de excluir o Presidente da República da nomeação dos juízes e tal como afirmou Jorge Miranda, durante o debate, "as soluções que neste momento venhamos, ou não a aprovar ir-se-ão projetar fortemente sobre o desenrolar da nossa vida institucional ao longo dos tempos"[229].

Era o tempo em que o Presidente se chamava Ramalho Eanes e quer o PSD, o PS ou o CDS tinham más recordações das experiências presidenciais. Da "bomba relógio" de Jorge Miranda até à "instituição partidocrática" de Marcelo Rebelo de Sousa (Santos, 83: 2011), o certo é que o modo de designação dos juízes do Tribunal Constitucional continua a levantar "dúvidas", pese embora o próprio Tribunal Constitucional tenha procurado sempre manter-se à margem destas polémicas e mais preocupado em produzir doutrina e jurisprudência na defesa equilibrada da Constituição de 1976.

---

[228] Sobre os antecedentes históricos do Tribunal Constitucional, Ventura, A. (2003). *A Comissão Constitucional: história, memória e atividade jurídica – um trabalho de análise jurisprudencial*, Cadernos da Faculdade de Direito da Universidade Nova de Lisboa, nº 5, Lisboa: Faculdade de Direito da Universidade Nova de Lisboa. Logo após o 25 de abril de 1974 estas funções de *"vigiar pelo cumprimento das normas constitucionais e das leis ordinárias"* estavam atribuídas ao Conselho de Estado pela Lei 3/74 e depois do 11 de março de 1975 passaram para a competência do Conselho da Revolução. A este propósito Santiago, M. J. (2012). *O 25 de Abril e o Conselho de Estado – a questão das actas*, Lisboa: Colibri, p. 145.
[229] *Diário da Assembleia da República*, 27 de julho de 1982.

Capítulo II
As Explicações Justificativas para o País Político Compreender

O papel do Presidente da República na criação de instabilidade política e de abertura de uma crise pode sempre acontecer já que ele foi eleito para ser o "moderador e o árbitro da vida nacional. Não dependo da maioria ou do Governo, nem sequer da Assembleia da República. O Governo é que depende do Presidente da República, que (...) tem poderes constitucionais para dissolver a Assembleia da República", dizia Mário Soares, para logo acrescentar, "se me atribui responsabilidades nos chamados conflitos institucionais, tenho a impressão que a resposta me é muito favorável" (Soares, 29: 1995).

Estas declarações, em forma de uma entrevista ao *Diário de Notícias*, em 1994, vieram a merecer, da Comissão Política Nacional do PSD, um comentário muito cáustico sobre a falta de solidariedade institucional com o governo e acusando-o de falta de isenção. Era um tempo político reforçado e de fim de ciclo das presidências abertas soaristas.

No início da coabitação entre Soares e Cavaco, devido aos pedidos presidenciais de declaração de inconstitucionalidades junto do Tribunal Constitucional, Soares chegou a dizer ao líder do governo que "se fosse primeiro-ministro faria tal como eu, mas como Presidente estava sujeito ao juramento que tinha feito de cumprir a Constituição" (Cavaco Silva, 325: 2002). Resta questionar o que estava na análise presidencial a mais. A ação governativa, como lesiva do interesse nacional porque atentatória de interesses organizados ou de uma duvidosa aplicação constitucional?

Cavaco Silva, enquanto primeiro-ministro, fez sempre uma análise muito crítica do veto político ou da verificação de inconstitucionalidades, por parte do Presidente Soares, já que para o seu "Governo havia da parte do Presidente, nalguns casos, uma atitude deliberada de criar dificuldades e de obstruir a sua ação" ao não permitir a este realizar as reformas estruturais de que o país estaria carenciado (Cavaco Silva, 416: 2004). Aliás, Cavaco Silva marca uma data para o fim das ilusões sobre o comportamento do Presidente Mário Soares – maio de 1992, a propósito da reforma das Forças Armadas, com a chamada "lei dos coronéis".

Outro dos diplomas que mereceram o veto presidencial foi o que mandava celebrar na segunda-feira mais próxima quatro feriados nacionais: Dia da Liberdade, o Dia da Implantação da República, o Dia de Finados e o Dia da Restauração da Independência.

Curiosamente, vinte anos mais tarde, com Cavaco Silva na presidência e com um outro Governo (Passos Coelho e, outra vez, por imposição externa), viu aprovar um diploma semelhante. Quanto terá custado ao país aquele veto político?

Desse modo escrevia ainda o *Diário de Notícias*, a 19 de agosto de 1994, "Os vetos são mais uma peça entre muitas outras que Soares vai montar, sempre nos bastidores, até ao final do seu mandato para desgastar a imagem do Governo" (Cavaco Silva, 421: 2004).

Desde 1982 que, sem o apoio do Conselho da Revolução e a possibilidade de exercer o veto suspensivo (*pocket veto*), o Presidente teve de recriar a sua capacidade de influenciar o jogo político. Essa capacidade cresceu com a leitura constitucional de Jorge Sampaio a partir da queda do último governo Guterres.

Portugal, a partir de 2002, começou a enfrentar uma crise económica grave, que conduziu, também, pese embora a maioria parlamentar de suporte de que continuava a usufruir o governo, à saída airosa de Durão Barroso para a presidência da Comissão Europeia e à queda posterior de Pedro Santana Lopes.

Contudo, o Presidente Sampaio, depois de muita hesitação, deu posse ao Primeiro-Ministro, Pedro Santana Lopes, acreditando que "enquanto o governo produzido por eleições legislativas continuar a apresentar consistência, vontade política e legitimidade, a renúncia de um pri-

AS EXPLICAÇÕES JUSTIFICATIVAS PARA O PAÍS POLÍTICO COMPREENDER

meiro-ministro per se não é razão suficiente para (...) convocar eleições antecipadas." (Sampaio, 2004)[230].

Joaquim Aguiar define, por isso, de um modo lapidar o porquê da mudança da atitude presidencial do primeiro para o segundo mandato: o presidente "não precisa de conquistar votos" (Aguiar, 1279: 1996), enquadrado que está a aproveitar a perda de referenciais ideológicos cada vez mais evidente nos partidos políticos portugueses, permite-lhe, desse modo, a "conquista de espaços de liberdade" (Aguiar, 1280: 1996).

Daí que seja o Presidente da República que, habitualmente, dá um maior protagonismo à atuação do Tribunal Constitucional, com visibilidade reflexiva na comunicação social, enquanto entidade requerente de procedimentos de fiscalização. Entre 1983 e 2008 o Presidente da República representou mesmo 26% dos pedidos enviados ao TC (Santos, 113: 2011). O Presidente da República acaba por ver no Tribunal Constitucional um instrumento para a sua atuação política e daí também podermos concluir que o legislador constituinte pretendeu que o TC fosse uma solução jurídico-política ao invés de uma solução judicial pura, como seria o caso da existência de uma secção constitucional no Supremo Tribunal de Justiça.

Ainda recentemente[231] o facto de o TC ter declarado, a pedido de um conjunto de deputados da esquerda parlamentar, inconstitucional o corte dos subsídios de férias e de natal dos funcionários públicos e pensionistas para 2013, veio motivar uma explicação do Presidente da República porque não exerceu a possibilidade de solicitar a fiscalização preventiva da constitucionalidade do Orçamento para 2012. O Presidente Cavaco Silva refugiou-se numa simples explicação formal – a necessidade de o país ter um Orçamento num momento de assistência financeira internacional – e – numa explicação comparada – o facto de nenhum outro Presidente o ter invocado a propósito de outros Orçamentos[232].

---

[230] Discurso de Jorge Sampaio aquando da nomeação de Primeiro-Ministro de Pedro Santana Lopes. Sampaio, J. (2004). *Discurso na sessão solene de nomeação de Primeiro-Ministro de Pedro Santana Lopes* (www.presidência.pt).

[231] Acórdão do Tribunal Constitucional de 6 de julho de 2012.

[232] Mário Soares foi o Presidente que mais recorreu ao Tribunal Constitucional em comparação com Jorge Sampaio. Jorge Sampaio tinha, no caso do Orçamento de Estado apre-

Se "só existem Tribunais Constitucionais na medida em que se tornou possível e necessário interpretar juridicamente a Constituição" (Pereira, 44: 2012), será que a interpretação jurídica pode acabar cumulativamente numa interpretação política do texto constitucional?

Devemos então convocar Hans Kelsen para esta discussão, onde o Tribunal Constitucional, podendo assumir-se como um "legislador negativo" (Pereira, 49: 2012), deve garantir também a "separação do poder pelos vários órgãos". O Tribunal Constitucional não consegue, no domínio da especulação da filosofia política, fugir às discussões próprias do constitucionalismo contemporâneo, onde este se confronta há muito com as questões sempre fundamentais dos direitos, das liberdades e garantias no respeito das minorias assegurando valores que, não sendo neutros, são, por vezes, geradores de um outro paradigma de sociedade (Vitorino, 13-36: 2012).

Num tempo de mudança permanente devemos salientar que o Tribunal Constitucional português tem sabido interpretar a "consciência comunitária de hoje em uma perspetiva cosmopolita e aberta" (Vieira de Andrade, 186: 2009), própria de uma sociedade democrática e tolerante.

Ao recorrer a formas institucionais, como o Tribunal Constitucional, ou outras formas menos formais, como as presidências abertas de Mário Soares ou os roteiros de Cavaco Silva, não poderá o Presidente tentar-se por se intrometer na ação do Governo ou, pelo contrário, acabar por ficar identificado com ela?

O Presidente Cavaco Silva, por exemplo, tem visto os seus índices de popularidade baixarem de maneira inédita e é mesmo objeto de manifestações de desagrado para o exercício da função de Chefe de Estado devido a uma certa proximidade governamental de pontos de vista idênticos.

As sondagens, com taxas de popularidade sempre em queda, evidenciam de um modo claro que o Presidente Cavaco Silva sofre uma erosão consecutiva, muito pouco habitual, no exercício do seu segundo mandato, muito pela sua proximidade ao Governo, que na execução do

---

sentado pelo Governo de Durão Barroso, solicitado a fiscalização sucessiva ao Tribunal de Contas. O Presidente Eanes não foi aqui considerado, assim como o Presidente Cavaco Silva, com o seu mandato ainda em curso.

memorando externo de assistência financeira retira qualquer margem de autonomia presidencial, que o texto da mensagem de Ano Novo de 2013 parece querer inverter.

Foi o que justificou que os "poderes legislativos" do Presidente, ao não serem exercidos, vieram a permitir a um conjunto de deputados da esquerda parlamentar exercerem os mesmos, ao enviarem ao TC um pedido de verificação da constitucionalidade do Orçamento de Estado para 2012, e que continuou, em 2013, no mesmo propósito e extensivo ainda ao Provedor de Justiça.

A capacidade de intervir na vida política do Presidente da República acaba muito por assentar no exercício da figura do veto, levando a concluir que "o poder de verificação de constitucionalidade do presidente tem-se constituído um travão relevante das maiorias parlamentares em Portugal, fornecendo assim uma evidência sobre o papel fundamental do presidente no processo decisório" (Lobo e Amorim, 43: 2009).

A agenda política do governo, por outro lado, pode sofrer a influência do Presidente quer através das suas visitas pelo país, na forma de presidências abertas de Mário Soares, de Jorge Sampaio, que não criou uma marca própria, ou dos roteiros de Cavaco Silva. Eanes ficava-se pela abordagem às forças vivas da nação como com os seus encontros com os autarcas.

O Presidente Eanes, que também andou pelo país, nunca abusou da utilização do mecanismo das viagens presidenciais domésticas por recear ser ainda mais um fator de perturbação nas frágeis relações institucionais com o Governo.

O Presidente Soares, pelo contrário, utilizou-o como um catalisador de lamentos no seu primeiro mandato e depois, a seguir à presidência aberta na Área Metropolitana de Lisboa, no início de 1993, como um verdadeiro obstáculo crítico dirigido ao Governo.

Esta forma de comunicar com o Portugal "profundo" evidencia uma particularidade singular do poder presidencial do nosso sistema porque, em regra, induzem o Governo a agir no sentido de responder politicamente à pressão presidencial.

As presidências abertas de Soares foram "verdadeiros meios de desgaste do Governo e do PSD" (Cavaco Silva, 420: 2004) onde o Presidente sabia estimular o descontentamento e a oposição ao Governo.

A COABITAÇÃO POLÍTICA EM PORTUGAL NA VIGÊNCIA DA CONSTITUIÇÃO DE 1976

Aliás, após Cavaco ter colocado um ponto final no "tabu" da sua recandidatura, em janeiro de 1995 (Cavaco Silva, 442: 2004)[233], Soares não mais promoveu as presidências abertas. O ano de 1994 foi o ano de todas as tensões entre Belém e S. Bento e teve, em maio, a sua montra mais visível com a participação no Congresso "Portugal: que futuro?" (Avillez, 287-306: 1997).

Era o tempo em que Cavaco Silva estava no Pulo do Lobo...

O primeiro-ministro, em Portugal, por seu turno, continua a ser tradicionalmente um *primus super pares* (Passarelli, 2012)[234]. Devido a esse papel central na atividade do governo, assegura, com o reforço da sua capacidade de liderança e ao conseguir usar o seu "núcleo duro político" para formar um "pequeno governo" dentro do Governo, a consequente afirmação da sua liderança partidária.

A forma colegial de funcionamento do Conselho de Ministros acaba por permitir uma intervenção muito hierárquica do primeiro-ministro na organização do governo e no controlo indireto do próprio grupo parlamentar que o suporta na Assembleia da República.

Desde 1982 que a figura do primeiro-ministro tem ganho, a par de uma melhor organização do governo, nomeadamente ao nível da Presidência do Conselho de Ministros (Freitas do Amaral, 1986), uma maior solidificação na vida política, com uma presença ativa de Ministros da Presidência ou Adjuntos, geralmente oriundos do partido governamental, que cooperam na organização do tal "pequeno gabinete político", que salientámos já, num fenómeno de governamentalização crescente da vida partidária.

Esta situação deve ser, igualmente, relacionada com o mesmo período até 1982, onde a presença de elementos "independentes" no Governo era em número superior ao do período posterior face aos elementos oriundos dos partidos de suporte governamental (Lobo e Amorim, 25-48: 2009)[235].

---

[233] A partir daí, segundo Cavaco Silva, nas suas memórias, os tempos foram de "tal forma tranquilos que até incluíram conversas sobra a fisioterapia" presidencial.

[234] Passarelli, G. (2012). *The government in two semi-presidential systems: France and Portugal in a comparative perspective*, disponível em www.palgrave-journals.com/fp.

[235] Recentemente, em estudo apresentado ao Congresso de Ciência Política (julho de 2012, Madrid) "Ministros tecnocratas e não políticos nas democracias europeias", António

Neste resultado e na esteira do que já afirmaram Shugart e Carey, Portugal, até 1982, teve uma experiência de semipresidencialismo de subtipo *presidencial-parlamentar* e que após essa revisão constitucional este veio a evoluir para um modelo de *premier-presidencial*: Cavaco Silva (1987-1995), Durão Barroso (2002-2004) José Sócrates (2005-2009) e Pedro Passos Coelho (2010) que, por seu turno, conforme o quadro seguinte, já permitiu várias experiências governamentais.

QUADRO 12:

1976-1982
I Governo PS – minoritário
II Governo PS-CDS – maioria de incidência parlamentar
III Governo – iniciativa presidencial
IV Governo – iniciativa presidencial
V Governo – iniciativa presidencial e de gestão
VI Governo AD – maioria parlamentar em coligação pré-eleitoral
VII Governo AD – maioria parlamentar em coligação pré-eleitoral
1982 – 2012
VIII Governo AD – maioria parlamentar em coligação pré-eleitoral
IX Governo PS-PSD – coligação pós-eleitoral
X Governo PSD – minoritário
XI Governo PSD – maioria parlamentar monopartidária
XII Governo PSD – maioria parlamentar monopartidária
XIII Governo PS – no limiar da maioria parlamentar

Costa Pinto e Tavares de Almeida concluem que o atual governo PSD-CDS, presidido por Pedro Passos Coelho, é, desde 1976, o que tem menos experiência governativa de sempre. Esta situação poderia justificar-se com a falta de atração dos partidos políticos para encontrar competências para participarem no Governo. Fonte: *Público*, 7 de julho de 2012.

XIV Governo PS – o partido mais votado tem 50% dos deputados

XV Governo PSD-CDS – coligação pós eleitoral

XVI Governo PSD-CDS – coligação pós-eleitoral

XVII Governo PS – maioria parlamentar monopartidária

XVIII Governo PS – minoritário

XIX Governo PSD-CDS – coligação pós-eleitoral

Da análise em questão torna-se evidente que o papel e a capacidade de atuação do presidente conjugam sempre, em quase todas as circunstâncias, uma característica fundamental. O perfil "alto" do presidente, como era no caso de Soares, que se manifesta quando o governo enfrenta dificuldades acrescidas devido a não ter uma maioria parlamentar ou é confrontado com situações de crise económica e social. Aqui, o Presidente da República pode emergir como um fator de perturbação da ação governativa, como aconteceu no caso de Eanes-Soares, durante os dois primeiros pedidos de apoio financeiro ao FMI, onde o Presidente Eanes manteve sempre uma postura crítica e distante. Inversamente, na presente situação do programa de ajustamento financeiro, tal parece não acontecer, onde o Presidente Cavaco Silva também sente a sua erosão política conforme a aplicação do programa, simultaneamente, desgasta a ação governativa.

O veto aparece assim, após o seu reforço na revisão constitucional de 1982, como outra das marcas presidenciais mais fortes, como um mecanismo *ex-post*, para influenciar o governo e o próprio parlamento. Sendo mesmo, nos casos comparados, o Presidente Soares o único que consegue, através destes instrumentos, condicionar as políticas do primeiro-ministro e, muitas vezes, alterar as mesmas como câmara de "ouvidor" das "forças representativas do povo".

O Presidente Cavaco Silva, ao não dar muito acolhimento a esses mesmos representantes de forças sociais ou de interesses económicos, acaba por sofrer as consequências de ser identificado com as políticas governamentais, no que se pode considerar um novo teste ao semipresidencialismo de matriz portuguesa.

A gravidade da situação económica que se vive, resultante do programa de ajustamento financeiro, parece justificar que o Presidente Cavaco não use e abuse, neste seu segundo mandato, quando está livre de cálculos de oportunidade política para qualquer reeleição, ser um "contrapeso de facto às decisões do governo" (Lobo e Amorim, 48: 2009).

Cavaco Silva tem mostrado que tem uma leitura algo cautelosa dos seus poderes presidenciais, como o manifestou no caso da demissão do último governo de José Sócrates. Aqui só exerceu o seu poder de dissolução do Parlamento após o pedido de demissão do próprio primeiro-ministro, contudo poderia ter intervindo mais cedo porque tudo apontava que estava em causa já o regular funcionamento das instituições[236].

O Presidente Cavaco Silva ganhou muito, para a sua eleição presidencial em 2006, com as dinâmicas da perda do governo Sócrates, em 2005, como refere Pedro Magalhães (Lobo e Magalhães, 266: 2009), pois esse poderá ser um cenário que assentou na "possibilidade de (...) eleitores preferirem a coabitação, independentemente das suas posições ideológicas."

O calculismo da passagem do primeiro para o segundo mandato presidencial, neste caso, acabou por ser um sopro de vida para um governo em dificuldades que em vez da eutanásia constitucional (dissolução do parlamento) acabou por conseguir uma nova prova de vida.

---

[236] A título de exemplo, as relações entre o Primeiro-Ministro e o seu Ministro das Finanças estavam há muito em conflito institucional. A este propósito Dinis, D. e Coelho, H. (2012). *Resgatados – os bastidores da ajuda financeira a Portugal*, Lisboa: Esfera dos Livros.

Capítulo III
A Regra Não Escrita que Permite Decidir a Vida dos Governos

No fundo, Mário Soares definiu esta lição, de um modo lapidar, ao interpretar o que estaria escrito na Constituição ou subjacente ao texto constitucional, numa leitura muito própria e incisiva, típica de um Presidente que foi o primeiro civil na função, desde 1926, e confrontado, também, num momento inédito da nossa democracia, com um governo de um só partido e com uma maioria absoluta no Parlamento.

> "Tenha em conta as fiscalizações preventivas da constitucionalidade dos diplomas, os vetos, a magistratura de influência, usada discretamente, mas com alguma eficácia, as Presidências Abertas, as palavras deixadas cair oportunamente, ou certas omissões e silêncios pesados... Tudo isto são formas de exercer os poderes que a Constituição confere ao Presidente, para não falar nos pedidos de esclarecimento e informação ao Primeiro-Ministro e das mensagens enviadas à Assembleia da República." (Avillez, 34: 1997)

Faltou só referir os livros editados, ano a ano, com os seus discursos e onde o prefácio presidencial ganhava, cada vez mais, uma particular atenção sobre a avaliação da atuação governamental.

A gestão do sistema é assim "complexa", como reconhecia Soares (Avillez, 40: 997), porque geradora de uma tensão entre o presidente e o primeiro-ministro. Enquanto Presidente, recusava a ideia de Adriano

Moreira de "um presidencialismo de primeiro-ministro" porque seria uma adulteração do sistema de governo através de umas eleições legislativas.

Soares sempre foi contra uma leitura presidencialista da Constituição e, por isso, sempre combateu a ideia de uma maioria presidencial de Eanes, preferindo "um entendimento predominantemente parlamentar do texto e do espírito da Constituição" (Avillez, 61: 1996).

Em junho de 1991, enviava uma mensagem à Assembleia da República, sobre a liberdade de informação e a instrumentalização da televisão, porque sempre que estavam em causa direitos, liberdades e garantias entendia que tinha uma responsabilidade acrescida, mas também porque quando o primeiro-ministro não "dava sinais de ter concordado", essa "advertência" deveria ser tornada pública (Avillez, 64: 1996).

Uma leitura que num noutro contexto político o constitucionalista Georges Vedel veio a resumir o papel do presidente como "um árbitro que dá toques na bola" (Roussel, 124: 2003). De Gaulle, oportunamente, lembrou ainda que "uma Constituição é um espírito, as instituições uma prática" (Roussel, 293: 2003) para não esquecermos a fórmula clássica de Thiers, em 1829, quando trazia à colação que "o Rei reina, os ministros governam e as Câmaras julgam".

Daí que Maurice Duverger, num artigo célebre intitulado "Les monarchies républicaines" (Duverger, 108: 1996), tenha salientado, apoiando-se para isso ainda em Karl Popper, que a democracia consistia, antes de tudo, na possibilidade de os cidadãos poderem escolher o real chefe do Governo e de o poderem julgar no final do mandato.

Adepto da estabilidade governativa e atento às lições dos sistemas parlamentares de Londres e Berlim, Duverger veio, neste mesmo artigo, a consagrar a opinião de que só o sistema francês de 1962 é que diverge profundamente do parlamentarismo clássico. Afirma então no texto do seu artigo "que o regime semipresidencial e o regime semiparlamentar nada mais são do que modalidades do parlamentarismo puro porque o que estava em causa era a responsabilidade do Governo perante o Parlamento" (Duverger, 108-109: 1996).

O que se pretenderá então avaliar da utilização das várias figuras de "poder instrumental" que justificam a intervenção do Presidente da República face ao primeiro-ministro e ao governo?

A REGRA NÃO ESCRITA QUE PERMITE DECIDIR A VIDA DOS GOVERNOS

Usando o Tribunal Constitucional, na apreciação da fiscalização da Constituição, enviando mensagens à Assembleia da República, utilizando o veto político na não promulgação de diplomas governamentais ou do Parlamento, fazendo viagens no país real com as suas presidências abertas ou com recurso a roteiros temáticos, o Presidente da República pode então avaliar do regular funcionamento das instituições para fazer ou não uso da única arma letal que dispõe: *a dissolução da Assembleia da República.*

As tomadas de posição públicas do Presidente são mesmo uma matriz do código genético do nosso sistema de governo. A Constituição prevê, sem necessidade de referenda ministerial, o poder de enviar mensagens à Assembleia da República bem como se pronunciar sobre todas as emergências graves para a vida da República[237].

A par destas existem ainda os chamados "encontros pessoais" entre o presidente e o primeiro-ministro que são usados para a avaliação da intervenção governamental[238].

O presidente pode ainda recorrer aos chamados "contactos privados" com entidades públicas e privadas (Gomes Canotilho e Moreira, 61: 1991).

Esta situação acaba por conduzir a um paradoxo no funcionamento do sistema político e tem motivado o atraso na implementação de muitas reformas estruturais com que os sucessivos governos têm sido confrontados.

Os exemplos podem ser muitos. Mesmo nos mais insignificantes, mas que mexem com os chamados "poderes" instalados, tal tem sido evidente. Falamos já do veto soarista ao corte de feriados, proposto por Cavaco, mas podemos acrescentar a luta iniciada em dezembro de 1984, quando o PS e o PSD aprovaram o estatuto remuneratório dos políticos, e o Presidente Eanes o vetou em fevereiro do ano seguinte, para a mesma maioria o confirmar, sem alterar uma vírgula, em março de 1985.

Depois, em agosto de 1995, no âmbito do "pacote da transparência" e muito pela pressão do Partido Popular então liderado por Manuel

---

[237] Artigo nº 137, alínea e) e artigo nº 143, ambos da Constituição da República Portuguesa.
[238] Em regra são encontros semanais entre o presidente e o primeiro-ministro cuja estabilidade tem-se aperfeiçoado com a consolidação da democracia parlamentar. As fugas de informação tendem a ser reduzidas, não existindo agora as dificuldades públicas de relacionamento como, por exemplo, entre o Presidente Eanes e o Primeiro-Ministro Pinto Balsemão.

Monteiro, veio-se a alterar as condições de exercício de funções para a atribuição da subvenção mensal vitalícia e, em outubro de 2005, a maioria socialista terminou de vez com esta possibilidade.

Fica, assim, evidente como a teoria dos contrapoderes, assente numa divisão na sua forma de governação, onde a diarquia institucional entre presidente e primeiro-ministro implica uma dupla responsabilidade do governo perante o presidente – meramente de ordem institucional – e perante o parlamento de ordem política, tem permitido, conforme a conjuntura, modificar decisões de um órgão político pela intervenção de uma outra "força de bloqueio".

Com uma Constituição datada de 1976, onde o mundo ainda estava dividido em muros e a Europa era uma construção meramente institucional, Portugal tem chegado tarde às grandes transformações europeias de paradigma político, económico e social.

Pese embora, para muita doutrina (Novais, 283: 2010), o presidente português não se confundir com a vontade de liderar o governo ou a Oposição, como acontece em França, tem uma legitimidade democrática tão forte e expressa em relação a legitimidade parlamentar a que junta a grande diferença para o Chefe de Estado do sistema parlamentar – assumir a capacidade de ter iniciativa política.

Pode ter essa iniciativa em várias áreas, como ajudar a promover acordos político-partidários, criar as condições políticas e sociais para a aprovação de um Orçamento de Estado, envolver-se na existência de um governo de coligação, quando não existe uma maioria parlamentar, ou até poder ser chamado, em situação de grave crise, a promover um governo de salvação nacional.

Mas também tem a possibilidade de ter uma leitura constitucional que o leve a considerar esgotada uma determinada solução governamental, mesmo com uma maioria parlamentar, como foi no caso, em 2004, do Governo Santana Lopes. É evidente que as sondagens mostram sempre o descontentamento popular face aos governos e isso mesmo tem permitido ao presidente não ser penalizado politicamente com um sinal eleitoral contrário à sua decisão.

Foi assim nas dissoluções de 1983, com o Presidente Eanes a pôr fim à experiência de governo maioritário da Aliança Democrática e a permitir a vitória do Partido Socialista, em 1987, com Soares a recusar a maioria PS-PRD, no que poderia ter sido o primeiro ensaio de vencimento informal de uma "moção de censura construtiva", afastando do governo o partido presidencial de Eanes, e permitir a primeira maioria absoluta do PSD. Depois Cavaco Silva, em 2011, terminando com o Governo minoritário de José Sócrates e possibilitando o Governo PSD--CDS de Pedro Passos Coelho.

A única dissolução "pacífica" ocorreu com o fim do II Governo de António Guterres, em 2002, no momento em que o próprio Primeiro--Ministro tinha consciência que a situação do país caminhava para um "pântano político".

Eleito por sufrágio direto e universal, tem o Presidente da República de saber assumir a responsabilidade das consequências políticas do ato de dissolver o parlamento.

Então o que acontecerá ao sistema de governo se afinal "a posição do Presidente da República, cujo ato de dissolução se revela, afinal, inútil e prejudicial ao interesse comum"? (Novais, 287: 2010)

Esta regra não escrita da Constituição de 1976, que permite ao Presidente da República avaliar a viabilidade de um governo, mesmo que para tal implique avaliar também o perfil do primeiro-ministro, quer no momento da formação do governo ou quer no exercício pleno das suas competências, tem permitido leituras variadas, quase sempre concordantes nas mais variadas circunstâncias.

Encontra-se neste cruzamento de oportunidades de avaliação a matriz portuguesa do semipresidencialismo que procura acentuar um movimento de recusa da importância parlamentar, sempre crescente, no nosso sistema de governo.

Na esteira, aliás, do que confessa o constitucionalista e ex-assessor presidencial Jorge Reis Novais, quando diz que "o poder real que emerge de todas estas situações de crise decididas com a dissolução da Assembleia da República, é, afinal, esse poder presidencial, não escrito, mas real, de decidir sobre a vida dos Governos" (Novais, 290: 2010).

Não é uma definição jurídica pura, mas antes jurídico-política que se tem de exercer em "dueto com o eleitorado" (Novais, 291: 2010) e permite ao presidente não governar, não tendo assim o ónus do desgaste político do poder executivo, mas ter um "poder último sobre a vida do Governo" (Novais, 291: 2010).

A COABITAÇÃO POLÍTICA EM PORTUGAL NA VIGÊNCIA DA CONSTITUIÇÃO DE 1976

Assim, como reagiria o Presidente Sampaio quando o Governo Sócrates enfrentou a "grande trapalhada" da crise da "licenciatura do Primeiro-Ministro"? De certeza de uma maneira diferente do Presidente Cavaco Silva?

Não são já incertezas ou sombras na hipótese de um presidente sem perfil presidencial, como alertava Jorge Reis Novais (Novais, 325: 2010) a propósito de Cavaco Silva, para a possibilidade de alterar, de um modo radical, as práticas dos Presidentes Eanes, Soares e Sampaio de uma "cooperação institucional" evoluindo para uma "cooperação estratégica".

O autor receava então uma cooperação estratégica, não com o Governo Sócrates mas, antes, com a oposição do PSD, na liderança de Manuela Ferreira Leite, cujas afinidades com o Presidente Cavaco seriam conhecidas, e porque tal fazia mais sentido de acordo com o perfil presidencial, mais adepto, na sua opinião, do sistema de governo francês (Novais, 2010)[239].

A realidade posterior a 2011 veio mostrar que num país sujeito a uma "transferência informal de soberania" e, cada vez mais, condicionado pelas políticas financeiras da União Europeia, a intervenção do Presidente da República não pode ficar só reduzida ao seu poder moderador de intervenção mas, antes, tem de fazer uma adaptação da utilização desse seu poder à nova conjuntura política.

Sendo certo que o Presidente da República já não tem o poder de demitir livremente o Governo como Eanes, todos os processos de revisão constitucional, como os de 1989 e 1997, discutiram sempre a questão da alteração dos poderes presidenciais, numa constante revisitação à revisão de 1982, essa sim, resiliente, em trinta anos, convergindo para a tese de Adriano Moreira, aqui já abordada, de um "presidencialismo de primeiro-ministro", onde o primeiro-ministro e o governo só são responsáveis perante a Assembleia da República, independentemente dos amplos poderes que o PR tem, o que leva, desde então, a uma mais profunda divergência e afastamento com o sistema francês[240].

---

[239] O autor manifesta ainda aqui um receio estranho sobre uma intervenção, à francesa, de Cavaco Silva, enquanto Presidente da República, numa alteração à Constituição de 1976, o que poderia configurar um "golpe de Estado constitucional".

[240] Aliás, o PSD chegou a propor a alteração do mandato presidencial para seis anos, alterando o artigo 128º da Constituição. Nessa mesma proposta o PSD propunha a criação de um Conselho Superior da República, apresentado em 16 de setembro de 2010.

Considerando ainda o sistema de representação proporcional, dispensa-se a aprovação parlamentar do programa do governo, para a qual só ocorrerá votação em caso da apresentação de uma moção de confiança ou de censura.

Ao facilitar a constituição de governos minoritários acabou por se permitir ao presidente um papel de "fiel do sistema" evitando, assim, a nomeação de "governos do presidente".

Outra forma de avaliar o regular funcionamento das instituições é também a instabilidade governamental na sua estrutura orgânica e composição ministerial.

Com efeito é muito comum e normal o primeiro-ministro fazer remodelações governamentais; por exemplo, o Primeiro-Ministro António Guterres em seis anos de governo fez doze modificações, ao nível de ministros, na sua equipa, o que dá uma média de dois novos ministros por ano.

Aliada a esta situação é, ainda, frequente a alteração da designação dos ministérios em Governos com o mesmo primeiro-ministro. O Ministério da Igualdade, no II Governo Guterres, por exemplo, durou só um ano.

A falta de consenso governamental nas áreas das finanças públicas levou os primeiros-ministros Durão Barroso e José Sócrates a recorrer ao Banco de Portugal para determinar o défice orçamental real do país.

Resta, assim, a figura presidencial para ultrapassar as dificuldades de funcionamento do sistema de governo utilizando a dissolução parlamentar dentro de um calendário previamente definido pela Constituição.

Isto é, de acordo com o artigo 172º da CRP, a "Assembleia da República não pode ser dissolvida nos seis meses posteriores à sua eleição, no último semestre do mandato do Presidente da República ou durante a vigência do estado de sítio ou do estado de emergência."

Desenhada para dificultar a existência de governos maioritários e monopartidários, o certo é que acabaram por ser os governos maioritários monopartidários que estiveram o dobro do tempo, em anos, no poder que os maioritários de coligação. Curiosamente nenhum destes governos cumpriu o seu tempo de legislatura completo.

Será, então, que estamos nas vésperas de uma IV República, onde nos devemos preparar para um novo ciclo da nossa história, motivado pelo processo de transformação da ideia europeia e pela crise económica e financeira que o país atravessa a ponto de colocar em causa o seu próprio conceito de soberania nacional?

As consequências da decisão do Presidente Sampaio perante o Primeiro-Ministro Pedro Santana Lopes trouxeram de volta ao sistema de governo as dúvidas da atuação eanista.

Por um momento, o Chefe de Estado aceitou substituir um primeiro-ministro de acordo com a maioria parlamentar, mas deixando claro o que pensava sobre o mesmo, influenciou a nomeação de ministros, e empossou um governo sob a ameaça da dissolução do Parlamento

A instabilidade estrutural do atual sistema de partidos, a profunda desconfiança dos portugueses nas instituições públicas e nos seus representantes políticos, a deceção face ao sistema de justiça, nomeadamente no combate à corrupção, e os frequentes escândalos envolvendo membros da chamada classe política, tudo isso parece criar as condições de uma transição constitucional de uma III para uma IV República.

Nesta matéria cabe agora a necessidade de relançar um debate sobre o papel constitucional do Presidente da República, sobre o uso dos seus poderes e a sua extensão na utilização de uma prática não escrita e o modo de eleição.

No dizer de Joaquim Aguiar a atual Constituição, datada de 1976, fruto de dois pactos MFA-Partidos, construída num mundo que se tem alterado de um modo muito acelerado, desde 1989, é "uma Constituição que foi elaborada para um sistema político, para um sistema económico e para um sistema social que já não existem" (Aguiar, 65: 2011).

A não mutabilidade de um texto constitucional pouco garante, quer aos pais fundadores da Constituição, como guardiões do templo, quer aos seus intérpretes, em relação à sua sobrevivência institucional e, por isso, F. Lassalle lembrava que a Constituição, quando não corresponde à vida real, nada mais é do que "uma folha de papel" (Lassalle, 1969).

A origem da Constituição de 1976 não pode deixar de ter como referência o seu quadro genético, fruto de uma aliança, com dois momentos diferentes, com duas visões diferentes de arquitetura constitucional, num Pacto entre o MFA e os partidos políticos e aquilo que foi a dinâmica do PREC-Processo Revolucionário em Curso até ao 25 de novembro de 1975.

A REGRA NÃO ESCRITA QUE PERMITE DECIDIR A VIDA DOS GOVERNOS

Falamos de uma Constituição que teve um nascimento difícil e não consensual, mas com a qual, e com as suas sucessivas revisões, todos os partidos conseguem viver no exercício da sua ação política, na esteira do que Mota Pinto acabou por definir como "o resultado de compromissos e consequências conjunturalmente datados, tem desequilíbrios e, até, defeitos". Acreditava este deputado constituinte que a Constituição poderia "fornecer um quadro adequado à afirmação da independência nacional, à democracia e à estabilidade, à recuperação económica e à transição para uma sociedade mais justa" (Mota Pinto, 69: 1986).

No I Pacto MFA-Partidos, assinado a 11 de abril de 1975, o Presidente era eleito por um colégio de composição mista (militar, popular e partidária), num esforço de radicalismo a caminho da sociedade sem classes, numa rutura violenta com o passado salazarista.

No II Pacto MFA-Partidos, a 26 de fevereiro de 1976, emergem os valores da democracia pluralista, com o Presidente da República ser eleito por sufrágio direto e universal, "concebido e justificado como o centro regulador que deverá **contrabalançar** a possibilidade de domínio exclusivo dos partidos" "com uma configuração de poder dividido" (Aguiar, 71: 2011)

O sistema eleitoral, ao ser proporcional, permite proteger uma representatividade mais ampla ao permitir a criação de novos partidos[241] que vai plasmar-se num sistema de permanente negociação entre a intermediação partidária para a negociação de redes de interesses que capturam o Estado, fazendo este atuar na defesa desses mesmos interesses.

---

[241] Todos os partidos criados fora do quadro tradicional do acordo com o MFA não tiveram grande expressão parlamentar. Destaca-se o PRD – Partido Renovador Democrático – de inspiração eanista que esteve no Parlamento entre 1985 e 1991, o PSN – Partido da Solidariedade Nacional – com um deputado numa legislatura (1991-1995). Mesmo o PND – Partido da Nova Democracia – promovido pelo antigo líder do CDS-PP, Manuel Monteiro, nunca conseguiu eleger parlamentares. Já em 2014, incentivado por Marinho Pinto, surgiu o Partido Democrático Republicano e à esquerda da dissidência do Bloco, o Livre, de Rui Tavares.

Sobre a evolução do sistema partidário em Portugal numa visão mais ampla ver Freire, A. (2009). *Mudança no sistema partidário em Portugal, 1974-2009: o papel dos fatores políticos, sociais e ideológicos*, em Maria Antonieta Cruz (Orgs.) *Eleições sistema eleitorais: perspetivas históricas e política*, Porto: Universidade do Porto, Porto, pp. 215-262.

Como escreve Joaquim Aguiar é

"um poder dividido que promove e valoriza as funções de intermediação dos partidos e as redes de interesses, abrindo a oportunidade para a distinção entre partidos de poder, partidos de aliança (os que só podem aspirar a participar nas composições de governo desde que aliados a partidos maiores) e partidos exteriores ou de protesto (os que têm de afirmar a sua relevância por se oporem ao poder estabelecido e que, por isso mesmo, não têm por finalidade o exercício do poder). (Aguiar, 71: 2011)

Como se identificam?

Os partidos de poder, PS e PSD. Os partidos de aliança – CDS. Os partidos exteriores ou de protesto – PCP, BE (Freire e Viegas, 2009).

Esta Constituição de 1976 e as suas posteriores sete revisões mostram que o legislador constituinte tem acreditado que a diferença entre a constituição formal e a "constituição imaginária", e por consequência o seu respetivo conflito, se podem resolver pelo decurso do tempo, por uma não aplicação ou pela "rasura de um dos seus termos" (Aguiar, 73: 2011), mostram uma justificação para um papel mais ativo do Tribunal Constitucional.

A primeira revisão constitucional de 1982 (Otero, 1997)[242], datada e precisa para atingir o Presidente Eanes, motivando a aliança AD-Mário Soares, retira da esfera presidencial a confiança política em relação ao governo, mas em contrapartida oferece-lhe a possibilidade de dissolver o parlamento quando o índice de divergências políticas ou a conjuntura instantânea o implicar.

A revisão de 1989 procurou resolver os problemas da irreversibilidade das nacionalizações e adaptar a economia às exigências de Bru-

---

[242] Sobre a importância do processo de revisão constitucional e o facto de que existe um processo de negociação extraparlamentar com vista à obtenção de um consenso prévio antes da discussão em sede parlamentar, ver Otero, P. (1997). O acordo de revisão constitucional: significado político e jurídico, *Revista Jurídica da Associação Académica da Faculdade de Direito de Lisboa*, Lisboa. Historicamente, Portugal tem um registo agitado de alterações ao texto constitucional. A Constituição de 1911 sofreu apenas cinco revisões, em 15 anos, e a Constituição de 1933 em 40 anos sofreu nove revisões. Caetano, M. (1978). *Constituições Portuguesas*, Lisboa: Verbo.

A REGRA NÃO ESCRITA QUE PERMITE DECIDIR A VIDA DOS GOVERNOS

xelas, assim como as revisões sucessivas e posteriores foram motivadas por ajustamentos resultantes dos tratados comunitários.

A exceção foi a revisão ordinária de 1997 que pouco adiantou com o reforço de poderes legislativos da Assembleia da República, formas de participação de cidadãos e os poderes das regiões autónomas.

José de Melo Alexandrino (Alexandrino, 2012)[243] identificou três grandes fases de revisão constitucional, em que foram alteradas 735 disposições:

1ª fase da questão constitucional – 1976-1989
2ª fase da superação da questão constitucional – 1989-1997
3ª fase da questão política – 1997-

O mesmo autor concluía com uma pergunta: "a Constituição de 1976 ainda é a mesma?"

A resposta parece poder ser afirmativa, pois a Constituição de 1976 sofreu muitos "desenvolvimentos constitucionais", mas manteve as suas marcas primitivas no seu código genético sem perder a sua identidade programática e resiliente.

Quando muito, na esteira de Paulo Otero, a "desparlamentarização", com a passagem da decisão política para os diretórios políticos e a sua conclusão no fórum parlamentar, é meramente simbólica, e a "governamentalização" (Otero, 1997), já que é o governo que apresenta as principais propostas negociais, dos processos de revisão constitucional poderia contribuir para algum carácter subvertido do modelo escolhido.

Somos assim chegados a um impasse do sistema político que implica o que Joaquim Aguiar chamou um erro imaginário que "engendrou monstros no real, e o campo de possibilidades políticas que existe no presente, depois da crise da primeira década do século XXI, já não pertence ao horizonte de referência da Constituição que foi aprovada em 1976" (Aguiar, 75: 2011).

---

[243] Alexandrino, J. (2012). *Reforma Constitucional – lições do constitucionalismo português*, texto para publicação nos Estudos em Homenagem ao Professor Doutor Martim de Albuquerque, Lisboa: Faculdade de Direito da Universidade de Lisboa, p. 12, disponível em 12 de julho de 2012 em www.fd.ul.pt .

António Barreto vai mesmo mais longe e não consegue "fazer um inventário sério das eventuais vantagens da eleição direta do Presidente" (Rangel, 20: 2010)[244] porque não compreende na ação presidencial a afirmação de uma dicotomia do "conflito e da inutilidade".

Já o constitucionalista Paulo Rangel, por exemplo, influenciado pela sua experiência de deputado ao Parlamento Europeu, defende ser possível um acréscimo dos poderes presidenciais, alterando os mesmos no sentido da afirmação de "uma mais-valia", nas áreas da política externa, dos assuntos europeus e da justiça (Rangel, 51: 2010).

Em tempos de instabilidade política, com um programa de ajustamento financeiro a ser aplicado em condições muitos duras para todos os portugueses, com uma profunda degradação da relação entre eleitos e eleitores, onde a rua parece querer aparecer como uma solução alternativa ao parlamento, parece fazer sentido colocar, e com coragem, a questão constitucional na agenda política.

Existem sectores da sociedade portuguesa que se têm, ainda que timidamente, manifestado a esse favor. O certo é que a ideia de uma coabitação à francesa, descrita como um presidente de uma cor política e um governo de outra área, tem mostrado que não tem uma aplicação direta em Portugal pelo efetivo exercício de um poder moderador pelo Presidente da República.

Com efeito, todos os presidentes têm vivido em situação de coabitação mesmo quando os governos são oriundos da sua área de simpatia política. Por seu turno, o primeiro-ministro, em geral, tem procurado ter uma postura de alguma "reserva institucional" como trampolim para uma futura candidatura presidencial.

Como não tem a possibilidade de influenciar a indicação do líder partidário e do candidato a primeiro-ministro mesmo que seja da sua base de apoio eleitoral, o Presidente fica permanentemente reduzido a ser um fator de perturbação do sistema ou, em alternativa, a estar resignado a usar o seu poder moderador ou a justificar-se, perante a opinião pública, porque não intervém em nome da defesa da estabilidade política.

Pela primeira vez, o Presidente Cavaco Silva sofre os custos de impopularidade política, sendo mesmo vaiado em situações de representação nacional, numa situação inédita no exercício da função presidencial.

---

[244] Barreto, A. no prefácio a Rangel, P. (2010).

Ao presidente resta procurar encontrar nos resultados de outras eleições, como as autárquicas ou as europeias, fundamento bastante para poder intervir, fazendo uma leitura dos resultados que lhe permita mudar o contexto político.

Daí a importância para os partidos do regime de ocuparem a presidência de modo a poderem controlar os danos de resultados negativos.

O paradoxo de manietar o presidente, em Belém, é juntar no governo os dois partidos centrais do regime, num governo de bloco central, o que implica reduzir a capacidade de intervenção presidencial, como aconteceu com Eanes, e condicionar decisivamente o seu futuro político.

Neste caso concreto, a coabitação Soares-Cavaco acabou por ser a mais exigente, beneficiando de uma situação externa de crescimento económico e de adesão à CEE, permitiu a existência de uma dinâmica competitiva entre os dois polos identificados entre o Presidente e o Governo.

Quer com Jorge Sampaio quer com Cavaco Silva na Presidência da República, mostra-se a necessidade de recentrar a problemática dos poderes presidenciais, sendo certo que, para alguns, para o sistema de governo funcionar em pleno necessita de um maior protagonismo presidencial para evitar uma certa inércia reformista do governo.

Como ultrapassar o impasse da governabilidade que pode conduzir ao conflito institucional sem olhar aos fatores reais do poder de que falava F. Lassalle?

Estes são "uma força ativa e eficaz que informa todas as leis e instituições jurídicas da sociedade" (Lassalle, 1969), o que permite avaliar que "os problemas constitucionais não são problemas de direito, mas de poder: a verdadeira Constituição de um país somente tem por base os fatores reais efetivos do poder que naquele país regem, e as Constituições escritas não têm valor nem são duráveis a não ser que exprimam fielmente os fatores de poder que imperam na realidade social".

Joaquim Aguiar[245] acrescenta a estes fatores reais do poder uma componente a que chama poder imaginário e outros preferem chamar regras não escritas.

---

[245] Joaquim Aguiar foi consultor de vários Presidentes da República, como Ramalho Eanes e Mário Soares, e está próximo de Cavaco Silva. Tem obra variada neste domínio.

Para Aguiar, uma das questões que não se pode ignorar é a excessiva dependência da sociedade civil do Estado e, por força das políticas públicas, a intervenção muito generalizada deste na vida dos cidadãos, o que facilita a criação de redes de interesses.

"Uma Constituição para um regime democrático em Portugal deve ter a precaução de evitar os desequilíbrios que conduzem a um excesso de dependência da sociedade em relação ao Estado, o que, por sua vez, tenderá a gerar um excesso de endividamento do Estado para conseguir sustentar essa dependência – porque este é o tipo de crise mais provável em regime democrático numa sociedade de estruturação patrimonialista, em que os eleitores querem os benefícios da dependência e os candidatos ao poder não aceitam correr o risco de desiludir aqueles que querem que sejam seus eleitores" (Aguiar, 76: 2011).

A crise que vivemos, nesta primeira década do século XXI, resultante de um mundo aberto com uma economia globalizante, onde a crise da zona euro e o processo de formação da moeda única implicam dificuldades acrescidas, a dinâmica das relações entre as economias americana e chinesa, com a circulação de bens, serviços, tecnologias e capitais no Pacífico, tudo isto alterou o quadro de exercício da regulação dos mercados e a ameaça de endividamento dos Estados coloca em causa o modelo de Estado social pós-II Guerra Mundial.

A crise trouxe ainda uma nova leitura do sistema político face ao sistema económico e ao sistema social, o que para a Constituição portuguesa implicou assumir um conjunto de problemas novos. Exemplo claro foi, como referimos, a decisão do Tribunal Constitucional de declarar inconstitucional vária legislação proposta pelo governo em volta de normas do Orçamento de Estado ainda que evidencie alguma compreensão política na sua decisão, mas a que não dá tradução jurídica.

Aguiar conclui, assim, que "um texto constitucional que coexista com a perda da forma canónica na articulação" dos três sistemas – político, económico e social – , "que se revele impotente para corrigir a forma distorcida a que essa articulação foi conduzida, é inadequado" (Aguiar, 84: 2011).

Com uma economia que não gera prosperidade, com uma demografia em declínio, sem articulação entre o crescimento, o emprego e a coesão social, Portugal vive uma crise acentuada e descontínua que exige encontrar um novo paradigma de modelo de desenvolvimento económico e social. A solução poderá não estar em sucessivos processos de revisão constitucional, porque não conseguem alterar o ponto de partida que é o padrão de referência original que todos os Presidentes juram cumprir e fazer cumprir – a Constituição de 1976.

O texto constitucional de 1976 traz consigo uma carga programática que está a ser reescrita, todos os dias, pelos representantes da União Europeia, do Banco Central Europeu e do Fundo Monetário Internacional, tornando necessário a alteração das "esferas económicas e sociais" para "assegurar a regulação pela esfera política" sob pena que "haja ou não Constituição", no quadro de uma ideia de soberania nacional, "já não haverá poder político nacional" (Aguiar, 108: 2011).

Até lá seria necessário encontrar um amplo consenso constitucional, assente numa metodologia sólida fixada na natureza das matérias em discussão e de iniciativa do Parlamento, onde deve ter lugar um profundo debate em torno da Constituição de 1976 envolvendo partidos políticos, instituições académicas e da sociedade civil e personalidades de reconhecido mérito procurando um consenso nas matérias do sistema económico, social e da União Europeia.

Já que no âmbito do sistema político, graças a esta geometria variável, o sistema de governo semipresidencial tem, nos últimos tempos, evoluído para um "parlamentarismo racionalizado" onde o papel do Presidente da República, a par do da AR, sofre uma desvalorização política com o consequente reforço do papel do primeiro-ministro e da autonomia do governo.

O período ora iniciado, que terminará possivelmente em 2015, apresenta-se como decisivo na avaliação do poder moderador presidencial. No final deste ciclo poder-se-á analisar se será necessário ou não mexer no modelo de governabilidade política do Estado, alterando esta parlamentarização racionalizadora, mantendo a eleição direta e universal do Chefe de Estado, mas mexendo no quadro político de relacionamento institucional.

Será que ainda estamos a tempo de salvar a Constituição de 1976 cumprindo as regras do jogo democrático?

A quadratura do círculo é saber como mexer no equilíbrio dos poderes presidenciais sem provocar uma rutura constitucional num sistema de governo que tem, mesmo assim, conseguido funcionar.

Conclusões

> *"O Presidente da República tem de ser um elemento gerador de confiança. Declarações impensadas, feitas na praça pública, retiram credibilidade àquele que tem de ser um moderador de conflitos. Além de poderem criar sentimentos de insegurança ou alimentar tensões numa altura em que importa unir esforços. A voz do Presidente tem de ser uma voz serena e de verdade, que seja escutada pelos agentes políticos, mas também pelos agentes económicos e sociais e por toda a sociedade civil.*
>
> *O Presidente da República não governa nem legisla, mas pode apontar os caminhos capazes de levar o País a aproveitar as suas potencialidades."*
>
> ANÍBAL CAVACO SILVA (2011)
> In Prefácio de *Roteiros V*, Lisboa, INCM, p. 14.

A análise do sistema político português no que respeita às relações entre Presidente e o Governo mostra claramente que se trata de uma forma de poder partilhado. Ambos os órgãos têm legitimidades diferenciadas, derivadas do voto popular. Contudo, a operacionalização da forma de coabitação entre os dois poderes depende muito da personalidade dos presidentes, bem assim como do tipo de maioria parlamentar que suporta o governo.

Sem desprezar a componente pessoal que analisamos, estabelecemos as hipóteses que nos permitiram direcionar a análise e que consideramos francamente comprovadas.

Assim, quando a maioria parlamentar é diferente da maioria presidencial, o parlamento tem um papel mais central, a democracia decide-se nas urnas e não em manobras de desgaste partidário (Sousa Tavares, 2014) e o presidente vê diminuída a sua iniciativa política, sendo os seus poderes reduzidos ao veto e fiscalização das políticas governativas, enunciadas sob forma legislativa. Foi o que aconteceu entre 1987 e 1995 com Cavaco Silva e Mário Soares, entre 2002 e 2004 com Durão Barroso e Jorge Sampaio, e entre 2005 e 2009 com José Sócrates e Cavaco Silva. Neste caso, o regime toma a forma predominantemente parlamentarista, uma vez que o executivo domina o parlamento, limitando-se este a ratificar as iniciativas do executivo.

Quando isto acontece, muitos autores defendem uma alteração do sistema eleitoral, que torne o sistema menos condicionado pelos partidos que tendem a monopolizar a vida política. Os deputados perdem o sentido crítico, já que a sua carreira política depende do presidente do partido, o qual é simultaneamente chefe do governo.

Quando o governo é minoritário derivado dum partido diferente da maioria presidencial, aumenta fortemente a capacidade de intenção do presidente que, tendo perdido a capacidade de criar governos de iniciativa presidencial, pode dissolver o parlamento. Por outro lado, o parlamento pode entender-se numa moção de censura ao governo, provocando a sua queda, como ocorreu em 2011 com o segundo governo de José Sócrates (2009-2011).

Cabe aqui um caso extremo, mas num contexto constitucional diferente do atual, que foi a experiência do Presidente Eanes, em que a relação conflituosa com o governo levou a criação de um partido eanista, o PRD (Partido Renovador Democrático).

Finalmente, quando a maioria governamental caminha paralelamente com a maioria presidencial, está-se num terreno muito fluido, dependendo do tipo de liderança do presidente. Este pode assumir-se como chefe do governo ou como um discreto moderador. É o exemplo do atual quadro político. Tudo indicava que o Presidente Cavaco Silva se assumisse como efetivo chefe de governo, dada a sua experiência e perfil executivo, mas tem-se demonstrado pouco interventivo, assumindo um comportamento de mero moderador das iniciativas políticas do governo.

CONCLUSÕES

Este comportamento de Cavaco Silva leva alguns constitucionalistas (veja-se o artigo de Pedro Bacelar de Vasconcelos no *Jornal de Notícias* de 18.01.13) a denunciar o apoio ao semipresidencialismo, já que "este tem demonstrado a sua real inutilidade e impertinência".

Esta observação obriga-nos a refletir sobre o sistema de partilha de poder no sistema político português. Para alguns, a democracia está suficientemente madura para avançar para um parlamentarismo racionalizado em que o candidato a chefe de governo seja votado no parlamento, embora por uma maioria qualificada, dando-lhe uma legitimidade mais abrangente. Voltaríamos então a um modelo mitigado da I República.

A outra alternativa consistiria na adoção do presidencialismo na tradição americana ou brasileira, em que o presidente é simultaneamente chefe do executivo, podendo ter ou não ter uma maioria parlamentar.

Daí que seja pertinente a observação de Balladur (12-13: 2009), quando refere que

> "a coabitação institui um sistema instável e opaco, ela facilita nas funções do Estado o equívoco e a exemplar linguagem: as responsabilidades encontram-se diluídas (...) mesmo quando entre o presidente e o primeiro-ministro exista estima, cada um defende-se e dissimula-se na tentativa de descobrir o outro. A coabitação não é suportável no plano de Estado e deve ser breve e rara".

Esse poder vai do mero controlo, auxiliado, na tal responsabilização horizontal de controlo ao Governo (Carmelo e Sanches 2013), pelo Tribunal Constitucional, até à dissolução do Parlamento. Neste caso é, numa forma consultiva, assessorado pelo Conselho de Estado (Barbosa Rodrigues, 78-84: 2013).

Na vigência da atual presidência (Cavaco Silva), o Tribunal Constitucional tem-se transformado num efetivo ator jurídico-político. O acórdão sobre a convergência de pensões não apenas declarou a inconstitucionalidade do diploma como apresentou uma alternativa para diminuir o montante de pensões. Trata-se agora de propor políticas, o que é estranho, já que quem governa é o Governo, a quem compete encontrar alternativas [246]. O Tribunal Constitucional tem uma

---

[246] Ver Novais (20: 2014).

leitura conservadora da Constituição, preservando os direitos adquiri-dos do Estado e dos seus funcionários, esquecendo a sociedade civil e os contribuintes que financiam esse mesmo Estado.

O Presidente Cavaco Silva, por seu lado, tem sido criticado por ter uma leitura estritamente formal dos seus poderes constitucionais, mantendo com o Governo Passos Coelho-Portas uma relação de "compromisso institucional em estado de necessidade constitucional" que Portugal atravessa desde o dia 7 de abril de 2011.

Existe um dado novo que não pode ser escamoteado nesta análise sobre o sistema político português. A importância das políticas europeias[247] para os Estados da zona euro, onde a perda de soberania económica está a influenciar, de um modo indireto, alterações ao sistema político.

Quarenta anos após 1974, o debate ideológico acaba por se instalar na sociedade portuguesa de uma forma enviesada na leitura da Consti-tuição em face da situação de exceção que o país vive. O Tribunal Cons-titucional tem-se apresentado como uma verdadeira "segunda câmara" (Ferreira Leite, L., 246: 2007) afirmando uma "jurisprudência da crise" (Almeida Ribeiro e Pereira Coutinho, 2014), a pedir uma "releitura da Constituição" (Medeiros, 274: 2014). Contudo, existe um certo consenso doutrinal de recusa de um certo "dirigismo constitucional" (Novais 81: 2014) (Medeiros, 282: 2014).

Atenta à questão europeia, a justiça constitucional sabe manter o equilíbrio jurídico de uma Constituição que vive um grande desafio ao seu sistema económico que se reflete na validade do sistema político.

Essa validade resulta da análise ao relacionamento entre Presidente--Governo-Parlamento e ao facto de fatores externos poderem criar outra forma de perturbação no funcionamento e no equilíbrio do sistema politico. A "coabitação" que o nosso sistema de governo parece querer impor tem provocado instabilidade política cujo reflexo na atividade económica e financeira aparenta ter um custo para o país. A cúpula deste sistema, ou seja, a relação entre o Presidente, o Governo e a Assembleia ainda funciona como garantia desse sistema sendo, assim, importante que o mandato presidencial assegure o cumprimento e a observância da Constituição e do normal funcionamento das instituições?

---

[247] Sobre o discurso europeu dos Presidentes da República ver Cunha, A (87-100: 2013).

Esse mandato presidencial poderia ser mais institucional se fosse só um e com uma duração mais alargada. Um único mandato presidencial de sete anos poderia introduzir o equilíbrio necessário ao sistema político porque o presidente estava agora livre de qualquer tipo de tacticismos ou de oportunidades políticas. É certo que poderia fazer a sua própria agenda política, mas não o faz já?

O cidadão comum continua a evidenciar uma desconfiança do sistema eleitoral e sobre a hegemonia dos grandes partidos, pelo que acha necessário a existência de um *poder moderador* presidencial que evite ruturas e desvios democráticos ajudando a manter uma ideia de magistratura de influência e para tal devemos seguir o conselho de Marco Túlio Cícero (106 a.C. – 43 a.C.) "a melhor forma de governo é aquela que contempla um equilíbrio de poderes".

ANEXOS

Carta de Adelino Amaro da Costa a Francisco Sá Carneiro, a relatar um episódio com o presidente da República

MINISTRO
DA
DEFESA NACIONAL

Lisboa, 29 de Maio de 1980

Meu caro Francisco

Tenho sabido, regularmente, das suas melhoras e congratulo-me por saber que em breve poderá reassumir, na plenitude, as suas funções e a sua vida normal. Creia que é com muita sinceridade que lhe afirmo a nossa profunda satisfação pelo facto.

Neste período de convalescença não tenho querido importuná-lo com quaisquer assuntos e, por isso, nem diligências fiz no sentido de o ir visitar. Penso que o contacto diário que mantém com o Diogo já é mais do que suficiente para o período que atravessa, em termos de problemas e preocupações.

**MINISTRO
DA
DEFESA NACIONAL**

2

Aproveito, no entanto, esta oportunidade para lhe dar conta de alguns temas e para lhe enviar cópia dos ant.-projectos de propostas de lei sobre a defesa nacional e sobre o serviço militar, para o caso de (por hipótese remota) ainda não lhe terem sido entregues.

Quanto a estes dois ant.-projectos, enviei-os ordem oficialmente ao General Altino de Magalhães, na sua qualidade de Vice/CEMGFA, informando-o de que a sua apreciação no Conselho de Ministros do dia 30 não invalidava a possibilidade de consideração oportuna dos comentários e sugestões que a hierarquia militar entendesse por conveniente. A título pessoal, procedi também ao envio para os Chefes de Estado Maior dos três ramos dos dois mencionados textos.

Entretanto, tenho vindo a expor as ideias gerais da organização

MINISTRO
DA
DEFESA NACIONAL

3

da defesa nacional aos oficiais que frequentam cursos nas Academias Superiores: Instituto Superior Naval de Guerra, Instituto de Altos Estudos da Força Aérea e Instituto de Altos Estudos Militares. A receptividade tem sido excelente. As conversas pessoais que, antes, mantive com os Generais Pedro Cardoso e Lemos Ferreira, a este propósito, foram também muito positivas.

Na 3ª feira passada falei com os representantes da maioria na Assembleia da República. Na altura, vincaram-me o interesse de que o PS fosse posto ao corrente das nossas ideias. Falei ontem, nesse sentido, com o dr. Mário Soares o qual se manifestou muitíssimo interessado em participar directamente no diálogo com o Governo sobre estes temas. Na sequência, enviei-lhe a carta de que remeto cópia, informando o Francisco

MINISTRO
DA
DEFESA NACIONAL

4

Balanceão do assunto.

Se o Francisco entender que deve ser feita alguma inflexão nestes procedimentos ou se julgar oportuno intervir directamente no "diálogo" a que se propõe o dr. Mário Soares, agradecia que mandasse dar as convenientes instruções ao meu Gabinete, a fim de se informar o PS.

A propósito de todas estas diligências deu-se, entretanto, um incidente com o PR — hoje mesmo — que não queria deixar de lhe transmitir. Pensei que seria elegante enviar ao PR — sobretudo pela sua qualidade de CEMGFA e de comandante supremo — os ante-projectos das propostas de lei de defesa nacional e de serviço militar. O Diogo, a quem consultei sobre o assunto, disse-me que lhe parecia bem. Nesse sentido, enviei uma me-

MINISTRO DA DEFESA NACIONAL

5

queira carta com os dois textos ao PR, em envelope fechado, o qual foi acompanhado de um cartão pessoal do meu Chefe de Gabinete ao Ten Cor. Barroco, pedindo-lhe que fizesse entrega do mesmo ao PR. Qual não é o meu espanto quando me comunicam que o chefe de Gab. do PR (Ten Cor Barroco) informava que iria devolver o envelope em causa – sem ser aberto – porque era norma o PR não receber quaisquer projectos de diploma legal oriundos de Ministros, sem ser através do Primeiro-ministro. Foi-lhe dito que o envio era feito atendendo à natureza especial dos diplomas em causa e à circunstância do PR ser o CEMGFA, por gentileza simples, e não por qualquer outra razão. Nada feito. O envelope foi mesmo devolvido!

271

6

Junto permito-me enviar-lhe cópia da carta que o PR não chegou a ler e cuja leitura o seu Gabinete se recusou - por "norma geral" - a facultar-lhe. Pela carta se vê que os textos em causa já haviam sido remetidos, pela via normal, ao EMGFA e que, em consequência, por ela chegariam ao PR.

Fiquei um pouco agastado, como o Francisco compreenderá. Mas as coisas são o que são!

Enfim, quanto ao "pacote" legislativo que amanhã será apreciado no CM - para além dos dois ante-projectos de proposta de lei - foram superadas as dificuldades que haviam surgido na 1ª fase do diálogo com o EMGFA. Recebi uma comunicação oficial em que o General CEMGFA (PR),

MINISTRO
DA
DEFESA NACIONAL

7

"ouvido o Conselho de Chefes de Estado-Maior", informar, em substância, que apenas o diploma sobre a Autoridade Nacional de Segurança suscitava reparos quanto à oportunidade. Vim, depois, a saber que, no fundo, o único receio que há — da parte dos chefes de Estado Maior — é o da transferência "física" do Registo Central-NATO. Ora, quanto a esse ponto, não há qualquer dificuldade em admitir que se mantenha a localização "física" do referido registo. Fiquei, naturalmente, muito satisfeito com a atitude do Conselho de Chefes de Estado Maior sobre o nosso "pacote" legislativo de defesa nacional. Não esperava tanto — com sinceridade o digo.

MINISTRO
DA
DEFESA NACIONAL

9

estabilidade.

A carta vai longa e, afinal, contraria os meus propósitos de não o maçar com assuntos de Governo. Acabou por sair assim!

Reiterando os meus votos de prontas melhoras, envio-lhe um abraço amigo, de muita estima, consideração e respeito

Adelino.

ANEXOS

Notas do primeiro-ministro, Francisco Sá Carneiro, de uma reunião com o presidente da República

277

Documentos com pontos para a agenda da reunião entre o primeiro-ministro, Francisco Sá Carneiro, e o então presidente da República, general Ramalho Eanes

PRESIDÊNCIA DO CONSELHO DE MINISTROS
Gabinete do Primeiro Ministro

REUNIÃO COM PRESIDENTE DA REPÚBLICA

Em 12 de Maio de 1980

1 - <u>Defesa</u> - pedi para mandar, querendo, elementos. Acha que não, segue o processo e depois se vê.

2 - <u>Informe Geral</u>

3 - Presidente da República não quer interferir nesta decisão (porta aviões), dado só hoje lhe ter sido dado conhecimento do assunto.

4 - Concorda com a carta para Bloomfield - negociações posteriores quanto a Beja com elemento do E.M.G.F.A.

5 - Movimento diplomático - faz-se com o que há, tal como consta da última carta do Presidente da República.

6 - Visita Presidente Figueiredo
 - surpresa telegrama secreto 141 do MNE para se tratar da visita
 - o que quer dizer planos para visita a Portugal em contactos com autoridades estrangeiras?

7 - Ponto 7 da reunião de amanhã - projecto de decreto-lei sobre segurança de instalações nucleares em fronteira espanhola - <u>informar</u>.

8 - Informar também sobre exposição política externa e texteis na C.E.E. - enviar exposição escrita na terça ou na quarta de manhã.

9 - Projecto decreto-lei pessoal centro documentação - transmiti a minha posição. Nada disse, o Presidente da República.

Carta de Francisco Sá Carneiro a Adelino Amaro da Costa, ministro da Defesa, sobre o presidente da República

FRANCISCO SÁ CARNEIRO

Meu Caro Adelino:

Agradeço a sua carta de 29.5 e os projetos que a acompanhavam e que analisarei com o maior interesse. Felicito-o sinceramente pelo trabalho realizado e pelos resultados obtidos — para já fruto do Conselho dos Chefes.

Quanto ao incidente belicoso da carta... é mais um para juntar aos inúmeros que há que esperar no imediato para lutar na altura própria.

Concordo com a estratégia de consulta, que refere na sua carta, não me parecendo necessária

...ria a minha participação nas conversas com o S.G. do P.S. Pelo que respeita aos mesmos, em breve falaremos.

Estou convencido que esta só a semana da sua completa e da retomada do trabalho e agradeço muito todo o seu milénio.

Um grande abraço

Lei
3.6.80

Documentos com pontos para a agenda da reunião entre o primeiro-ministro, Francisco Sá Carneiro, e o então presidente da República, general Ramalho Eanes

PRESIDÊNCIA DO CONSELHO DE MINISTROS
Gabinete do Primeiro Ministro

PRESIDENTE DA REPÚBLICA

Pontos que não estão na agenda:

1. Justificação Grainha do Vale e explicação das vagas
   (anexo II)
   (a nota não dá efectivamente, nenhuma justificação para o Grainha)

2. Embaixador Fafe pediu a demissão ?

3. Convite Rainha Dinamarca - Terá sido feito pelo Governo Português no tempo dos I e II Governos Constitucionais

4. Zâmbia - viagem sem objecções desde que não haja escala Luanda - Melhor em AG/SET para melhor preparação e harmonização com viagem Primeiro Ministro

5. Nacionalização Dialap - inconstitucional ?

6. Business International Corporation
   Alexandre Vaz Pinto diz que a organização não faz estudos sérios e tem pouco prestígio. Pediu-se ao Ministério das Finanças que visse o que se podia fazer.

Lisboa, 14.2.80

Documentos com pontos para a agenda da reunião entre o primeiro-ministro, Francisco Sá Carneiro, e o então presidente da República, general Ramalho Eanes

BIBLIOGRAFIA

AAVV, (2000). *Francisco Sá Carneiro – um olhar próximo*, Lisboa: Publicações Europa-América.

AAVV (1996). *Portugal em mudança – ensaios sobre a atividade do XI Governo Constitucional*, Lisboa: INCM – Imprensa Nacional Casa da Moeda.

Aguiar, J. (1983). *A Ilusão do Poder. Análise do sistema partidário português, 1976-1982*, Lisboa: Publicações D. Quixote.

Aguiar, J. (1985). *O Pós-salazarismo*, Lisboa: Publicações D. Quixote.

Aguiar, J. (1987, Verão). As dinâmicas políticas em democracia – análise comparada, *Risco*, nº 6, Lisboa.

Aguiar, J. (1985, 1º semestre). Fluidez do sistema partidário, *Revista de Ciência Política*, Lisboa.

Aguiar, J. (1994). Partidos, eleições, dinâmica politica (1975-1991), *Análise Social* (volume XXIX, pp. 125-126), Lisboa: Instituto de Ciências Sociais da Universidade de Lisboa.

Aguiar, J. (1996). A história múltipla, *Análise Social* (volume XXXI, p. 139), Lisboa: Instituto de Ciências Sociais da Universidade de Lisboa.

Aguiar, J. (2005). *Fim das ilusões, ilusões do fim*, Lisboa: Aletheia Editores.

Aguiar, J. (2007). O discurso do eleitorado, *Análise Social* (volume XLII, p. 182), Lisboa: Instituto de Ciências Sociais da Universidade de Lisboa.

Aguiar, J. (2011). *A nossa Constituição no contexto da crise da primeira década do Século XXI*, em *Portugal hoje para além da crise*, coordenação José Manuel Fernandes, Lisboa: Universidade Católica Editora.

Alexandrino, J. (2012). *Reforma Constitucional – lições do constitucionalismo português*, texto para publicação nos Estudos em Homenagem ao Professor Doutor Martim de Albuquerque, Lisboa: Faculdade de Direito da Universidade de Lisboa.

Almeida Ribeiro, G e Pereira Coutinho, L (2014) *O Tribunal Constitucional e a crise*, Coimbra: Almedina.

Alves, J. F. (2006). A lei das leis – Notas sobre o contexto de produção da Constituição de 1911, *Revista História* (III Série, volume 7), Porto: Faculdade de Letras.

Alves, V. (1974). *Entrevista ao Jornal do Brasil*, citada no jornal *Expresso*, 1974, outubro, 12.

Andersen, R. (2011). *D Pedro V – Um homem e um Rei*, Lisboa: Texto Editora.

André, J. (2012). *Razão e Liberdade – o pensamento político de James Madison*, Lisboa: Esfera do Caos.

Araújo, A. (2007). *A Lei de Salazar*, Coimbra: Tenacitas.

Araújo, A. (2010). Função presidencial e política externa, *Revista de Relações Internacionais*, IPRI, nº 28, Dezembro 2010, Lisboa.

Araújo, A. (1995). A construção da justiça constitucional portuguesa: o nascimento do Tribunal Constitucional, *Análise Social* (nº 134), Lisboa: Instituto de Ciências Sociais da Universidade de Lisboa.

Araújo, A. de T. (2000). *Os poderes presidenciais nas Constituições Grega e Portuguesa, Revista "O Direito"* (volume III-IV).

Aron, R. (2007). *Memórias*, Guerra e Paz, Lisboa.

Avillez, M. J. (1996). *Soares – Ditadura e Revolução*, Lisboa: Público.

Avillez, M. J. (1996). *Soares – Democracia*, Lisboa: Público.

Avillez, M. J. (1997). *Soares – O Presidente*, Lisboa: Público.

Avillez, Maria João (1981). *Sá Carneiro: Solidão e Poder*, Lisboa: Cognitio.

Avillez, M. J. (2010). *Francisco Sá Carneiro – solidão e poder*, Lisboa: Oficina do Livro.

Azevedo, P. (1979). *25 de Abril sem Máscara*, Lisboa: Editorial Intervenção.

Bacqué, R. e Saverot, D. (1995). *Chirac Président – les coulisses d'une victoire*, Paris: Éditions du Rocher e DBW.

Bagehot, W. (2001). *The English Constitution*, New York: Cambridge University Press.

Bahro, H. (1996). A influência de Max Weber na Constituição de Weimar e o semipresidencialismo português como sistema político de transição, *Análise Social* (volume XXXI), Lisboa: Instituto de Ciências Sociais da Universidade de Lisboa.

Balladur, E. (2009). *Le Pouvoir ne se partage pas – conversations avec François Mitterrand*, Paris: Fayard.

Bandeira, C. L. (1996). O impacto das maiorias absolutas na atividade e imagem do parlamento português. *Análise Social* (volume XXXI, nº 135), Lisboa: Instituto de Ciências Sociais da Universidade de Lisboa.

Bandeira, C. L. (2002). *Da legislação à legitimação: o papel do Parlamento Português*, Lisboa: Imprensa de Ciências Sociais.

Baptista Coelho, M. (1989) *Portugal e o sistema político e constitucional 1974-1987*, Lisboa: Imprensa de Ciências Sociais.

Barreto, A. (1992). *Os silêncios do regime*, Lisboa: Editorial Estampa.

Barroso, A. (2009), *O Presidente perante a crise*, jornal *Expresso*, 2009, dezembro 19.

Barroso, A. e Bragança, J. V. (1989). *O Presidente da República: Funções e Poderes* em Baptista Coelho, M. (Orgs.) *Portugal e o sistema político e constitucional 1974-1987*, Lisboa: Imprensa de Ciências Sociais.

Bayerlein, B. H. (1996). Origens bonapartistas do semipresidencialismo português, *Análise Social* (volume XXXI, nº 138), Lisboa: Instituto de Ciências Sociais da Universidade de Lisboa.

Belchior, A. (2010). *Democracia e representação partidária*, Lisboa: Lisboa: Imprensa de Ciências Sociais.

Bigotte Chorão, L. (2009), *A crise da República e a Ditadura Militar*, Lisboa: Sextante Editora.

Blanco de Morais, C. (1998). As metamorfoses do semipresidencialismo português, *Revista Jurídica*, nº 22, Lisboa.

Blanco de Morais, C. (2005). *Justiça Constitucional – O contencioso constitucional português entre o modelo misto e a tentação do sistema de reenvio* (Tomo II), Coimbra: Coimbra Editora.

Blanco de Morais, C. (2011). Parte III da Constituição da República: Semipresidencialismo "on probation", *Constituição*

BIBLIOGRAFIA

Revista e-book, Lisboa: Fundação Francisco Manuel dos Santos, Lisboa.

Blanco de Morais, C. (2012). *A inadiável reforma do Tribunal Constitucional*, jornal *Expresso*, 2012, abril 28.

Blair, T. (2010). *Um percurso*, Lisboa: Bertrand Editora.

Borga, C., Rodrigues, A. e Cardoso, M. (1976). *Portugal Depois de Abril*, Lisboa: Intervoz.

Borga, C., Rodrigues, A. e Cardoso, M. (1979). *Abril nos quartéis de Novembro*, Lisboa: Bertrand Editora.

Braga da Cruz, M. (1986). O Presidente da República na génese e evolução do sistema de governo português, *Análise Social* (nº 125/126), Lisboa: Instituto de Ciências Sociais da Universidade de Lisboa.

Braga da Cruz, M. (1994). O Presidente da República na génese e evolução do sistema de governo português, *Análise Social* (volume XXIX, nº 125-126), Lisboa: Instituto de Ciências Sociais da Universidade de Lisboa.

Braga da Cruz, M. (1997). A esquerda e as instituições políticas, *Análise Social* (volume XXXII, nº 140), Lisboa: Instituto de Ciências Sociais da Universidade de Lisboa.

Braga da Cruz, M. (1980). *As Origens da Democracia-Cristã e o Salazarismo*, Lisboa: Presença.

Braga da Cruz, M. (1998). Sobre o Parlamento Português: Partidarização Parlamentar e Parlamentarização Partidária, *Análise Social* (nº 100), Lisboa: Instituto de Ciências Sociais da Universidade de Lisboa.

Braga da Cruz, M. (1998). *Sistema Eleitoral Português: Debate Político Parlamentar*, Lisboa: Imprensa Nacional da Casa da Moeda.

Braga da Cruz, M. (1999). *Transições históricas e reformas políticas em Portugal*, Lisboa: Bizâncio.

Braga da Cruz, M. (2001). *A tradição bicamaralista portuguesa – A Reforma do Estado em Portugal*, Lisboa: Bizâncio.

Braga da Cruz, M. (1995). *A participação social e política*, Lisboa: INA.

Brito, C. (1975), *Diário da Assembleia Constituinte*, 1974, julho, 11.

Brockmann Machado, M. (1993). Presidencialismo já!, *Revista Ciência Hoje*, volume 15, nº 88, disponível em www.casaruibarbosa.gov.br.

Cabral, M. V., Lobo, M. C. e Feijó, R. G. (Orgs.) (2009). *Portugal uma Democracia em Construção – Ensaios de homenagem a David B. Goldey*, Lisboa: Imprensa de Ciências Sociais.

Cabral de Moncada, L. (1963). *Problemas de Filosofia Política*, Coimbra: Arménio Editores Sucessor.

Caeiro, J. (1997). *Os militares no poder uma análise histórico-política do liberalismo à revisão constitucional de 1959*, Lisboa: Hugin.

Caetano, M. (1970 – reimp. 1986). *Manual de Ciência Política e Direito Constitucional* (volume I, 6ª edição), Coimbra: Almedina.

Caetano, M. (1977). *Minhas Memórias de Salazar*, Lisboa: Verbo.

Caetano, M. (1978). *Constituições Portuguesas*, Lisboa: Verbo.

Calussi, F. (2000). O processo de tomada de decisões em política comunitária, *Análise Social* (volume XXXV, nº 154, 155), Lisboa: Instituto de Ciências Sociais da Universidade de Lisboa.

Campinos, J. (1975). *A Ditadura Militar 1926/1922*, Lisboa: Publicações D. Quixote.

Campinos, J. (1978). *O Presidencialismo do Estado Novo*, Lisboa: Brochado.

Canas, V. (1982), A forma de Governo semi-presidencial e suas características. Alguns aspetos, *Revista Jurídica da Asso-*

ciação Académica da Faculdade de Direito de Lisboa (outubro-dezembro), nº 16 e 17, Lisboa.

Canas, V. (1998, 1º suplemento). Sistema Semi-Presidencial, *Dicionário Jurídico da Administração Pública*, Lisboa.

Canas, V. (2007, 11.4 especial, setembro). Reler Duverger: O Sistema de Governo Semi-Presidencial ou o triunfo da Intuição Científica, *Negócios Estrangeiros*, Lisboa.

Cardia M. (1975), *Diário da Assembleia Constituinte*, 1975, julho, 11.

Cardoso da Costa, J. M. (1994). *A evolução constitucional no quadro da Constituição da República de 1976*, Coimbra: Almedina.

Cardoso da Costa, J. M. (2007). *A Jurisdição Constitucional em Portugal*, Coimbra: Almedina.

Carrilho, M. (1985). *Forças Armadas e mudança política em Portugal no século XX – para uma explicação sociológica do papel dos militares*, Lisboa: Imprensa Nacional da Casa da Moeda.

Carvalho, F. (2012). *Cavaco versus Cavaco*, Amadora: Vogais com todas as letras.

Castanheira, J. (2011). *Os poderes dos Presidentes*, revista Atual do jornal *Expresso*, 2011, janeiro, 21.

Castilho, J. (2007). *A Assembleia Nacional*, Tese de doutoramento em História Moderna e Contemporânea, especialidade em História Política e Institucional no Período Contemporâneo, Instituto Superior de Ciências do Trabalho e da Empresa – ISCTE, Lisboa.

Catroga, F. (2010). O Republicanismo português (cultura, história e política), *Revista História* (III Série, volume 11,pp.95-119), Porto: Faculdade de Letras.

Cavaco Silva, A. (2002). *Autobiografia política* (volume I), Lisboa: Temas & Debates, Lisboa.

Cavaco Silva, A. (2004). *Autobiografia política* (volume II), Lisboa: Temas & Debates, Lisboa.

Cavaco Silva, A. (2004). *Os políticos e a lei de Gresham*, jornal *Expresso*, 2004, novembro, 27.

Cavaco Silva, A. (2005). *Novas democracias e semipresidencialismo*, jornal *Expresso*, 2005, setembro, 10.

Cavaco Silva, A. (2010). jornal *Público*, 2010, maio, 6.

Cavaco Silva, A. (2010). Declarações à Agência Lusa em Mafra, 2010, julho, 12.

Cavaco Silva, A. (2011). *Roteiros V – 2010-2011*, Lisboa: Imprensa Nacional da Casa da Moeda.

Cavaco Silva, A. (2011). jornal *Expresso*, 2011, janeiro, 15.

Cerezales, D. (2003). *O Poder caiu na Rua – Crise de Estado e Ações Coletivas na Revolução Portuguesa 1974-1975*, Lisboa: Instituto de Ciências Sociais da Universidade de Lisboa.

Cervelló, J. S. (1993). *A Revolução Portuguesa e a sua influência na transição espanhola (1961-1976)*, Lisboa: Assírio & Alvim.

Cohendet, M. (1999). *Cohabitation et Constitution*, Pouvoirs, nº 91, Paris.

Correia, J. (2003). A revisão constitucional de 2001, *Revista Polis*, Universidade Lusíada, nº 9/12, Lisboa.

Correia, J. & Leite Pinto, R. (2010). *A responsabilidade política*" Lisboa: Universidade Lusíada Editora.

Correia, N. (2003). *Não percas a rosa – diário e algo mais (25 de Abril de 1974 – 20 de Dezembro de 1985)*, Lisboa: Notícias Editorial.

Correia, P. (2010) *José Medeiros Ferreira: História dos militares e da descolonização* em *O longo curso – estudos em homenagem a José Medeiros Ferreira*, coordenação Pedro Aires Oliveira e Maria Inácia Rezola, Lisboa: Tinta da China.

Costa, A. (1977). *Discursos Parlamentares 1914-1926, compilação, prefácio e notas de A. H. Oliveira Marques*, Lisboa: Bertrand Editora.

Costa, J. (1989). *O Tribunal Constitucional português: a sua origem histórica*, Mendes, A. (1989). *O Conselho da Revolução e a Comissão Constitucional na fiscalização da constitucionalidade das leis (1976-1983)*, Almeida, N. (1989). *O Tribunal Constitucional e o conteúdo, a vinculatividade e os efeitos das suas decisões* em Baptista Coelho, M. (Orgs.) *Portugal e o sistema político e constitucional 1974-1987*, Lisboa: Imprensa de Ciências Sociais.

Costa, F. (2009) *To boldly go where no man has ever gone before – As decisões do Presidente Sampaio de Julho a Dezembro de 2004*, em *Portugal uma democracia em construção* Manuel Vilaverde Cabral *et al.* Lisboa: Imprensa de Ciências Sociais.

Coutinho, L.P. (2013) *Teoria dos regimes políticos*, Lisboa AAFDL

Cristóbal, R. S. (2002, Enero-Marzo). Las Responsabilidades de un Jefe de Estado, *Revista de Estúdios Políticos (Nueva Época)*, nº 115, Madrid.

Cunha, A. (2005). *A ascensão ao poder de Cavaco Silva 1979-1985*, Lisboa: Edeline.

Cunha, Alice (2013) "O discurso europeu dos Presidentes da República Portuguesa" in *O eterno retorno estudos em homenagem a António Reis*, org M.I.Rezola e P.A.Oliveira, Lisboa: Campo da Comunicação, 87-100.

Cunhal, A. (1975). *A Revolução Portuguesa*, Lisboa: Publicações D. Quixote.

Cunhal, A. (1994). *A Revolução portuguesa: o passado e o futuro*, 2ª edição, Lisboa: Edições Avante.

Cruzeiro, M. M. (1998). *Costa Gomes o último Marechal*, Lisboa: Notícias Editorial.

De Gaulle, C. (1946). *The Bayeaux Manifesto* (1946) em Liphart, A. (1992). *Parlimentary versus Presidential Government*, Oxford: Oxford University Press.

Dinis, D. e Coelho, H. (2012). *Resgatados – os bastidores da ajuda financeira a Portugal*, Lisboa: Esfera dos Livros.

Duhamel, O. (1994). *Droit constitutionel et politique*, Paris: Seuil.

Durão Barroso, J. M. (1982). Formas e tempos políticos da democratização – o caso português, *Revista Prospetivas*, nº 10-11-12, Lisboa: Fundação Oliveira Martins.

Durão Barroso, J. M. (1984). Capacidade de adaptação e incapacidade de decisão. O Estado Português e a articulação política dos interesses sociais desde 1974, *Análise Social* (volume XX), Lisboa.

Durão Barroso, J. M. e Condomines, J. (1985, 1º semestre). Esquerda e direita na Europa do Sul, *Revista de Ciência Política*, Lisboa.

Durão Barroso, J. M. (1987). O Processo de democratização em Portugal: uma tentativa de interpretação a partir de uma perspectiva sistémica, *Análise Social* (volume XXIII, nº 95), Lisboa: Instituto de Ciências Sociais da Universidade de Lisboa.

Durão Barroso, J. M. (2004). *Reformar – dois anos de Governo*, Lisboa: INCM – Imprensa Nacional da Casa da Moeda, Lisboa.

Duverger, M. (1978). *Xeque-mate – análise comparativa dos sistemas semi-presidenciais*, Lisboa: Edições Rolim.

Duverger, M. (1980). A New Political System Model: Semi-Presidential Government in Europe, *European Journal of Political Research*, Amesterdão.

Duverger, M. (1986). *Le concept du régime semi-presidentiel in Les regimes semi-presidentiels*, Paris: PUF- Presses Universitaire de France.

Duverger, M. (1986). *Bréviaire de la cohabitation*, Paris: PUF- Presses Universitaire de France.

Duverger, M. (1992). *A new political system model: semi-presidentiual government*,

A COABITAÇÃO POLÍTICA EM PORTUGAL NA VIGÊNCIA DA CONSTITUIÇÃO DE 1976

como citado em Lijphart, A. (1992). Parliamentary versus Presidential Government, *Oxford University Press*.

Duverger, M. (1996). Les monarches républicaines, *Pouvoirs – Revue Française d'Études Constitutionnelles et Politiques*, nº 78, Paris.

Duverger, M. (2006). *Les Constitutions de la France*, Paris: Paris: PUF- Presses Universitaire de France.

Elgie, R. (1999). *Semi-Presidentialism in Europe*, Oxford: Oxford University Press.

Espada, J. C. (2000). *Invenção democrática*, Lisboa: Fundação Mário Soares e Imprensa de Ciências Sociais.

Esteves Cardoso, M. (1986). A autoridade democrática e o sistema de autorização política: um conceito e um modelo, *Análise Social* (volume XXII, nº 91), Lisboa: Instituto de Ciências Sociais da Universidade de Lisboa.

Farelo Lopes, F. (1994). *Poder Político e Caciquismo na 1ª República Portuguesa*, Lisboa: Estampa.

Farelo Lopes, F. (2004). *Os Partidos Políticos. Modelos e Realidades na Europa Ocidental e em Portugal*, Oeiras: Celta.

Farelo Lopes, F. (2004). *Os partidos políticos*, Lisboa: Celta.

Farelo Lopes, F. & Freire, A. (2002). *Partidos Políticos e Sistemas Eleitorais*, Oeiras: Celta.

Faria, C. (2000). A renúncia de Teixeira Lopes, *Revista História*, nº 31, Dezembro de 2000.

Farinha, L. (2000). Presidentes da I República, *Revista História*, nº 31, dezembro de 2000.

Farinha, L. (2010). *Medeiros Ferreira e o III Congresso da Oposição Democrática (1973): teses com futuro*, em *O longo curso – estudos em homenagem a José Medeiros Ferreira*, coordenação Pedro Aires Oliveira e Maria Inácia Rezola, Lisboa: Tinta da China.

Fernandes, A.J. (2008). *Introdução à Ciência Politica – teorias, métodos e temáticas*, Porto: Porto Editora.

Fernandes, F. (2010). *General José Vicente de Freitas – a liberdade de pensar*, Lisboa: Edições Colibri.

Fernandes, Paulo J, (2005). *Sistema Político na Monarquia Constitucional*

Ferreira, J. (1990). *Ensaio Histórico sobre a Revolução do 25 de Abril: o período pré-constitucional*, Lisboa: Publicações Alfa.

Ferreira, J. (1992). *O comportamento político dos militares, Forças Armadas e Regimes Políticos em Portugal no século XX*, Lisboa: Estampa.

Ferreira, J. (2010). *Assembleia da República da constituinte à atualidade*, Lisboa: Rui Costa Pinto Edições.

Ferreira da Cunha, P. (1998). *Rés Publica – Ensaios Constitucionais*, Coimbra: Almedina.

Ferreira da Cunha, P. (2009). *Pensar o Estado*, Lisboa: Quid Juris.

Figueiredo, R. (2004). *Aníbal Cavaco Silva e o PSD (1985-1995) – a pós-consolidação do regime democrático português*, Lisboa, 2004.

Fonseca, A. (2010) *O apoio internacional durante a transição portuguesa para a democracia: o caso da RFA*, em *O longo curso – estudos em homenagem a José Medeiros Ferreira*, coordenação Pedro Aires Oliveira e Maria Inácia Rezola, Lisboa: Tinta da China.

Fontes, J. (2009). *Legislação de Direito Constitucional*, Coimbra: Almedina.

Foucault, M. (2010). *Nascimento da Biopolítica*, Lisboa: Edições 70.

Frain, M. (1995). Relações entre o Presidente e o primeiro-ministro em Portugal: 1985-1995, *Análise Social* (volume XXX), Lisboa: Instituto de Ciências Sociais da Universidade de Lisboa.

Frain, M. (1998). *PPD/PSD e a consolidação do regime democrático*, Lisboa: Editorial Notícias.

BIBLIOGRAFIA

Freire, A. (2000). As presidenciais em democracia, *Revista História*, nº 31, Dezembro.

Freire, A. (2001). *Modelos do Comportamento Eleitoral: Uma Breve Introdução Crítica*, Oeiras: Celta.

Freire, A. (2003). *O Parlamento Português: uma reforma necessária*, Lisboa: Imprensa de Ciências Sociais.

Freire, A. (2003). Desempenho da Democracia, Representação e Reforma Políticas: O Caso Português em Perspectiva Comparada, *Sociologia, Problemas e Práticas*, nº 43.

Freire, A. (2003). *Pós-materialismo e comportamentos políticos: o caso português em perspectiva comparativa*, em Jorge Vala, Manuel Villaverde Cabral e Alice Ramos (orgs.), *Valores Sociais: Mudanças e Contrastes em Portugal e na Europa*, Lisboa: Imprensa de Ciências Sociais.

Freire, A. (2005). Eleições de segunda ordem e ciclos eleitorais no Portugal democrático, 1975-2004, *Análise Social* (volume XI, nº 154-155), Lisboa: Instituto de Ciências Sociais da Universidade de Lisboa.

Freire, A. (2006). *Esquerda e Direita na Política Europeia. Portugal, Espanha e Grécia em Perspectiva Comparada*, Lisboa: Imprensa de Ciências Sociais.

Freire, A. (2012). *O sistema político português, séculos XIX-XXI*, Coimbra: Almedina.

Freire, A. (2009). *Mudança no sistema partidário em Portugal, 1974-2009: o papel dos fatores políticos, sociais e ideológicos,* em Maria Antonieta Cruz (org.) *Eleições sistema eleitorais: perspetivas históricas e política*, Porto: Universidade do Porto, Porto.

Freire, A. e Magalhães, P. (2002). *A Abstenção Eleitoral em Portugal*, Lisboa: Imprensa de Ciências Sociais.

Freire, A., Lobo, M. C. e Magalhães, P. (Orgs.) (2004). *Portugal a Votos. As Elei-ções Legislativas de 2002*, Lisboa: Imprensa de Ciências Sociais.

Freire, A. e Pinto, A. (2010). *O poder presidencial em Portugal*, Lisboa: Publicações D. Quixote.

Freire, A. e Viegas, J. (2009). *Representação Política – o caso português em perspectiva comparada*, Lisboa: Sextante Editora.

Freire Antunes, J. (1978). *As Forças Armadas no 28 de Maio*, Lisboa: Bertrand Editora.

Freire Antunes, J. (1981). *A cadeira de Sidónio ou a memória do presidencialismo*, Lisboa: Europa-América.

Freire Antunes, J. (1982). *Sá Carneiro: um meteoro nos anos setenta*, Lisboa: Dom Publicações.

Freire Antunes, J. (1985). *Cartas Particulares a Marcelo Caetano* (2 volumes), Lisboa: Publicações Dom Quixote.

Freire Antunes, J. (1990). *O Factor Africano*, Lisboa: Bertrand Editora.

Freire Antunes, J. (1991). *Kennedy e Salazar. O leão e a raposa*, Lisboa: Difusão Cultural.

Araújo, A. (1995). A construção da justiça constitucional portuguesa: o nascimento do Tribunal Constitucional, *Análise Social* (volume XXX, nº 134), Lisboa: Instituto de Ciências Sociais da Universidade de Lisboa.

Freitas do Amaral, D. (1985). *Uma solução para Portugal*, Lisboa: Europa-América.

Freitas do Amaral, D. (1986). O Governo e os Ministérios, *Revista de Ciência Política*, (1º semestre, nº 3), Lisboa.

Freitas do Amaral, D. (1995). *O antigo regime e a revolução – memórias políticas 1941-1975*, Lisboa: Bertrand Editora.

Freitas do Amaral, D. (1999). *História das Ideias Políticas*, Coimbra: Almedina.

Freitas do Amaral, D. (2002). *Governos de Gestão*, Cascais: Principia.

Freitas do Amaral, D. (2003). *Ao correr da memória*, Lisboa: Bertrand Editora.

Freitas do Amaral, D. e Otero, P. (1997). *O valor jurídico-político da referenda ministerial*, Lisboa: Lex.

Gabriel, J. (2007). *Confidencial – a década de Sampaio em Belém*, Lisboa: Prime Books.

Garcia, S., Garoupa, N. e Grembi, V. (2012). *Judicial Independence and Party Politics in the Kelseniam Constitutional Courts: The case of Portugal*, disponível em www.ssrn.com.

Garoupa, N. (2009). *A aberração constitucional*, 2009, novembro, 28, disponível em www.inverbis.net/opiniao/aberracao constitucional.html.

Gaspar, C. (1990). O processo constitucional e a estabilidade do regime, *Análise Social* (volume XXV, nº 105/106), Lisboa: Instituto de Ciências Sociais da Universidade de Lisboa.

Gaspar de Freitas, J. (2001). *Manuel de Arriaga: percurso intelectual e político de um republicano histórico*, Casal de Cambra: Caleidoscópio.

Gomes Canotilho, J. J. (1986). A Constituição de 1976 dez anos depois: do grau zero da eficácia à longa marcha através das instituições, *Revista Crítica de Ciências Sociais*, Coimbra, nº 18, 19, 20, 1986, fevereiro.

Gomes Canotilho, J. J. e Moreira, V. (1991). *Os poderes do Presidente da República*, Coimbra: Coimbra Editora.

Gomes Canotilho, J. J. (2008). *Direito Constitucional e Teoria da Constituição* (7ª edição), Coimbra: Almedina.

Gómez, B. (2010). *O controlo político dos processos constituintes – os casos de Espanha e de Portugal*, Lisboa: Instituto de Ciências Sociais da Universidade de Lisboa.

Gómez Fortes, B. e Magalhães, P. (2005). As eleições presidenciais em sistemas semipresidenciais: participação eleitoral e punição dos governos, *Análise Social* (volume XI, nº 177), Lisboa: Instituto de

Ciências Sociais da Universidade de Lisboa.

Goncalves, V. (2004). *No 30º aniversário do 25 de Abril*, Porto: Campo das Letras.

Goncalves, V. (2005). *A agenda de Cavaco Silva*, Oficina do Livro.

Gouveia, J. (2007). *A dissolução da Assembleia da República uma nova perspectiva da dogmática do direito constitucional*, Coimbra: Almedina.

Gramacho, W. (2008). Popularidade e economia no semipresidencialismo português, *Análise Social* (volume XLIII), Lisboa: Instituto de Ciências Sociais da Universidade de Lisboa.

Guedes, N. (2009). Quem lidera os governos europeus? A carreira dos primeiros-ministros (1946-2006), *Análise Social* (volume XLIV, nº 191), Lisboa: Instituto de Ciências Sociais da Universidade de Lisboa.

Gunther, R. (2002), A democracia portuguesa em perspectiva comparada, *Análise Social* (volume XXXVII, nº 162), Lisboa: Instituto de Ciências Sociais da Universidade de Lisboa.

Hespanha, António (dir.) (2004) *Fontes para a história constitucional portuguesa. Lisboa*: Fac de Direito da UNL (em publicação no sitio da Biblioteca Nacional, Lisboa)

Homem de Mello, M. (1990). *Cartas de Salazar a Craveiro Lopes 1951-1958*, Lisboa: Edições 70.

Huntington. S. (1994). *A terceira onda: A democratização no final do século XX*, São Paulo: Ática.

Jalali, C. (2007). *Partidos e democracia em Portugal 1974-2005*, Lisboa: Imprensa de Ciências Sociais.

Júdice, J. M. (1977). As eleições legislativas portuguesas de 1976 – esboço de uma análise histórico-sociológica integrada, *Democracia e Liberdade* (nº 4), Lisboa: IDL – Instituto Amaro da Costa.

Júdice, J. M. (1977). Os partidos portugueses e os fenómenos políticos, *Democracia e Liberdade* (nº 3), Lisboa: IDL – Instituto Amaro da Costa.

Júdice, J. M. (1982). O *Pensamento político de Sá Carneiro e outros estudos*, Lisboa: Verbo.

Júdice, J. M. (2000). Descontinuidade, penduralidade e conservadorismo: esboço de um discurso político sem refração, *Análise Social* (volume XXXV, nº 154-155) Lisboa: Instituto de Ciências Sociais da Universidade de Lisboa.

Lalali, C. (2003). A investigação do comportamento eleitoral em Portugal: história e perspectivas futuras, *Análise Social* (volume XXXVIII, nº 167), Lisboa: Instituto de Ciências Sociais da Universidade de Lisboa.

Lara, A. (2009). *O interesse nacional, a política externa portuguesa e as ideologias*, Lisboa: Dislivro.

Lassalle, F. (1969). *Que é uma Constituição*, Rio de Janeiro: Laemmert.

Lauvaux, P. (2001). Propositions Métodologiques pour la classification des regimes, *Révue Francaise de Théorie, Philosophie et de Culture Juridiques*, Paris.

Leal, J. (2006). A Casa Militar da Presidência da República, *Revista Militar*, 2006, junho.

Leite, L. Ferreira (2007) *O Tribunal Constitucional e o Sistema Político*, Lisboa: Âncora Editores

Lijphart, A. (1992). *Parliamentary versus Presidential Government*, Oxford University Press.

Lijphart, A. (1997, Março). Unequal Participation: Democracy's Unresolved Dillemma, *The American Political Science Review*, (volume 91, nº 1).

Lijphart, A. (1999). *As democracias contemporâneas*, Lisboa: Gradiva.

Lijphart, A. (1999). *Patterns of Democracy. Government Forms and Performance in Thirty-Six Countries*, Yale University Press.

Lima, F. (2004). *O meu tempo com Cavaco Silva*, Lisboa: Bertrand Editora.

Linz, J. e Stepan, A. (1996). *Problems of democratic transition and consolidation – Southern Europe, South America and post-communist Europe*, Baltimore and London: The Johns Hopkins University Press.

Linz, J. e Valenzuela, A. (1994). *The Failure of Presidential Democracy – Comparative Prespectives*, (volume I), Baltimore and London: The Johns Hopkins University Press.

Lipset, S. (2000). *Consenso e Conflito – Trajectos*, Lisboa: Gradiva.

Lisi, M. (2007). O PCP e o processo de mobilização entre 1974 e 1976, *Análise Social* (volume XLII), Lisboa: Instituto de Ciências Sociais da Universidade de Lisboa.

Lisi, M. (2009). *A Arte de Ser Indispensável – líder e organização do Partido Socialista português*, Lisboa: Imprensa de Ciências Sociais.

Lisi, M. (2011). *Os partidos políticos em Portugal – continuidade e transforma*ção, Coimbra: Almedina.

Lobo Antunes, M. (1988). A Assembleia da República e a Consolidação da Democracia em Portugal, *Análise Social* (nº 100), Lisboa: Instituto de Ciências Sociais da Universidade de Lisboa.

Lobo, M. (2001). *A Presidência do Governo: a politização dos serviços do Primeiro-Ministro português desde 1976* em *A Reforma do Estado em Portugal – Atas do I Encontro Nacional de Ciência Política*, Lisboa: Bizâncio

Lobo, M. (2005). *Governar em Democracia*, Lisboa: Imprensa de Ciências Sociais.

Lobo, M. (2009). *A escolha de um primeiro-ministro; os efeitos de líder nas legislativas portuguesas de 2005*, em *As eleições legislativas e presidenciais 2005-2006*, vários autores, ICS, Lisboa: Imprensa de Ciências Sociais.

Lobo, M. e Amorim, N. (2009). *O semipresidencialismo nos países de língua portuguesa*, Lisboa: Imprensa de Ciências Sociais.

Lobo, M. e Magalhães, P. (2009). *As eleições legislativas e presidenciais 2005-2006*, Lisboa: Imprensa de Ciências Sociais.

Lomba, P. (2008). *Teoria da responsabilidade política*, Coimbra: Coimbra Editora.

Lomba, P. (2009), *O último recurso*, jornal *Público*, 2009, dezembro, 29.

Lomba, P. e Pinheiro, A. (2008). *Comentário à Constituição Portuguesa (volume II – 1º tomo – Princípios gerais da organização do Poder Politico, artigos 108º a 119º)*, Coimbra: Almedina.

Lourenço, E. (1975). *Os militares e poder*, Lisboa: Arcádia.

Lourenço, E. (1976). *O Fascismo Nunca Existiu*, Lisboa: Publicações Dom Quixote.

Lourenço, V. (1999). *A institucionalização da democracia: A Assembleia Constituinte e a Constituição de 1976 – Portugal e a Transição para a democracia (1974-1976)*, Lisboa: Edições Colibri – Instituto de História Contemporânea da Universidade Nova de Lisboa e Fundação Mário Soares.

Lucas Pires, F. (1970). O Problema da Constituição, *Boletim da Faculdade de Direito da Universidade de Coimbra* (suplemento ao volume XVII), Coimbra.

Lucas Pires, F. (1976). Presidencialismo, semi-presidencialismo ou regime de partidos, *Revista Democracia e Liberdade* (nº 1), Lisboa: IDL – Instituto Amaro da Costa.

Lucas Pires, F. (1989). *O sistema de governo: sua dinâmica*, em Baptista Coelho, M. (Orgs.), *Portugal – O Sistema Politico e Constitucional – 1974-1987*, Lisboa: Instituto de Ciências Sociais da Universidade de Lisboa.

Lucas Pires, F. (25 janeiro 1989). *Teoria da Constituição de 1976, A transição dualista*,

Tese de Doutoramento, Universidade de Coimbra.

Lucena, M. (1976). Ensaios sobre o tema do Estado, *Análise Social* (volume XII, nº 47), Lisboa: Instituto de Ciências Sociais da Universidade de Lisboa.

Lucena, M. (1976). *A Evolução do Sistema Corporativo Português*, (2 volumes: volume I – O Salazarismo; volume II – O Marcelismo), Lisboa: Perspectivas & Realidades.

Lucena, M. (1976). Ensaio sobre a Definição de Estado, *Análise Social* (volume XII, nº 47), Lisboa: Instituto de Ciências Sociais da Universidade de Lisboa.

Lucena, M. (1976). Ensaio sobre a Origem do Estado, *Análise Social* (volume XII, nº 49), Lisboa: Instituto de Ciências Sociais da Universidade de Lisboa.

Lucena, M. (1977). *A revolução portuguesa: do desmantelamento da organização corporativa ao duvidoso fim do corporativismo* (volume XIII, nº 51), Lisboa: Instituto de Ciências Sociais da Universidade de Lisboa.

Lucena, M. (1985). Neocorporativismo?, *Análise Social* (volume XII), Lisboa: Instituto de Ciências Sociais da Universidade de Lisboa.

Lucena, M. (1996). Semipresidencialismo: teoria geral e práticas portuguesas, *Análise Social* (nº 138), Lisboa: Instituto de Ciências Sociais da Universidade de Lisboa.

Lucena, M. (2006). *Contradanças – Política e Arredores*, Lisboa: Instituto de Ciências Sociais da Universidade de Lisboa.

Lucena, M. e Gaspar, C (1991). Metamorfoses corporativas? – Associações de interesses económicos e institucionalização da democracia em Portugal (I), *Análise Social* (volume XXVI, nº 114), Lisboa: Instituto de Ciências Sociais da Universidade de Lisboa.

Macedo, J. (1981). O aparecimento em Portugal do conceito de programa político,

BIBLIOGRAFIA

Democracia e Liberdade, (nº 20), Lisboa: IDL – Instituto Amaro da Costa.

Machado, B. (1923). *Depois de 21 de Maio*, Lisboa: Imprensa Nacional.

Machado, N. (2009). *O poder moderador do Presidente da República*, jornal *Público*, 2009, novembro, 21.

Madureira, A. (1978). *O 28 de Maio. Elementos para a sua Compreensão, Na Génese do Estado Novo*, Lisboa: Presença

Magalhães, P. (2001). *As armas dos fracos: o veto político e a litigância constitucional do Presidente da República*, Lisboa: Editorial Bizâncio.

Magalhães, P. (2004), *Eleições, partidos e instituições políticas no Portugal democrático*, em Pinto, A. (Orgs.) *Portugal Contemporâneo*, Lisboa: Publicações Dom Quixote.

Magalhães, P. e Araújo, A. (1998). A justiça constitucional entre o direito e a política: o comportamento judicial no Tribunal Constitucional português, *Análise Social* (nº 145), Lisboa: Instituto de Ciências Sociais da Universidade de Lisboa.

Maltez, J. A (2007). *Metodologias da Ciência Política*, Lisboa: Universidade Técnica de Lisboa.

Marques Guedes, A. (1984). *Ideologias e Sistemas Políticos*, Lisboa: Instituto de Altos Estudos Militares.

Martinez, R. e Garrido, A. (2000). *Sistemas mixtos de gobierno de tendência presidencial*, Institut de Ciencies Politiques i Socials, WP número 184, Barcelona.

Martins, M. (2003). *Participação Política e Democracia: O Caso Português, 1976-2000*, Lisboa: ISCSP – ISCSP – Instituto Superior de Ciências Sociais e Políticas da Universidade Técnica de Lisboa.

Matos, H. (2003). *Salazar*, volume I – *a construção do mito*, Lisboa: Círculo de Leitores.

Maxwell, K. (1995). *A construção da democracia em Portugal*, Lisboa: Editorial Presença.

Meirinho Martins, M. (2003). *Participação Política e grupos de cidadãos eleitos*, Lisboa: Instituto de Ciências Sociais da Universidade de Lisboa

Miranda, J. (1975). Entrevista ao jornal *A Luta* em 1974, dezembro, 12.

Miranda, J. (1976). Entrevista ao jornal *Diário de Notícias*, 1976, janeiro, 17.

Miranda, J. (1976). Entrevista ao jornal *Expresso*, 1976, abril 3.

Miranda, J. (1976). *Constituição e Democracia*, Lisboa: Livraria Petrony.

Miranda, J. (1978). *Fontes e Trabalhos Preparatórios da Constituição*, (volume I), Lisboa: Imprensa Nacional da Casa da Moeda.

Miranda, J. (1980). As competências constitucionais no domínio da política externa, *Revista Nação e Defesa*, nº 14, Abril/Junho, Lisboa – IDN.

Miranda, J. (1985, 1º semestre). Experiência constitucional portuguesa, *Revista de Ciência Política*, Lisboa.

Miranda, J. (1997). A Experiência portuguesa de sistema semipresidencial, *Revista Direito e Cidadania*, Lisboa.

Miranda, J. (1997). *Inconstitucionalidade de Revisão Constitucional de 1971 – um projeto de Francisco Sá Carneiro*, Lisboa: Assembleia da República.

Miranda, J. (1998). *Dicionário Jurídico da Administração Pública*, (1º suplemento), Lisboa.

Miranda, J. (2003). *Direito Constitucional III – Direito Eleitoral e Direito Parlamentar*, Lisboa: AAFD – Associação Académica da Faculdade de Direito.

Miranda, J. (2004). *Demissão do primeiro-ministro e dissolução do Parlamento*, jornal *Público*, 2004, agosto, 3.

Miranda, J. (2007). *Manual de Direito Constitucional*, (tomo II, 6ª edição), Coimbra: Coimbra Editora, Coimbra.

Miranda, J. (2012). *O Tribunal Constitucional em 2011 – O Direito*, (Ano 144º, 2012, I), Coimbra: Almedina.

Miranda, J. (2010). *Revisão constitucional e poderes do Presidente da República*, jornal *Expresso*, 2010, agosto, 7.

Miranda, J. (2010). Entrevista ao jornal *Expresso*, 2010, agosto, 14.

Miranda, J. *et al* (1986). *A forma legislativa – A Feitura das Leis*, Oeiras: INA – Instituto Nacional de Administração.

Miranda, J. *et al.* (1992). El Proceso Constituyente – deducciones de cuatro casos recientes: España, Portugal, Brasil y Chile, R*evista de Estudios Políticos – Nueva Época*, (nº 76, Abril/Junio).

Monteiro, M. (2010). *Constituição da República portuguesa memória de um percurso*, Lisboa: Universidade Lusíada Editora.

Morais, I. *et al.* (1984). *O Sistema de Governo Semipresidencial: o Caso Português*, Lisboa: Editorial Notícias.

Moreira, A. (1971). *Tempo de Vésperas*, Lisboa: Sociedade de Expansão Cultural.

Moreira, A. (1989). *O regime: presidencialismo do primeiro-ministro*, em *Portugal, O Sistema Político e Constitucional 1974-1987*, Lisboa: Instituto de Ciências Sociais da Universidade de Lisboa.

Moreira, A. (2004). *O Novíssimo Príncipe – análise da revolução*, Lisboa: Prefácio.

Moreira, A. (2009). *Ciência Política*, Coimbra: Almedina.

Moreira, V. (1998). Do "obviamente demito--o" à revisão constitucional de 1959, em *As eleições de 58 – Humberto Delgado, Coordenação de Iva Delgado*, Carlos Pacheco e Telmo Faria, Prefácio de Fernando Rosas, Edição Vega, Fundação Mário Soares.

Moreira, V. (1998). *A instituição da democracia. A Assembleia Constituinte e a Constituição de 1976 – Portugal e a Transição para a Democracia (1974-1976)*, Lisboa: Edições Colibri – Fundação Mário Soares.

Moreira, V. (2005). *Evolução do sistema democrático em Portugal (1974-2002): traços e impasses – Crise e Reforma da Democracia*, Lisboa: Edições Colibri – Instituto de História Contemporânea da Universidade Nova de Lisboa e Fundação Mário Soares.

Moreira, V. (2011), Entrevista no jornal *Público*, 2011, abril, 5.

Mota, J. (1976) *A Resistência. O Verão Quente de 1975*, Lisboa: Edições Jornal Expresso.

Mota Pinto, C. (1986). *Servir Portugal*, Lisboa: D Quixote.

Musella F. (2014) A premier without Parliament:the legislative process in the italian second republic, *Journal of Comparative Politics*, vol 7, number 1,January.

Nogueira, Franco, (1977-1988). *Salazar – Estudo Biográfico, em seis volumes*, Coimbra e Porto: Atlântida Editora e Livraria Civilização Editora.

Nogueira Pinto, M. J. (2009). Um novo presidencialismo, *Diário de Notícias*, 2009, janeiro 26.

Nohlen, D. (1998). Presidencialismo versus parlamentarismos: dois enfoques contrapostos, *Revista de Estúdios Políticos (Nueva Época)*, n º 99 (1998, janeiro--março), Madrid.

Nohlen, D. (2007). *Os sistemas eleitorais: o contexto faz a diferença*, Lisboa: Horizonte.

Nohlen, D. e Lijphart, A. (1992). *Forms of Democracy: North-South and East-West--Contrast*, Friburgo.

Nogueira Pinto, J. (1996). *A Direita e as Direitas*, Lisboa: Difel.

Nogueira Pinto, M. J. (2009). Um novo presidencialismo, *Diário de Notícias*, 2009, janeiro 26.

Norberto, L. (1942) *O Exilado de Bougie: perfil de Teixeira Gomes*, Lisboa: Parceria A.M. Pereira.

Novais, J. (2010). *O sistema semipresidencial português – Semipresidencialismo II*, Coimbra: Almedina.

Novais, J. (2014). *Em defesa do Tribunal Constitucional*, Coimbra: Almedina.

BIBLIOGRAFIA

Oakeshott, M. (1995). *Moralidade e Política na Europa Moderna*, Lisboa: Século XXI.

O' Malley, E. (2007). The power of Prime--Ministers: results of an expert survey, *International Political Science Survey*, nº 28.

Opello, W. C., Jr. (1988). O Parlamento português: análise organizacional da atividade legislativa, *Análise Social* (volume XXIV, nº 100), Lisboa: Instituto de Ciências Sociais da Universidade de Lisboa.

Osório, H. (1988). *Conversas com Adelino da Palma Carlos*, Lisboa: Referendo, Lisboa.

Otero, P. (1992). Sistema eleitoral e modelo político-constitucional, *Revista Jurídica da Associação Académica da Faculdade de Direito de Lisboa*, nº 16 e 17, Lisboa.

Otero, P. (1997). O acordo de revisão constitucional: significado político e jurídico, *Revista Jurídica da Associação Académica da Faculdade de Direito de Lisboa*, Lisboa.

Otero, P. (2001). *A Democracia Totalitária*, Cascais: Principia.

Otero, P. (2003). *Legalidade e Administração Pública: o sentido da vinculação administrativa à legalidade*, Coimbra: Almedina.

Otero, P. (2004). *A Renúncia do Presidente da República na Constituição Portuguesa*, Coimbra: Almedina.

Otero, P. (2004). A subversão da herança política liberal: a presidencialização do sistema parlamentar – *Estudos em Homenagem ao Prof. Doutor Armando M. Marques Guedes*, Coimbra: Coimbra Editora.

Otero, P. (2007). *Instituições Políticas e constitucionais* (volume I), Coimbra: Almedina.

Otero, P. (2010). *Direito Constitucional Português – Identidade Constitucional* (volume I), Coimbra: Almedina.

Owen, D. (2011) *Na doença e no poder – os problemas de saúde dos grandes estadistas nos últimos cem anos*, Lisboa: Dom Quixote.

Pactet, P. (1994). *Institutions pollitiques. Droit Constitutionnel*, (13ª edição), Paris: Masson.

Passarelli, G. (2012). *The government in two semi-presidential systems: France and Portugal in a comparative perspective*, disponível em www.palgrave-journals.com/fp.

Pasquino, G. (2002). *Curso de Ciência Política*, Estoril: Principia.

Pasquino, G. (2005). *Sistemas Políticos Comparados*, Cascais: Principia.

Pasquino, G. (2012, março, 10) *Three Italian Presidents and their accordion*, disponível www.psa.ac.uk.pdf.

Pereira. A. (1981). *O pensamento de Sá Carneiro em política externa*, Lisboa: Publicações Dom Quixote.

Pereira, A. (1984). *Direito Público comparado – O sistema de governo semipresidencial*, Lisboa: Associação de Estudantes da Faculdade de Direito de Lisboa.

Pereira, A. (1984). *O Semipresidencialismo em Portugal*, Lisboa: Ática.

Pereira, C. (2012). *Origem Social dos Juízes do Tribunal Constitucional – 35º Aniversário da Constituição de 1976*, (volume II), Coimbra: Coimbra Editora.

Pereira, R. (2012). *Interpretação constitucional e justiça constitucional*, Tribunal Constitucional (volume II) Coimbra: Coimbra Editora.

Pereira Silva, M. R. (2006). *Grupos Parlamentares e partidos políticos: da autonomia à integração*, Coimbra: Almedina.

Pessoa, F. (1928). *O Interregno – Defesa e justificação da ditadura militar em Portugal*, Lisboa: Núcleo de Ação Nacional.

Pessoa, F. (1979). *Sobre a República*, Lisboa: Ática.

Pinto, A. e Pinto, A. C. (2005). *O Poder dos Presidentes*, Lisboa: Campo da comunicação.

Pinto, A. C. (2005). *Os partidos políticos: evolução e estrutura do sistema partidário – Crise e reforma da democracia*, Lisboa: Edições Colibri – Instituto de História Contemporânea da Universidade Nova de Lisboa e Fundação Mário Soares.

Pinto, A.C., Sousa L. e Magalhães P. (2013) org. *A qualidade da democracia em Portugal*, Lisboa, Instituto Ciências Sociais da Universidade de Lisboa.

Pinto, R. L (2010). *A Constituinte de 1911- As grandes polémicas*, Lisboa: Universidade Lusíada Editora.

Pinto, R. L *et al.* (2009). *Ciência Política e Direito Constitucional – Teoria Geral do Estado, Formas de Governo, Eleições e Partidos Políticos*, Lisboa: Universidade Lusíada Editora.

Popper, K. (2006) *Conjecturas e Refutações*, Coimbra: Almedina.

Portela, A. (1980). *Soares responde*, Lisboa: Edições António Ramos.

Portela, A. (1980). Eanes a estratégia da esquerda. O PS anos 80. *Soares responde*, Lisboa: Edições António Ramos.

Portelli, H. (1997). *Les Premiers Ministres: essai de typologie*, Pouvoirs, nº 83, Paris.

Pulido Valente, V. (1974). *O Poder e o Povo: a Revolução de 1910*, Lisboa: Publicações Dom Quixote.

Pulido Valente, V. e Portas, P. (1990). O primeiro-ministro: estudo sobre o poder executivo em Portugal, *Análise Social* (volume XXV, nº 107), Lisboa: Instituto de Ciências Sociais da Universidade de Lisboa.

Pulido Valente, V. (1993). *Os Devoristas. A Revolução Liberal (1834-1936)*, Lisboa: Quetzal.

Pulido Valente, V. (1997). *Retratos e auto-retratos*, Lisboa: Assírio & Alvim.

Pulido Valente, V. (2006). Os Presidentes, jornal *Público*, 2006, janeiro, 19.

Queiroz, C. (2007). *O sistema de Governo Semipresidencial*, Coimbra: Coimbra Editora.

Queiroz, C. (2009). *O Parlamento como factor de decisão política*, Coimbra: Coimbra Editora.

Rabaça, J. (1980). *O Presidente da República e a democracia*, Lisboa: Edições António Ramos.

Ragin,Charles C. (1987) *The comparative method*, Berkeley, CA: Berkeley University Press

Ramalho dos Santos Eanes, A. (15 Novembro de 2006). *Sociedade Civil e poder político em Portugal*, Tese de Doutoramento, Universidade de Navarra.

Ramalho dos Santos Eanes, A. (2011). Entrevista na RTP a Fátima Campos Ferreira no programa "Portugal e o Futuro", Lisboa, 2011.

Ramos; J. (2005). *A iniciativa legislativa parlamentar – a decisão de legislar*, Coimbra: Almedina.

Rangel, P. (2009). *O Estado do Estado*, Lisboa: Publicações Dom Quixote.

Rangel, P. (2010). *Uma democracia sustentável*, Coimbra: Tenacitas.

Rebelo de Sousa, A. e Martins, G. O. (1978). *Democracia Incompleta*, Lisboa: Cadernos da Fundação Oliveira Martins.

Rebelo de Sousa, M. (1975). Presidencialismo(s) ou parlamentarismo(s), jornal *Expresso*, 1975, março, 1.

Rebelo de Sousa, M. (1976). Dos quatro presidencialismos possíveis à saída estratégica do PCP, jornal *Expresso*, 1976, julho, 3.

Rebelo de Sousa, M. (1977). Sistema semipresidencial: definição e perspetivas, *Nação e Defesa – Estado Maior do Exército Português*, nº 3, Lisboa.

Rebelo de Sousa, M. (1980). Breve anotação ao programa de revisão constitucional da Aliança Democrática – bases gerais, *Revista Democracia e Liberdade*, nº 16, Lisboa: IDL – Instituto Amaro da Costa.

Rebelo de Sousa, M. (1981). *Colóquio sobre a Revisão Constitucional*, Instituto Progresso Social e Democracia, EPSD, Lisboa.

Rebelo de Sousa, M. (1983). *Os Partidos Políticos no Direito Constitucional Português*, Braga: Livraria Cruz.

BIBLIOGRAFIA

Rebelo de Sousa, M. (1987). *A coabitação política em Portugal*, Lisboa: Cognitio.

Rebelo de Sousa, M. (1988). *O Sistema de Governo Português – antes e depois da revisão constitucional*, Lisboa: Cognitio.

Rebelo de Sousa, M. (1989). A Constituição e os partidos políticos, como citado em Baptista Coelho, M. (Orgs.) *Portugal e o sistema político e constitucional 1974-1987*, Lisboa: Imprensa de Ciências Sociais.

Rebelo de Sousa, M. (1992). A integração europeia pós-Maastricht e o sistema de governo dos Estados membros, *Análise Social* (volume XXVII, nº 118-119), Lisboa: Instituto de Ciências Sociais da Universidade de Lisboa.

Rebelo de Sousa, M. (2000). *A revolução e o nascimento do PPD* (volume I e II), Lisboa: Bertrand Editora.

Rebelo de Sousa, M. (2005-2006). *Crónicas da Revolução* (volume I e II), Lisboa: Tenacitas.

Rebelo de Sousa, M. (2011), entrevista ao jornal *i*, 2001, setembro 24.

Reis, A. (1989) *O Partido Socialista na revolução, no poder e na oposição: da dialética com o projeto nacional – militar à dialética com o eanismo* como citado em Baptista Coelho, M. (Orgs.) *Portugal e o sistema político e constitucional 1974-1987*, Lisboa: Imprensa de Ciências Sociais.

Reis, A. (2005) O Partido Socialista na revolução – da via portuguesa para o socialismo em liberdade à defesa da democracia pluralista in Vitalino, C. (Orgs.) *O Partido Socialista e a Democracia*, Lisboa: Celta.

Rezola, M.I. (2006). *Os militares na Revolução de Abril – o Conselho da Revolução e a transição para a democracia em Portugal (1974-1976)*, Lisboa: Campo da Comunicação.

Rezola, M. I. e Aires Oliveira, Pedro org. (2013) *O Eterno retorno*, Estudos em Homenagem a António Reis, Lisboa: Campo da Comunicação

Ribeiro de Meneses, F. (2011). Sidónio Pais e o Sidonismo, em Amaral, L. (org.) *Outubro: A revolução republicana em Portugal (1910-1926)*, Lisboa: Edições 70.

Robinson, R. (1996). Do CDS ao CDS-PP: O Partido do Centro Democrático Social e o seu papel na política portuguesa, *Análise Social* (volume XXXI, nº 136), Lisboa: Instituto de Ciências Sociais da Universidade de Lisboa.

Rodrigues, L. (2000). *A natureza jurídica sui generis do Conselho de Ministros*, Scientia Iuridica, Tomo LIX, Braga.

Rodrigues, L. (2010). *A eleição direta do Primeiro-Ministro português*, em *Diogo Freitas do Amaral estudos em Homenagem*, Coimbra: Almedina.

Rodrigues, L. (2011). *Sistemas Políticos*, Porto: Legis Editora.

Rodrigues, L. (2013). *As funções do Presidente da República*. Lisboa: Quid Juris

Rosa, J. (1978). *Diálogos com Sá Carneiro*, Lisboa: Edições Alfaómega.

Rosas, F. (1999). *O Marcelismo e a crise final do Estado Novo – Portugal e a transição para a democracia (1974-1976)*, Fundação Mário Soares, Lisboa: Edições Colibri.

Rosas, F. e Brito, J. M. (1996). *Dicionário da História do Estado Novo* (2 volumes), Lisboa: Círculo de Leitores.

Roussel, E. (2003). *De Gaulle*, (volume II), Lisboa: Verbo Editora.

Sá, J. (2009). *Quem se abstém – segmentação e tipologia dos abstencionistas portugueses (1998-2008)*, Lisboa: Campo da Comunicação.

Sá, L. (1994). *O lugar da Assembleia da República no sistema político*, Lisboa: Caminho.

Sá Carneiro, F. (1971). *As revisões da Constituição política de 1933*, Porto: Brasília Editora.

Sá Carneiro, F. (1971). *Revisão da Constituição Política*, Porto: Figueirinhas.

Sá Carneiro, F. (1979). *Uma Constituição para os anos 80 – contributos para um projeto de revisão*, Lisboa: Publicações Dom Quixote.

Sá Carneiro, F. (1982). *Textos I-VII* (volume 3), Lisboa: EPSD.

Salazar, A. (1935). *Discursos: 1928-1934* (volume 1), Coimbra: Coimbra Editora.

Salazar, A. (1937). *Discursos e Notas Políticas: 1935-1937* (volume 2), Coimbra: Coimbra Editora.

Salazar, A. (1943). *Discursos e Notas Políticas: 1938-1943* (volume 3), Coimbra: Coimbra Editora.

Salazar, A. (1951). *Discursos e Notas Políticas: 1943-1950* (volume 4), Coimbra: Coimbra Editora.

Salazar, A. (1959). *Discursos e Notas Políticas: 1950-1958* (volume 5), Coimbra: Coimbra Editora.

Salgado de Matos, L. (1983). Significado e consequências da eleição do presidente por sufrágio universal – o caso português, *Análise Social* (3ª série, volume XIX), Lisboa: Instituto de Ciências Sociais da Universidade de Lisboa.

Salgado de Matos, L. (2005). *O sistema de Governo: o que é feito do regime semi-presidencial? – Crise e reforma da democracia*, Lisboa: Edições Colibri – Instituto de História Contemporânea da Universidade Nova de Lisboa e Fundação Mário Soares.

Salgado de Matos, L. (2008). *Como evitar golpes militares*, Lisboa: Imprensa de Ciências Sociais.

Sampaio, J. (2000). *Quero dizer-vos*, Editorial Notícias 2000, dezembro, Lisboa.

Sampaio, J. (1995). *O Presidente da República, vértice do triângulo constitucional – Um olhar sobre Portugal*, Lisboa: Nomen.

Sampaio, J. (1996). *Discurso na sessão solene de posse de Presidente da República*, Assembleia da República, 1996, março, 9 (http://jorgesampaio.arquivo.presidencia.pt).

Sampaio, J. (1999). *Portugueses* (volume III), Lisboa: Imprensa Nacional da Casa da Moeda.

Sampaio, J. (2004). *Comunicação ao País*, Palácio de Belém, 2004, julho, 9.

Sampaio, J. (2004). *Discurso na sessão solene de nomeação de Primeiro-Ministro de Pedro Santana Lopes*, (www.presidência.pt).

Sampaio J. (2010) jornal *Expresso* 2010, agosto, 7.

Santana Lopes, P. (2001). *Os sistemas de governo mistos e o actual sistema português*, Lisboa: Difel.

Santana Lopes, P. (2006). *Perceções e realidades-2004*, Lisboa: Aletheia Editores.

Santana Lopes, P. (2009). É preciso clarificar o sistema de governo, jornal *Sol*, 2009, dezembro, 31.

Santana Lopes, P. (2011), jornal *Sol*, 2011, julho, 22.

Santana Lopes, P. (2013), *Pecado Original*, Lisboa: D Quixote.

Santana Lopes, P. e Durão Barroso, J. (1980). *Sistema de Governo e sistema partidário*, Lisboa: Bertrand Editora.

Santiago, M. J. (2012). *O 25 de Abril e o Conselho de Estado – a questão das actas*, Lisboa: Colibri.

Santos, A. (2011). *Papel político do Tribunal Constitucional*, Coimbra: Coimbra Editora.

Santos, G. (2011). *Memórias Políticas*, Lisboa: Bertrand Editora.

Santos, G. e Castaño (D). (2013) *Apontamentos políticos – Eanes e os Partidos*, Lisboa: Bertrand.

Santos de Faria Leal, J. M. (2006, 18 de Junho). A Casa Militar da Presidência da República, *Revista Militar*.

Saraiva, J.A. (1974). *Do Estado Novo à Segunda República*, Lisboa: Bertrand Editora.

Saraiva, J.A. (2002). *Dicionário da política à portuguesa*, jornal *Expresso* 2002, Lisboa.

Saraiva, J. A. (2003). *Confissões de um Director de jornal*, Lisboa: Publicações Dom Quixote.

BIBLIOGRAFIA

Sartori, G. (1997). *Comparative Constitutional Engineering – inquiry into structures, incentives and outcomes*, Washington: New York University Press.

Schmitter, P. (1999), *O Regime de excepção que se tornou a norma: 48 anos de domínio autoritário em Portugal* – Portugal: do Autoritarismo à Democracia, Lisboa: Imprensa de Ciências Sociais.

Shugart, M. e Carey, J. (1992) *Presidents and Assemblies – constitutional design and electoral dynamics*, Cambridge University Press.

Serra, J. e Salgado de Matos, L. (1982). Intervenções militares na vida política, *Análise Social* (nº 72/73/74), Lisboa: Instituto de Ciências Sociais da Universidade de Lisboa.

Silva, A. (1974). *O Meu Depoimento. Primeiro Volume. Da Monarquia a 5 de Outubro de 1910*, com prefácio de José Magalhães Godinho, Lisboa: República (2ª ed.)

Silva, M. (2006). *Grupos Parlamentares e Partidos Políticos: da autonomia à integração*, Coimbra: Almedina.

Silva Leitão, J.M. (1987). *Constituição e Direito de Oposição*, Coimbra: Almedina.

Sirinelli, J. F. (2009). *La V República*, Paris: PUF- Presses Universitaire de France.

Soares, M. (1975). *Democratização e Descolonização – dez meses no Governo Provisório*, Lisboa: Publicações Dom Quixote.

Soares, M. (1990). *Intervenções IV*, Lisboa: Imprensa Nacional da Casa da Moeda.

Soares, M. (1993). *Intervenções VII*, Lisboa: Imprensa Nacional da Casa da Moeda.

Soares, M. (1998). *Dois anos depois*, Lisboa: Editorial Noticias.

Soares, M. (1995). *Moderador e Árbitro*, Lisboa: Editorial Noticias.

Soares, M. (2003). *A incerteza dos tempos*, Lisboa: Editorial Noticias.

Soares, M. (2005). *A crise e após?*, Lisboa: Temas & Debates.

Soares, M. (2011). *Um político assume-se*, Lisboa: Temas & Debates.

Soares, M. (2005). *O que falta dizer*, Lisboa: Casa das Letras.

Sobral, F. (2009). *Os anos Sócrates*, Lisboa: Bertrand Editora.

Sócrates, J. (2011), O lugar do Presidente, jornal *Expresso*, 2011, abril, 30.

Sousa, T. (1988). *Mário Soares*, Lisboa: Nova Cultural.

Spínola, A. (1974). *Portugal e o Futuro*, Lisboa: Arcádia.

Spínola, A. (1976). *Ao Serviço de Portugal*, Lisboa: Ática/ Bertrand Editora.

Spínola, A. (1978). *País sem Rumo. Contributo para a História de uma Revolução*, Lisboa: SCIRE.

Stepan, A. (1990). Parlamentarismo vs presidencialismo no mundo moderno: revisão de um debate atual, *Revista de Estudos Avançados* (janeiro-abril, volume 4, nº8), Universidade de São Paulo.

Stock, M. J. (1985). O centrismo político em Portugal: evolução do sistema de partidos, génese do "bloco central" e análise dos dois parceiros de coligação", *Análise Social* (volume XXI, nº 85), Lisboa: Instituto de Ciências Sociais da Universidade de Lisboa.

Suleiman, E. (1994). *Presidentialism and political stability in France*, em Linz, J. e Valenzuela, A. (1994). T*he Failure of Presidential Democracy – Comparative Prespectives*, (volume I), Baltimore and London: The Johns Hopkins University Pre

Tavares, F. Sousa (2014) *Uma voz na Revolução* Lisboa, Clube do Autor.

Tavares, J. (1909). *O poder governamental no direito constitucional portuguez*, Coimbra: Imprensa Académica.

Tavares Almeida, P. (1991). *Eleições e Caciquismo no Portugal Oitocentista (1868-1890)*, Lisboa: Difel.

Tavares Almeida, P. (1998). *Legislação Eleitoral Portuguesa – 1820-1926*, (compilação organizada por Pedro Tavares de Almeida), Lisboa: Imprensa Nacional.

Teixeira, M. (2009). *O povo semi-soberano: partidos políticos e recrutamento parlamentar em Portugal*, Coimbra: Almedina.

Teles, G. (1975). Entrevista no *Diário de Notícias*, 1975, maio, 1.

Teles, G. (1996). *A II Plataforma de Acordo Constitucional entre o MFA e os Partidos Políticos – Perspectivas Constitucionais nos 20 anos da Constituição de 1976*, (Volume III), Coimbra: Coimbra Edito.

Urbano, Maria Benedita (2009). *Representação Política e Parlamento – contributo para uma teoria político-constitucional dos principais mecanismos de proteção do mandato parlamentar*, Coimbra: Almedina.

Valle, J. (2004). *A Participação do Governo no Exercício da Função Legislativa*, Coimbra: Coimbra Editora.

Vaz, M. A. (2012). *Teoria da Constituição – o que é a Constituição, hoje?*, Coimbra: Coimbra Editora.

Veiga, P. (26 outubro de 2011). *O Presidente da República: contributo para uma compreensão republicana do seu estatuto constitucional*, Tese de Doutoramento, Universidade de Coimbra.

Ventura, A. (2003). A Comissão Constitucional: história, memória e atividade jurídica – um trabalho de análise jurisprudencial, *Cadernos da Faculdade de Direito da Universidade Nova de Lisboa*, nº 5, Lisboa: Faculdade de Direito da Universidade Nova de Lisboa.

Verney, D. (1992). *Parliamentary Government and Presidential Government*, Oxford University Press.

Vieira, V. (2010). *Todos os portos a que eu cheguei*, Lisboa: Gradiva.

Vieira de Andrade, J. C. (2009). *Os Direitos fundamentais na Constituição Portuguesa de 1976*, Coimbra: Almedina.

Vitorino, A. (1984). O sistema de Governo Constituição portuguesa de 1976 e na Constituição espanhola de 1978, *Revista Jurídica da Associação Académica da Faculdade de Direito de Lisboa*, nº 3, Lisboa.

Vitorino, A. (1989). *O Controlo Parlamentar dos Actos do Governo*, em Baptista Coelho, M. (Orgs.), *Portugal – O Sistema Político e Constitucional – 1974-1987*, Lisboa: Instituto de Ciências Sociais da Universidade de Lisboa.

Vitorino, A. (1995). *A democracia representativa, Portugal Hoje*, Lisboa: INA, Lisboa.

Vitorino, A. e Fernandes, M. J (2000). A representação da crise da política em Portugal, *Análise Social* (volume XXXIV, nº 154-155), Lisboa: Instituto de Ciências Sociais da Universidade de Lisboa.

Vitorino, A. (2012). *Direitos, liberdades e garantias*, Tribunal Constitucional (volume I) Coimbra: Coimbra Editora.

Weber, M. (1968). *Ciência e Política: duas vocações*, S. Paulo: Cultrix.

Wery, M. (1994). *E assim murcharam os cravos*, Lisboa: Fragmentos, Lisboa.

Wheeler, D. (1978). A Primeira República Portuguesa e a história, *Análise Social* (volume XIV, nº 56), Lisboa: Instituto de Ciências Sociais da Universidade de Lisboa.

Wheeler, D. (1998). Golpes militares e golpes literários – a literatura do golpe de 25 de Abril de 1974 em contexto histórico, *Penélope* nº 19/20, Coimbra.

Yin, R (2009) Case Study Research: Design and Methods, London: Sage Publications